陕西人文社会科学文库

于右任教育思想与实践研究

YUYOUREN JIAOYU SIXIANG YU SHIJIAN YANJIU

高叶青 著

人民出版社

三原于右任研究中心
编纂委员会

序

三原县位于今陕西省关中中部，历史悠久，原始社会时期即有人类活动的印记。历代因革，上下千载，几易其名，古池阳而今三原。何谓“三原”？南之丰原，西之孟侯原，北之白鹿原也。秦汉以降，灌溉便利，物阜民殷，商旅兴盛，人文蔚起，被誉为“衣食京师、亿万之口”之壮县，赢得“关中白菜心”之嘉号。又以其地理位置之重要，享有京畿之地、关中要冲、渭北门户之美称。此一方风水宝地，乃帝王陵寝，士子书乡，地灵人杰，习俗淳雅，史牒可考，尤以唐之李靖、韩瑗，明之王恕、马理、温纯，清之孙枝蔚、孙髯翁、贺瑞麟、周莹，近现代之于右任、茹欲立、刘自椟等人，名震天下，享誉中外。作为三秦赤子的于右任，以其纯粹质朴的情怀、忧国忧民的担当、勇猛无畏的魄力，延续着秦人的烈烈风骨。

于右任(1879—1964)，原名伯循，陕西省三原县人，祖籍泾阳县。于先生不仅是一位民主革命的先行者，同时也是一位著名的爱国诗人、杰出的书法家、教育家。于先生的一生，是伟大的一生，是波澜壮阔的一生，是始终贯穿着爱国主义激情的一生。他的这种赤诚的爱国之情，必将汇成奔腾的主流，激发更多人内心深处的情愫，凝聚大陆与台湾乃至全世界华人的爱国之情。为了更好地传扬这种爱国精神，1992 年，在台湾标准草书会、日本高崎书道会等各界人士的积极推动下，三原县各级机构和群众密切配合，鸠工庀材，开始兴建于右任纪念馆。历时五年，于 1997 年 11

月10日建成开馆,定名为“三原于右任纪念馆”,先后有多位国家领导人和各界名流来馆参观指导、签名题词,在肯定成绩的同时,给予了殷切的期望。自开馆以来,本馆致力于深度挖掘于先生的生平事迹,聘请了多位知名人士长期担任顾问,使馆内布局合理、主题突出,以达到传播正信良知的美好目标。目前,馆内主要开设有于右任先生爱国事迹展、于右任先生墨品展、现代书法作品展三个展厅。为了与时代接轨,更好更快地传播于先生的事功,2020年9月8日,本馆开通了名为“陕西三原于右任纪念馆”的微信平台,及时推送最新的资讯。

回望自开馆至今举办的各类活动,主要有两大主题,即书法艺术展览与爱国主义教育。例如1999年,与西安市于右任书法学会联袂举办大型于右任诞辰120周年书法展览,协助支持“世界复旦校友会”举办于右任创办复旦大学95周年校庆纪念;2000年,参与支持日本西出义心先生在京都市举办的于右任书法真迹展览;2004年,在北京“现代文学馆”举办“于右任书法展”;2019年,举办“望大陆——于右任书法三原故里特展”活动;2021年1月10日至3月10日,与三原县博物馆、甘肃省天水市麦积区博物馆联合举办了主题为“赤子丹心——于右任书法艺术特展”的线上线下展览。2003年,本馆被授予“三原县爱国主义教育基地”;2012年11月29日,西安市医学院把本馆定为思想政治教育基地。

作为民国时期重要的政治人物,各界针对于先生的研究成果不胜枚举,但大多着眼于书法艺术及其爱国情怀,这也是本馆前期工作的着重点。随着资料的丰盈与研究的逐步深入,本馆意识到对于先生的教育思想与研究也应该提上日程,于是与本馆特聘研究员陕西省社会科学院高叶青博士针对此事进行了深入的探讨,并委托她主持此项科研工作。高博士长期致力于对于先生的研究,曾出版专著《于右任评传》并撰写了多篇相关研究论文,对此项研究颇有心得。现任馆长王冰高度重视,精心组织相关人员,组建编委会,积极参与到该书的编辑工作之中。去年夏季,在高博士及众多参与人员的共同努力下,《于右任教育思想与实践研究》书稿完成,又经过编委会半年来的多次讨论、订正后,终于定稿。书稿分为五章，分别从教育思想探源、学校教育实践、社会教育实践、家庭教育实践、教育思想体系五个方面，全面系统地进行了研究、剖析和总结，旁征博引，正本溯源，论证严密，考据翔实。是第一部全面系统研究于右任先生教育思想与实践的专著，为更多了解于先生生平事迹开启了另一扇窗户。

三原于右任纪念馆是省、市、县三级爱国主义教育基地、国家免费开放单位，也是一个学习和传承中国书法艺术、弘扬爱国主义思想的最佳场所，更是一个研究、推广、宣传于右任先生艺术成就的行业性平台，始终联系国内外及海峡两岸，发挥着桥梁和纽带的作用。举办书法艺术展及书法比赛、出版相关书籍、参与各类影像节目录制、开展爱国主义教育，已经成为本馆的常规宣传方式，产生了良好的社会影响，我们也将查漏补缺、再接再厉。期望《于右任教育思想与实践研究》一书的出版，能够为学界及广大读者提供一部集资料性与研究性、通俗性为一体的专著，在客观了解于先生教育实践的基础之上，将他关于教育的思想发扬光大，为现代各级各类教育提供借鉴。

三原县相关政府部门的大力支持，是本项科研工作得以顺利推进的重要因素。高博士祖籍泾阳县，对于右任先生有着基于乡梓的深厚情感，她不辞劳苦、往返奔波、多方求证、奋笔疾书，展现了学者的严谨和谦和，也表达了对乡土的深切眷恋。长期关注本馆工作的社会各界人士以及参与编纂本书稿的各位贤达，是我们继续前进的精神动力，在此，一并表示诚挚的敬意和谢忱。

三原于右任纪念馆

2022年2月18日

目　录

绪　论

作为民国时期重要的政治人物，各界针对于右任的研究成果不胜枚举，相应地，加诸他身上的标签也越来越多、越来越长，例如西北奇才、国民党元老、中国近现代政治家、教育家、书法家、诗人、民国大才子、民国奇才、真诚的爱国人士、著名的革命活动家、社会活动家、美食家等等，这些美誉表达了人们对于右任的无比敬仰之情。这位地道的西北汉子，只是怀着一颗赤子之心，肩负着救亡图存的千秋大业。他数次以身犯险，在国运不济、困难重重的社会大背景下，从未屈服过、退缩过。现世利，后世名，早已抛诸身后。他以"陕西楞娃"的果敢、无畏、务实精神，在中国近现代教育史的长卷上，留下了独特的足迹。本书将对于右任在教育方面所作的贡献和他关于教育的思想理念进行系统梳理，试图向世人呈现一份真正能够全面反映于右任作为"教育家"的有力佐证。在此之前，有必要对学界已有的研究成果进行剖析，一则可以了解现状，二则可证本书所做工作的必要性。传记类的专著，由于文体所需，基本涵盖了于右任一生的行迹，其中关于教育的论述也是重要的章节①，将在本书正文

① 按，目前可见传记类著作主要有张云家《于右任传》（中外通讯社 1958 年版）、王成圣《于右任传》（文海出版社有限公司 1958 年版）、张健《半哭半笑楼主：于右任传》（近代中国出版社 1980 年版）、许有成《于右任传》（湖南人民出版社 1988 年版）、陈四长与潘志

写作中有所涉及，本篇关于研究现状的文字，主要针对著作之外的文章进行梳理。

一、学术史回顾

（一）综述类

张晓的《近20年来国内学术界于右任研究综述》①一文，在第二部分“教育思想”之下，分教育实践、教育思想两个主题，简略回顾了2017年之前的研究现状。该文认为于右任的教育实践主要是通过创办复旦大学、上海大学、陕西大学以及新三中学这四所学校实现的。实在是失于调查，且针对这四所大学所列举的论著，也只是一小部分而已。在教育思想一栏，认为于右任的教育思想主要分为学校教育和农业教育思想，也有失偏颇。故此文不足以反映学界多年来对于右任教育相关问题研究的状况。不过，这是目前所见唯一一篇关于于右任研究综述性的文章。

（二）学校教育

1. 综述教育思想及实践

刘洪盎、武成叔的《于右任先生与教育》②一文，注重对于右任在陕西的教育事迹的介绍，指出于右任在影响当时教育风气方面的作用，举例阐明于右任重视挑选教师、关心体贴学生、重视爱国教育等特点。张开颜的《于右任与陕西地方教育》③一文，对民治小学、西安中山学院、三原女子

新《民国奇才于右任》（中国青年出版社1989年版）、李秀潭与朱凯《于右任传》（陕西人民出版社1989年版）、丘桑《民国奇才奇文：黄帝子孙之元气（于右任卷）》（东方出版社1998年版）、屈新儒《关西儒魂：于右任别传》（人民文学出版社2002年版）、阎欣宁《一蓑烟雨任平生——于右任传奇》（团结出版社2010年版）、西出义心《于右任传——金銭粪土の如し》（书道艺术社2012年版。该著作中文译本，彭春阳译：《于右任传——侠心儒骨一草圣》，汉荣书局有限公司2014年版）、高叶青《于右任评传》（三秦出版社2013年版）、徐民主《望故乡》（陕西人民出版社2018年版）。

① 张晓：《近20年来国内学界于右任研究综述》，《中国集体经济》2017年第4期，第53—54页。

② 刘洪盎、武成叔：《于右任先生与教育》，《陕西教育》1984年第4期，第39页。

③ 张开颜：《于右任与陕西地方教育》，《陕西档案》2004年第6期，第43—44页。

中学等和于右任有密切关系的陕西教育机构进行了追溯。文中所引文字，未标明文献来源。与题目相较，上述两篇文章均侧重对教育实践的事实性描述，且内容不成体系，显得过于简略。张开颜还有一篇题为《于右任与中国现代教育》①的文章，指出兴平私塾、商州中学堂时期，是于右任从事教育事业的开端，又叙述了于右任在创办复旦公学、中国公学、上海大学过程中的作用。文末得出结论："我们可以毫不夸张地说，于右任是中国现代史上一位伟大的教育家。"该文对于"现代"的时间范围界定似乎值得商榷。目前关于历史时段的划分，中古史通用的为：古代，1840 年以前；近代，1840—1949 年；现代、当代，1949 年以后。于右任在大陆的教育实践，截止于 1949 年（在这一年被迫赴台湾）。退居台湾以后，于右任又支持创办育达高职、明新技术学校。因此，以"近现代"为文章标题，方为合宜。不过，此文并未提及于右任在台湾支持教育的事迹。

张应超的《于右任先生教育活动述评》②一文，指出于右任的教育活动宗旨及基本思想为"救国爱民"，并分为社会教育和家庭教育两大类。以叙事的方式，追述于右任在教育方面的代表性经历，并注重对其教育所产生效果的分析。不足之处在于，框架不明晰，缺乏高度概括性的小标题。谈宝龙、吴洪成的《略论于右任教育思想及其教育实践活动》③一文，分"丰富而深刻的教育思想""持久而广阔的教育实践活动""教育活动的主要特点"三部分，对于右任厉行普及教育、编写教科书、倡导自主教育等教育思想，以及投身地方教育，参与创办复旦公学、中国公学、上海大学的教育实践，进行了论述。并总结出于右任教育活动的主要特点为爱国主义、以报刊为主导的社会教育、诗歌教育。该文对于右任教育思想的把握缺乏全面系统性，将教育特点与教育形式混为一谈，对教育实践的论述

① 张开颜：《于右任与中国现代教育》，《中国档案报》2004 年 12 月 10 日第 1 版。

② 张应超：《于右任先生教育活动述评》，《江西社会科学》1998 年第 10 期，第 104—107 页。

③ 谈宝龙、吴洪成：《略论于右任教育思想及其教育实践活动》，《西南师范大学学报》（人文社会科学版）2002 年第 2 期，第 96—102 页。

仅限于几所高等教育机构，忽视了于右任教育实践中的平民教育、女子教育、职业教育等方面。从框架结构及遣词造句来看，金立叶的《于右任教育思想及其实践活动》①一文，与谈宝龙、吴洪成的《略论于右任教育思想及其教育实践活动》一文的关系密切，但在其参考文献之中，并未提及。徐辉的《于右任教育思想初论》②一文，将于右任的教育实践分为学校教育和社会教育两大部分。在学校教育里，分析了于右任所处社会背景及同时期相关人员关于教育的言论，并着重列举了复旦公学、上海大学、中国公学三所学校的建校缘起、课程设置等情况。在社会教育里，突出于右任创办《神州日报》《民呼日报》等四份报纸的背景及在实际宣传过程中的作用。这篇文章的优点在于，注重分析背景资料，突出叙述重点；不足之处是忽略了于右任教育思想启蒙的原因，对其在家庭教育及书法、诗词、艺术等方面的教育未涉及。

孙杰明的《"民国奇才"于右任的教育实践活动与贡献》③一文，从三个方面，即创办报刊，进行社会宣传教育；创立学校，致力于学校教育；积极投身西北教育事业。以实证叙述，肯定了于右任在近代教育史上的地位，认为"中国近代教育家的桂冠，于右任当之无愧"。巨志忠的《杰出的教育家于右任先生》④一文，着重回顾了于右任办学的经历，且凝练了在创办该校时的核心价值，例如"初出庐，治学商州中学堂"，"主正义，协助马相伯创建复旦公学"，"施义举，创办中国公学"，并对于右任赴台之后的教育活动进行了叙述。这种叙事方式，在以往的研究论著中是不多见的，美中不足之处在于，未对于右任的教育思想进行系统归总。

目前所见关于这一问题比较系统全面的研究成果，是延安大学历史

---

① 金立叶：《于右任教育思想及其实践活动》，《西部皮革》2016 年第 14 期，第 287 页。

② 徐辉：《于右任教育思想初论》，《纪念〈教育史研究〉创刊二十周年论文集(2)——中国教育思想史与人物研究》，2009 年，第 1760—1772 页。

③ 孙杰明：《"民国奇才"于右任的教育实践活动与贡献》，《教育史研究》2010 年第 4 期，第 33—35 页。

④ 巨志忠：《杰出的教育家于右任先生》，《各界导报》2012 年 9 月 14 日第 7 版。

专业硕士研究生辛一凡的学位论文《于右任教育思想与实践研究》①。该文依次对于右任的研究现状，教育思想的萌芽、发展与形成，教育实践活动，进行了研究，并在第四部分论述了于右任教育思想的主要内容和特点，结论部分阐述了于右任教育思想中值得当今教育借鉴之处。该文框架尚可，但在具体的问题分析上，还有不足及待商榷之处。

2. 专述某一领域的教育思想及实践

农业教育。马凌云的《兴学兴农，功在千秋——记于右任先生办农业教育的光辉业绩》②一文，从明确的办学宗旨，非凡的开拓才能；高瞻远瞩，奠定千秋基业；慧眼识才，知人善任；一身正气，两袖清风四个方面，概述了于右任在农业教育方面的功绩，指出：继承和发扬这种办学思想，对于今天的西北农业大学乃至全国农业教育的改革和发展，具有深远的意义。杨航、陈遇春的《于右任农业教育思想的渊源和形成过程研究》③一文，分析了于右任教育思想的渊源和形成过程，总结了其农业教育思想的特征，是对于右任农业教育思想研究较为深入细致的一篇文章。杨恒的《于右任的农业教育实践》④一文，结合于右任创办泾阳县斗口村农事试验场、筹创国立西北农林专科学校、提议"十年万井"计划等农业教育实践，指出：以经世致用为特征，富有创新性和时代感，是于右任农本观念、悯农意识、教育救国思想的具体体现，对我国西北现代高等农业教育的发展具有拓荒、奠基的作用。

职业教育。刘永亮的《于右任职业教育观与校园文化的传承创新》⑤一文，从办学指导思想、校园环境、校风校训、办学理念、办学宗旨等方面，

---

① 辛一凡：《于右任教育思想与实践研究》，延安大学硕士学位论文，2014 年。

② 马凌云：《兴学兴农，功在千秋——记于右任先生办农业教育的光辉业绩》，《高等农业教育》1998 年第 5 期，第 87—89 页。

③ 杨航、陈遇春：《于右任农业教育思想的渊源和形成过程研究》，《山西农业大学学报》（社会科学版）2015 年第 11 期，第 1108—1111、1122 页。

④ 杨恒：《于右任的农业教育实践》，《兰台世界》2018 年第 5 期，第 110—115 页。

⑤ 刘永亮：《于右任职业教育观与校园文化的传承创新》，《职业教育研究》2009 年第 4 期，第 156—157 页。

阐述了西北农林大学的前身——国立西北农林专科学校附设高职在于右任等人筹建时期的一些思想和举措，对学校发展的影响及传承，指出于右任的办学指导思想、治学态度、管理理念已经内化为西农的优良传统，并且对我国高职教育的发展具有里程碑式的启迪与昭示作用。杨航的《于右任职业教育思想对应用型本科院校的启示》①一文，将于右任作为我国职业教育的早期实践者，认为他所提出的"经世致用"的教育方针、实学实用的课程、知行合一的教学方法、重视人文素质教育等职业教育思想，对应用型本科院校的建设具有重要的启示意义。

3. 关于教育实践活动

关于于右任的主要教育实践，在综述性和教育专题综述类论著中，均有所涉及。除此之外，还有一些文章，细化了研究方向，使我们对于右任在教育方面的实践活动，有了更为详细的认知。

于右任一生中，与多所学校结下了不解之缘，有创办，有支持，在中国教育史上写下了浓墨重彩的一笔。目前，专题性论文大多集中于商州中学堂、复旦公学、上海大学、西北农林大学等著名的学府，民治学校、渭北中学、宗海小学校等教育机构的记载，则大多散见于著作类之中。

担任商州中学堂总教习。王自华的《于右任治学商州中学堂》②一文，厘清了于右任与杨宜瀚的交往，以及受聘担任商州中学堂总教习之后的一系列作为。桓亮的《商州中学堂变迁记》③追溯了商州中学堂的前身、办学历程及发展状况，其中仅有寥寥数语提及于右任。

筹组复旦公学（现复旦大学）。被誉为"复旦孝子"的于右任，因缘际会，与复旦结缘。目前所见文章，大多集中于对于右任生平简历及在复旦创办过程中的作为的历史性梳理。这方面的研究，由于史料充足且争议

---

① 杨航：《于右任职业教育思想对应用型本科院校的启示》，《读书文摘》（中）2018年第4期，第41页。

② 王自华：《于右任治学商州中学堂》，《陕西教育》1988年第8期，第15—17页。

③ 桓亮：《商州中学堂变迁记》（上、下），《商洛日报》2007年5月18日第4版、5月24日第4版。

较小,故各家论述的差异不大,主要区别在于详略。早期的两篇文章——傅德华的《于右任与复旦》①、许有成的《也谈于右任与复旦》②,可以作为了解这一问题的基本材料。傅文追述了于右任避难上海、结识震旦学院院长马相伯并参与筹组复旦公学的前因后果,简单梳理了于右任在创办复旦公学过程中的作为。许文则补充了傅文的不足,对于右任在创办复旦公学之后的作为进行了较为详细的叙述,其中还提到了1958年于右任等人在台湾桃园县平镇乡创办"复旦中学(被校友们称为'少复旦')"并担任名誉董事长,这则材料在其他论著中鲜见。傅、许二文并读,或可对于右任与复旦的关系获得比较全面的认识。其他相类似的文章还有柳浪的《复旦杰出学子——于右任》③、赵英秀的《于右任与复旦大学》④等。

国共合办上海大学。上海大学是在东南高等专科师范学校的基础上改组而成,是第一次国共合作时期,两党合办的一所私立革命大学。赵守仁、陈艳军的《于右任与上海大学》⑤一文,回顾了上海大学创办的背景、于右任出任上海大学校长的原因及在教育方面所采取的举措。特别突出了上海大学国共合作的特色,即"一则允许马克思主义思想公开在课堂内外传播;二则既允许设立国民党的区分部和区党部,又允许建立共产党的小组和支部"⑥。由于上海大学的这些特性,决定了其学生在反对帝国主义和封建军阀革命斗争中的重要作用。文章肯定了于右任在创办上海大学过程中的作用,比较客观、公允。张元隆的《于右任执掌上海大学》⑦

---

① 傅德华:《于右任与复旦》,《复旦学报》(社会科学版)1986年第1期,第111—112页。

② 许有成:《也谈于右任与复旦》,《复旦学报》(社会科学版)1987年第1期,第109—111页。

③ 柳浪:《复旦杰出学子——于右任》,《复旦学报》(社会科学版)2004年第2期,第142页。

④ 赵英秀:《于右任与复旦大学》,《文史天地》2009年第7期,第16—18页。

⑤ 赵守仁、陈艳军:《于右任与上海大学》,《辽宁师范大学学报》(社会科学版)1997年第2期,第82—85页。

⑥ 赵守仁、陈艳军:《于右任与上海大学》,《辽宁师范大学学报》(社会科学版)1997年第2期,第81页。

⑦ 张元隆:《于右任执掌上海大学》,《世纪》2004年第1期,第38—39页。

一文，从出任校长、运筹校务、关爱学生三个方面展开论述，前两方面与上述文章相类，亮点在于关爱学生这一部分，突出了于右任在“五卅运动”等重大历史事件中给予上海大学学生的精神鼓励与导引，文章采用于右任题写的“上海大学章程”及“上海大学在上海闸北青云路师寿坊临时宿舍原址”图片，丰富了上海大学校史的研究。

筹备建设国立西北农林专科学校附设高职（今西北农林科技大学）。针对这一主题的研究，大多关于中国近代农业史及农业教育思想的论著中均有详略不等的论述，例如上文“专述某一领域的教育思想及实践”一节所列举的四篇文章。以于右任与国立西北农林专科学校或西北农林科技大学为题的文章，比较少见，《于右任创建国立西北农林专科学校》《国立西北农林专科学校的建立与选址》两篇文章，①可资参考。

创办新三中学。于右任因为其父亲于新三的缘故，与四川省广安市岳池县结下了不解之缘，曾称“岳池实系吾之第二故乡”。他积极响应当地教育界人士的请求，捐资兴学，并派专人赴岳池参与具体筹备工作。关于于右任创办这所学校的详细过程，段清华的《于右任与岳池新三中学》②一文进行了梳理。相关的文章还有《私立新三中学》《岳池私立新三中学的创建及革命史》《“以学报国”缅怀新三中学先圣名师，以启未来，八十春秋岳池一中》等。③

创建陕西大学。在于右任创办的各类学校之中，陕西大学算是比较特殊的一个，因为这所学校并未实际兴办就夭折了。关于这方面的文章，也比较少，即使有提及，也是一笔带过。王民权、王广利的《于右任创办

---

① 咸阳往事：http://www.360doc.com/userhome.aspx? userid=4738008&cid=19，2018年7月29日；http://bbs.hsw.cn/a/t341/2347341.html，2010年7月20日。

② 段清华：《于右任与岳池新三中学》，《四川统一战线》2000年第12期，第18—20页。

③ 胡剑：《私立新三中学》，《晚霞》2010年第14期；https://wenku.baidu.com/view/7ecb66bb998fcc22bdd10d3f.html，2014年6月16日；http://www.360kuai.com/pc/94d1b871e88002831? cota=3&kuai_so=1&sign=360_e39369d1&refer_scene=so_1，2019年5月26日。

"陕西大学"始末》[①]一文,是了解陕西大学兴建始末较为全面的文章。该文援引《秦风日报工商日报联合版》所刊布的《响应于右任先生筹办"陕大"主张》《为"陕大"地址向于先生暨当局进一言》等文章,使读者能够比较直观地了解此事的前因后果。

以上所述,只是于右任在教育实践方面的部分内容,他在创办中国公学、国立敦煌艺术学院、台湾明新技术学校、台北育达高职等教育机构过程中,也曾发挥过关键性的作用,关于这些问题,将在本书相关章节进行详细梳理,此不赘述。

(三)关于报刊新闻教育

于右任还非常重视社会教育,认为启发民智、开展社会教育,首要在于办报。于右任是我国资产阶级革命派的重要报人,曾创办《神州日报》《民呼日报》《民吁日报》《民立报》等报刊,积极宣传革命,号召国人以武力推翻清王朝的腐朽统治,建立民主共和国。在中国新闻史上具有重要的地位,被誉为"报人泰斗""元老记者"。关于这一方面的研究文章数量较多,主要有以下三个主题。

1. 对于右任办报实践的梳理和意义的阐释

例如唐玉的《于右任报刊活动与新闻思想研究》[②]一文,对于右任办报动机的产生和办报历程进行了分析和论证,归纳了于右任的新闻思想,并说明了这些宝贵的思想对中国新闻事业的贡献以及对前人的继承与创新。同时,也明确指出于右任新闻思想中的缺陷在于不重视新闻的采写、批判言论过于集中等问题。周纯婷的《辛亥前后于右任的新闻思想研究》[③]一文,从清末民初大的历史背景和资产阶级革命派对报刊活动的重视入手,论述了于右任创办报刊的历史背景;从对《神州日报》和"竖三民"办刊活动及报道内容切入,分析于右任报刊活动的宣传重点、诉求特

① 王民权、王广利:《于右任创办"陕西大学"始末》,《陕西档案》2004年第2期,第39—40页。

② 唐玉:《于右任报刊活动与新闻思想研究》,兰州大学硕士学位论文,2010年。

③ 周纯婷:《辛亥前后于右任的新闻思想研究》,南昌大学硕士学位论文,2013年。

点和业务特色，详细论述了于右任的新闻实践；从报刊的言论观、功能观、性质观以及报人的职业道德观四个方面概括了于右任的新闻思想。最后，总结了于右任办报的特点。袁春乾的《论于右任在新闻史上的地位》[①]一文，注重对于右任办报背景尤其是爱国思想及办报理念的挖掘，分析比较深入。这一类的文章还有牛济的《于右任在辛亥革命时期办报活动述评》[②]、张杰的《于右任与〈神州日报〉》[③]、刘作忠的《"元老记者"于右任与〈神州日报〉和"竖三民"》[④]、朱少伟的《于右任在沪办报》《于右任与"竖三民"》[⑤]、蒋荫焱的《咏"元老记者"于右任(三首)》[⑥]、张夷弛的《于右任办报实践对辛亥革命的思想贡献》[⑦]、刘俊生的《于右任的办报实践对我们的启示》[⑧]、于辉的《于右任曾经是著名的报人》[⑨]、梁程敏的《从于右任办报实践看其新闻思想》[⑩]等。

2. 侧重研究于右任新闻思想、舆论观以及新闻职业道德思想

较早的文章有王保平的《于右任新闻思想探析》[⑪]，该文将于右任的新闻思想总结为：以民众为中心，具有强烈的排满民族意识和反封建专制

---

① 袁春乾：《论于右任在新闻史上的地位》，《新闻知识》2004 年第 10 期，第 52—54 页。

② 牛济：《于右任在辛亥革命时期办报活动述评》，《人文杂志》1988 年第 2 期，第 96—98、84 页。

③ 张杰：《于右任与〈神州日报〉》，《枣庄师范专科学校学报》2003 年第 4 期，第 107—109 页。

④ 刘作忠：《"元老记者"于右任与〈神州日报〉和"竖三民"》，《文史春秋》2003 年第 4 期，第 59—64 页。

⑤ 朱少伟：《于右任在沪办报》，《世纪》2004 年第 2 期，第 49—50 页；朱少伟：《于右任与"竖三民"》，《都会遗踪》2011 年第 3 期，第 1—8 页。

⑥ 蒋荫焱：《咏"元老记者"于右任(三首)》，《古今谈》2011 年第 3 期，第 11 页。

⑦ 张夷弛：《于右任办报实践对辛亥革命的思想贡献》，《新闻研究导刊》2011 年第 10 期，第 23—25 页。

⑧ 刘俊生：《于右任的办报实践对我们的启示》，《新闻研究导刊》2014 年第 15 期，第 53 页。

⑨ 于辉：《于右任曾经是著名的报人》，《工会信息》2016 年第 5 期，第 22—23 页。

⑩ 梁程敏：《从于右任办报实践看其新闻思想》，《新闻研究导刊》2018 年第 2 期，第 67—68 页。

⑪ 王保平：《于右任新闻思想探析》，《新闻知识》1994 年第 1 期，第 40—41 页。

的资产阶级民权思想;监督政府是人民的一项权利,报纸应具有监督政府的职能;报纸是正确的言论机关,要避免片面和错误的报道;提出了言论独立的思想。刘莹的《激进、务实和浪漫:“元老记者”于右任的舆论观》①一文,对于右任长期被贴上党派色彩浓重的标签进行了辩驳,认为:于右任的舆论观和报刊实践比人们想象的要真诚、彻底,也更加理想化,他主张监督的不仅是腐朽没落的清王朝,还包括自己为之奋斗的资产阶级政府;他希望报刊所代表的是真正的“人民”,虽然这看上去仅仅是一种理想。此外,还有刘莹和张筱筠的《浅谈于右任新闻自由观》②、李程的《论于右任自由主义新闻思想》③、阳海洪和严远丹的《于右任新闻思想浅议》④等。我国近代报刊诞生于 19 世纪,报刊的自律观也不断发展。于右任提出了经济独立是报刊言论独立的基础条件,认为报刊在政治上要有所独立。报刊从业人员应遵循的自律原则有:担负起对国家对国民的责任,应该有过硬的国学修养和新闻专业知识,应真实客观地反映社会的各个方面。于右任办报时期,报刊自律观已经有了一定的进步与发展,形成了较为完整的报刊言论体系以及报人行为准则,对新闻活动中的规范也有了一套独到的理论。唐玉的《于右任的报刊自律观解读》⑤、乔驿珺的《于右任新闻职业道德观研究》⑥、崔晓晓的《浅议于右任的新闻职业道德思想》⑦等文章,从不同层面对这一问题进行了阐释。

---

① 刘莹:《激进、务实和浪漫:“元老记者”于右任的舆论观》,《社会科学论坛》(学术研究卷)2009 年第 5 期,第 195—198 页。

② 刘莹、张筱筠:《浅谈于右任新闻自由观》,《青年记者》2009 年第 14 期,第 82—83 页。

③ 李程:《论于右任自由主义新闻思想》,《湖南工业大学学报》(社会科学版)2009 年第 2 期,第 16—19 页。

④ 阳海洪、严远丹:《于右任新闻思想浅议》,《湖南工业大学学报》(社会科学版)2015 年第 1 期,第 114—118 页。

⑤ 唐玉:《于右任的报刊自律观解读》,《新闻世界》2010 年第 5 期,第 104—105 页。

⑥ 乔驿珺:《于右任新闻职业道德观研究》,《新闻世界》2015 年第 4 期,第 127—128 页。

⑦ 崔晓晓:《浅议于右任的新闻职业道德思想》,《新闻研究导刊》2016 年第 4 期,第 52—53 页。

3. 对报纸所报道新闻的个案分析

傅德华的《于右任与韩国独立运动——〈民吁日报〉围绕伊藤被刺事件的舆论斗争》①一文，从五个方面总结了于右任在当时极其艰难的条件下，运用手中掌握的舆论工具——《民吁日报》，支援和扶持韩国的民族独立运动的事迹。这一类文章比较少见。

（四）关于书法诗词教育

于右任擅长赋诗填词及撰写楹联，曾以“骚心”“大风”“剥果”等笔名，写下了许多爱国诗文，被誉为“诗豪”“词宗”“桂冠诗人”。据统计，他一生所作诗词达千余首，写了不下400副对联。他还约集诗人创办《民族诗坛》，发表抗战诗词，激励军民。晚年所写《望大陆》一诗，爱国思乡之情力透纸背。于右任的诗词，社会评价很高，“卅年家国兴亡恨，付与先生一卷诗”（柳亚子），“读他的诗，不仅会为他忧国忧民的爱国精神所感动，同时在字里行间，流露出一种真挚的爱”（钟鼎文）。这些诗词作品中所体现的家国情怀，是于右任“以诗为教”的珍贵思想。以这些诗词为基础，研究于右任教育思想的文章并不多见，大多数文章侧重于诗文艺术、爱国情怀的研究。赵山林的《试论于右任诗歌的艺术渊源》②一文，指出于右任在诗歌方面的造诣，受屈原和杜甫的影响最大，探讨于右任诗歌的艺术渊源，可以为我们认识现代旧体诗歌创作与中国古典诗歌的关系，提供一个有典型意义的生动例证。杨中州的《于右任诗词的时代精神》③一文，梳理了《半哭半笑楼诗草》《右任诗存》以及各类报刊所收录于右任诗词的情况。郑雪峰的《志士诗多慷慨声——于右任诗简论》④一文，总

① 傅德华：《于右任与韩国独立运动——〈民吁日报〉围绕伊藤被刺事件的舆论斗争》，《韩国研究论丛》1995年第一辑，第52—59页。

② 赵山林：《试论于右任诗歌的艺术渊源》，《华东师范大学学报》（哲学社会科学版）2005年第2期，第72—78页。

③ 杨中州：《于右任诗词的时代精神》，《咸阳师范学院学报》2012年第1期，第109—113页。

④ 郑雪峰：《志士诗多慷慨声——于右任诗简论》，《诗词月刊》2008年第5期，第83—86页。

结于右任诗歌的特点为：诗史、史诗，记录了他革命的历程；艺术方面表现为不拘技法，以达意为准。此类文章较多，在本书正文中将视行文需要予以介绍，余不赘述。

于右任从幼年起，即开始研习书法，终生孜孜以求，其行草气势磅礴，被誉为“于体”，他也被尊称为“草圣”。于右任所领导发起的“标准草书”运动，蕴含了他对书法教育目的以及书法书写方式的思考，对普及书法教育、提高书法教育水平有一定的启示意义。陈开政的《于右任“标准草书”对书法教育的启示》①一文，阐述了于右任在书法艺术方面的造诣以及对书法教育的影响。还有从于右任书法的渊源及发展、于右任书法的艺术精神②及爱国精神③、标准草书研究④等方面进行探析的论著。但以书法教育为角度的研究成果，为数不多。

（五）当前研究存在的不足之处

从上述几方面来看，学界对于右任的研究，涉及面已然很广，尤其是于右任在教育方面的实践和思想，文章比较集中，这是可喜的现象，但综观这些研究成果，其不足之处也不容忽视。

第一，背景挖掘不深入。对于右任教育思想及实践产生的背景原因，未进行充分的挖掘。大多论述着眼点在于右任幼年思想启蒙及人生关键节点所遇见的人物的作用，对当时的社会大背景及代表性人物的教育理念及实践的研究尚待深入。

第二，教育思想体系缺乏严密的架构。人的行为，大多是在思想指导之下的产物，而思想的产生，又脱离不了所处的环境。思想萌芽→实践行

---

① 陈开政：《于右任“标准草书”对书法教育的启示》，《当代教育实践与教学研究（电子版）》2016 年第 10 期，第 222—223 页。

② 温友言著，徐晔主编：《文苑笔谈 · 论于右任的书法艺术精神》，西北大学出版社 2014 年版，第 129—139 页。

③ 王书峰：《于右任〈标准草书〉的民族性及其爱国为民思想在书法作品中的体现》，《艺术百家》2017 年第 2 期，第 204—205 页。

④ 罗滔裕：《于右任标准草书研究》，《嘉应学院学报》2016 年第 12 期，第 96—100 页；张艺伟：《于右任标准草书运动的“妙理”探析》，《书法》2018 年第 1 期，第 120—122 页。

动→具体效果→思想体系，顺着这条主线写作，才能完整地展示于右任在教育史上的贡献。大多数文章侧重对教育实践的事实性叙述，于右任关于教育的一些言论也仅随文论及，未能对其思想体系进行提炼归纳、形成架构，导致读者对于右任丰富的教育思想认知割裂、零散，不成体系。

第三，论述缺乏教育学专业理论。对“教育”的理解较为狭隘、死板，集中于各级各类学校教育，关于社会教育（包括书法、诗词、报刊等）、家庭教育等问题认知则比较片面，忽略了各种教育思想及实践之间的交互性。除了如实叙述于右任的教育实践之外，还必须对教育实际所产生的作用进行论述。目前所见论著，大多就事论事，并未以教育学的视角去衡量于右任的教育思想，他能否被称为“教育家”，必须有专业的依据，才能有较强的说服力。这就相当于行业标准。在写作时，还应该注意对各种教育学的专业术语进行解释与限定。

第四，研究缺乏新材料作为支撑。大多数文章，将已经明晰的资料改头换面，反复叙述，这是一种挑不出问题的资源重复使用。对于一些珍贵的档案材料及旧报刊，关注者比较少，而这些原始材料是了解于右任其人其事不可或缺的。例如于右任在担任监察院院长期间，有不少惩治教育界贪官污吏、整顿教育的举措，这些材料或刊登于当时的各类报纸，或以文件的形式下发，搜集整理并挖掘这一类材料的价值，才能使研究推陈出新，更加接近事件的本来面貌。

二、研究方法及写作思路

于右任没有教育方面的专著，他不是教育理论家，但是他在学校教育、诗词教育、书法教育、家庭教育等诸多方面的建树及影响，足以支撑起其“教育家”的称号，换言之，他是当之无愧的“教育实践家”，但是尚未有一部专门的著作研究这一问题。上述学界研究中存在的不足之处，也正是本书试图解决的问题。

本书在材料运用方面，合理使用现有材料，并挖掘新材料，尽量做到搜罗殆尽，并前往和于右任关系密切的实地去调查采访，搜集相关素材。

在研究方法方面，重视以教育学专业理论为支撑，进行相关问题的论证，并综合运用文献学、社会学等研究方法。在篇章安排方面，首先，回顾、剖析促使于右任爱国情怀及教育思想萌发的背景原因；其次，分三个章节，从学校教育实践、社会教育实践、家庭教育实践，梳理于右任在各类教育方面的实践活动；再次，从教育理念、兴教举措及形式、教育受众及层级、教育思想体系的特点等方面，分析提炼于右任教育思想体系的特点。附录部分，收录了《半哭半笑楼诗草》的珍贵文本以及《于故院长墓表》等资料。在语言叙述方面，严格做到实事求是，不夸大，不溢美。以专业的理论，翔实的资料，无可辩驳的史实，严密的体系，使于右任作为"教育家"的称号实至名归，是本书稿的写作目的所在。

第一章　时事多艰，风云际会：于右任教育思想探源

于右任的一生，大致可以分为三个阶段。第一阶段，从出生到逃亡上海之前。这是他成长、受教育，以及反清救国意识萌生的重要阶段。第二阶段，逃亡上海之后直至被迫去台湾之前。这是于右任一生中最为重要的阶段，主要活动大都集中于这一时期。第三阶段，被迫赴台直至去世。① 要想了解于右任的教育思想启蒙，就必须深入挖掘其教育理念形成的原因及社会背景，也就是探究于右任为什么会对教育如此关切并不遗余力地进行支持。一件事情，从萌芽到发展是一个自然的过程，本书在写作时，将于右任教育思想的萌发置于第一章，目的是为了让读者对于右任兴办教育之前的成长经历及心路历程有一个清晰的了解，唯有如此，才会深度理解他在各类教育实践中的指导思想和作为。依照惯例，接下来几章，应该是于右任教育思想的发展、高潮等内容，实际上，本书第二、三、四章，正是遵循这一思路，但并未冠以那样的标题，而是以学校教育、社会教育、家庭教育来分别阐释，以突出他在教育实践方面的突出贡献。

---

① 高叶青著：《于右任评传 · 前言》，三秦出版社 2013 年版，第 1—4 页。

第一节　社会环境及斗争实践的影响

于右任原名于伯循，出生于清末陕西三原县的一个普通家庭，经历了一个贫困家庭的孩子所必须面对的困顿，但是在一心向学的父亲于新三及敦厚慈爱的伯母房氏的爱护培育之下，加上自身的聪颖勤奋，他逐渐成长为一个有胆有识的爱国青年。晚清的中国处在风雨飘摇的危机之中，各个领域尤其是教育界也在酝酿着一场场变革，而这一切对正值青年的于右任的人生观、世界观产生了较大的影响。本节仅概述于右任出生之前至27岁之间在中国教育及社会局势方面所发生的重大事件，这些事件对他此后教育思想的形成及实践活动产生了不可或缺的影响。

一、清末的教育新风尚

清末，同治、光绪朝慈禧太后垂帘听政时期，中国局势动荡不安，内忧外患。危则思变，为了挽救大厦之将倾，封建统治阶级自上而下，在教育方面采取了一系列改良措施。

在科举制度改革方面，光绪元年（1875）颁布了《礼部奏请考试算学折》，核心是以算学为基础，招纳资质明敏、愿学算法的人才进入国子监学习，以此加强水师人才培训，便于制造坚船利炮，抵御外国列强的侵略。光绪十年（1884）五月由潘衍桐所上之《奏请开艺学科折》，面对制造业技术人才匮乏的现状，指出当时各地书院、义学大多有名无实，建议开设艺学科，招收精工制造、通晓算学、熟悉舆图者予以重点培养。此外，还有《奏请设经济专科折》（光绪二十四年一月　严修）、《请废八股试帖楷法试士改用策论折》（光绪二十四年四月　康有为）、《公车上书请变通科举折》（光绪二十四年五月　梁启超等）。戊戌变法时期，教育措施也有一些革新，例如废八股取士之制，改试时务策论；诏兴农学，命各省学堂翻译外洋农学诸书；命各省、州、县、府开设中西学堂，将不在祀典的民间祠庙一律改为学堂；命各省府县绅富之有田业者设立农务学堂，广开农会，刊发农报，购置农器；设立编译学堂，书籍报纸免税。光绪二十七年（1901）五月，张之洞、刘坤一上《筹议变通政治人才为先折》，建议设文武学堂，酌改文科，停罢武科，奖劝游学。光绪二十九年（1903）十一月，张百熙、荣庆、张之洞上《奏请递减科举注重学堂折》，分析科举的劣势，提倡注重学堂的建设及人才培养。这个建议得到了清廷的肯定性回应。光绪三十一年（1905）八月，朝廷下诏停科举以广学校，鼓励多建学堂，普及教育，广开民智。

在书院制度改革方面，光绪元年（1875），格致书院在上海公共租界北海路落成。光绪二十二年（1896）五月，张汝梅、赵维熙上《陕西创设格致实用书院折》，对三原宏道书院、泾阳味经书院在培育人才方面所作出的贡献给予了高度的肯定，同时指出课程设置不合时用，愿意自筹款项，创设格致实学书院，广购古今致用诸书，不限中学西学，以有用为原则。光绪二十二年（1896）六月，胡聘之等上《请变通书院章程折》，也是在对书院原有教育模式批判的基础上，主张参考时务，兼习算学，凡天文、地舆、农务、兵事与一切有用之学，统归格致之类。光绪二十二年（1896）九月，《礼部议复整顿各省书院折》颁布，在肯定了各省书院改革举措的同时，再次强调了以通经致用为主，不得沿袭专于诗赋楷法中求才的原则。此外，还有光绪二十三年（1897）八月廖寿丰上的《请专设书院兼课中西实学折》，光绪二十四年（1898）闰三月张之洞上的《两湖经心两书院改照学堂办法折》，光绪二十四年（1898）五月康有为上的《请饬各省改书院淫祠为学堂折》。光绪二十四年（1898）五月，清廷下诏命各省府州县改书院，一律改为兼习中学西学之学校，并鼓励绅民捐建学堂。

在统治阶级兴办学堂和派遣学生出洋留学方面，同治元年（1862）恭亲王等人上折奏请设立同文馆，学习外国语言文字，培养翻译人才，并依据时局所需，改革课程设置，开设了诸如算学、化学、万国公法、医学生理、天文、物理等新课程。同治二年（1863）二月，李鸿章奏请设外国语言文字学馆，主张在八旗子弟之外招收更多的学生加以培育，以扩展人才队伍。同治五年（1866）十一月，左宗棠上《详议创设船政学堂章程购器募匠教习折》，建议设立求是堂艺局，学习英法两国语言，精研算学，培养能够依书绘图、深明制造之法，并通船主之学、堪任驾驶的人才。光绪七年（1881），李鸿章奏准设立天津水师学堂，光绪十一年（1885）六月，上《创设天津武备学堂折》。光绪二十一年（1895）十二月，张之洞上《创设陆军学堂及铁路学堂折》。光绪二十一年（1895），盛宣怀上《拟设天津中西学堂章程禀》，再次强调了"自强之道，以作育人才为本；求才之道，以设立学堂为先"的思路。光绪二十二年（1896）五月，李端棻上《请推广学校折》，对前此二十多年各地倡导设立的同文馆、实学馆、广方言馆、自强学堂等提出质疑，认为这些机构只注重学习外国文字及格致制造之学，忽略了治国之道。建议自京师以及各省府州县均设学堂，学中课程，以诵"四书"、《通鉴》、"小学"等书为主，而辅之以各国语言文字及算学、天文、地理等，在学堂设藏书楼、创仪器院、开译书局、广立报馆、选派游历。光绪二十四年（1898）五月，康有为上《请开学校折》，在对欧美及日本、德国等国教育现状分析的基础之上，建议各省府县乡兴办小学、中学、大学等各级各类学校，扩大生源，普及教育，凡七岁以上的国民均可入校学习。关于学堂的章程等制度层面的问题，也有一些论述，例如《进呈学堂章程折》（光绪二十八年　张百熙）、《重订学堂章程折》《学务纲要》（光绪二十九年十一月　张百熙、荣庆、张之洞）等。

关于派遣学生出洋留学方面，也有不少的建议，例如《奏选派幼童赴美肄业办理章程折》（同治十一年七月　曾国藩、李鸿章）、《闽厂学生出洋学习折》（光绪二年十一月　沈葆桢、李鸿章）、《奏遵议遴选生徒游学日本事宜片》（光绪二十五年　总理各国事务衙门）、《奏遵议出洋学生肄业实学章程折》（光绪二十五年七月）、《奏议复派赴出洋游学办法章程折》（光绪二十八年十一月）、《筹议约束鼓励游学生章程折》（光绪二十九年八月）等，对派遣学生外出学习交流的相关事宜进行了论述。

一个人的成长与思想形成，与他生活的社会环境休戚相关。于伯循出生前至27岁之间，整个社会在教育领域发生的改良或者变革，直接关系着他从蒙学到游学于泾阳、三原、西安等高等书院的学习与思想变化。这一时段，是于伯循人生三大阶段的第一个重要阶段。无论是在泾阳杨府村马王庙小学、三原毛班香私塾，还是在三原宏道书院、泾阳味经书院、西安关中书院，他所接触的先生，所读过的书籍、报刊，无不深深地打下那个时代的烙印。例如 1902 年在宏道大学堂的试卷上，于伯循引经据典，文贯中外，对俄国彼得大帝的治国方略及功绩大加赞赏："俄罗斯，野蛮国也，大彼得，野蛮王也，然辟荆榛，广教化，兴学术，励实业，使俄臻文明之域者，果何人哉！"①从中可见其当时所接受的新式教育内容，并逐步形成了自己的见解。

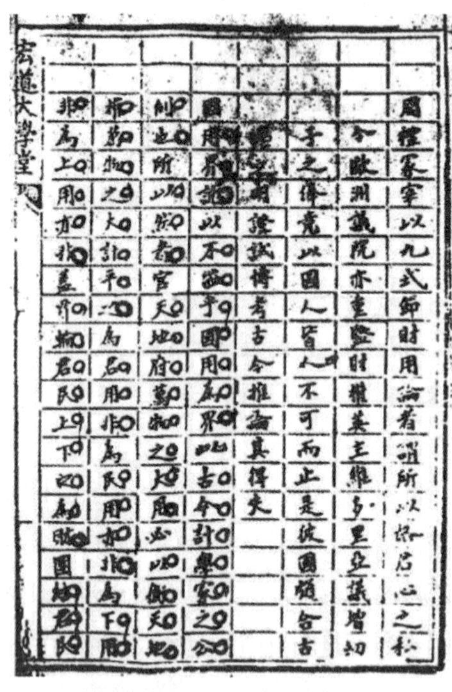

于伯循宏道大学堂试卷第一页

清朝末年在教育方面的改良，涉及科举制度、学堂设立等层面，主线则是高度统一的，那就是面对帝国主义列强坚船利炮的侵略，应激反应，改革旧的取才及人才培养体系，积极学习西方文化及技术，目的只有一个，即强国富民。尽管这些大多是封建朝廷采取的自上而下的措施，但是的确对清末的社会以及未来中国教育的发展奠定了基础。一些有识之士也积极投入这场社会变革的洪流之中，他们兴办学堂，创办报刊，刊印书籍，为救亡图存贡献自己的力量。本章第二节将要提到的房

① 中国人民政治协商会议陕西省委员会、咸阳市委员会、三原县委员会文史资料委员会编：《于右任先生》，陕西人民出版社 1991 年版，第 281—282 页。

宗海等人创办杨府村马王庙学堂、毛班香父子创建毛氏私塾、赵惟熙等创办崇实书院、刘古愚在陕西各地开办"义塾"、尹昌龄创办商州中学堂等事迹,是于伯循所亲身经历的,在此过程中,他见识了从普通百姓、乡贤到政府官员对时局的关注,对教育的重视。这些不仅造就了他的学识,开阔了眼界,也在心中种下了一颗教育救国的种子。

二、进步士绅的积极作为

除了上述由清政府层面所采取的各项措施之外,一些地方官员及社会贤达也积极采取应对措施,他们或兴办学校,或发展实业,或创办报刊,开启了热火朝天的多维度普及教育、救亡图存的举措。以下主要介绍在创办报刊及设立教育机构、开办印刷厂等方面所发生的代表性事件。

新闻出版业方面。① 光绪元年(1875)四月,《小孩月报》在上海创刊,内容有诗歌、故事、名人传记、博物、科学等,是中国最早的近代儿童画报。光绪五年(1879),《维新日报》在香港创刊,陆骥纯、陆建康、黄道生等先后主持编辑工作。中法战争期间,以多载中国战胜消息,受到社会欢迎。② 光绪十年(1884)三月一日,《述报》在广州创刊,由海墨楼石印书局承印。每月汇编为一卷,名《中西近事汇编》。内容除新闻、评论外,还刊载了不少石印的新闻插图。它严厉谴责法国侵略者"悖理横行,不仁不义",刊登大量有关中法战争的消息、电讯、评论和来稿,呼吁清政府加强战备,认真应对侵略者的进攻,反对"输金议和"的投降主义。光绪十年(1884)四月十四日,《点石斋画报》在上海创刊,以画时事、社会新闻为主,还有大量宣传西方科学、反映民间风俗的图画。对清朝腐朽统治和外国资本主义侵略罪行有所揭露,亦杂有庸俗迷信之作。光绪十二年(1886)五月二十三日,邝其照在广州创办《广报》,内容分论著、本省新

---

① 按,仅列举于中国发展有益的进步报刊,类似于天津《时报》、上海《新闻报》之类由外国人主办,旨在宣扬侵略有礼、维护帝国主义在华利益、攻击中国人民反帝反封建的革命斗争的报刊,则不在叙述之列。

② 按,该报光绪三十四年(1908)由刘少云主持,宣统元年(1909)改名《国民日报》。

闻、中外新闻等，附有宫门钞、辕门钞及货价行情。《中外纪闻》初名《万国公报》，是戊戌变法时期资产阶级维新派在北京出版的第一份报纸，光绪二十一年(1895)六月二十七日创刊于北京，由梁启超、麦孟华等编辑。以编译西电西报、介绍资本主义国家政治经济情况和刊载上谕、奏章为主要内容，意在广开知识，改变士大夫不通外国政事风俗的闭塞状况。光绪二十一年(1895)十一月下旬，《强学报》在上海创刊，是戊戌变法时期维新派上海强学会的机关刊物。该刊论说一以发明强学之意为主，次录上谕，刊布廷寄，鼓吹社会办报，力言封建科举制度的弊病，阐述变法当知本源，主张开设议院以通下情。光绪二十二年(1896)七月一日，《时务报》在上海创刊。所辟栏目有论说、谕折、京外近事、中外杂志、域外报译等，以域外报译所占比重最大，另载有各地学规、章程等。《时务报》以宣传维新变法、救亡图强为宗旨，梁启超的《变法通议》首先就是在《时务报》上刊出的。《时务报》的刊行，在社会上大受欢迎，数月之间，销至万份，“为中国有报以来所未有”。光绪二十三年(1897)是各类报刊创办的盛期，一月，《知新报》创刊；三月，《湘学报》创刊；四月，《集成报》《农学报》创刊；七月，《经世报》《萃报》《新学报》创刊；八月，《实学报》创刊；九月，《求是报》创刊；十月，《国闻报》《渝报》《通学报》创刊。这些报纸或介绍西方国家的政治、法律和科学文化知识，或宣传维新变法、救亡图存的理想，对当时的社会及人心产生了较大的影响。光绪二十四年(1898)，各类报刊也异彩纷呈，一月，《岭学报》创刊；二月，《湘报》创刊；三月，《岭海报》创刊；闰三月，《时务日报》《无锡白话报》《蜀学报》创刊；七月，《工商学报》《女学报》创刊；十一月，《清议报》创刊。光绪二十六年(1900)一月二十五日，兴中会机关报《中国日报》(又名《中国报》)创刊。报名为孙中山亲授，取“中国者，中国人之中国”之意。该报公开提倡民族民主革命，猛烈抨击清政府的黑暗统治，报道各地革命党人的活动，介绍西欧、美国资产阶级的自由、平等、人权学说，被称为“中国革命提倡者之元祖”。光绪二十七年(1901)三月二十二日，由留日学生编辑的《国民报》在日本东京创刊，以“唤起国民精神”为宗旨，在留日学生早期创办的刊物中，首次宣传了“革命排满”的思想，报纸一出，即得到孙中山等革命党人的关注。光绪二十八年（1902）一月一日，资产阶级改良派的重要刊物《新民丛报》在日本横滨创刊，梁启超任主编。初期着重介绍西方资产阶级社会思想政治学说，宣传变法维新，抨击以慈禧太后为首的清政府。该报行文多以梁启超的报刊体为标准，文字流畅，笔中常带有感情，语言生动，颇受读者欢迎。五月十二日，《大公报》在天津创刊，主要政治倾向是拥护维新改良，以敢于直言，在资产阶级、小资产阶级和上层知识分子层中颇有影响，亦是当时华北地区最引人注目的一份报纸。光绪三十一年（1905）一月二十日，革命学术团体国学保存会主办的《国粹学报》在上海创刊。该报刊登了大量研究中国历史文化、发扬民族传统、激发民族情感的文章，在当时的舆论界和学术界产生过相当大的影响。五月，《二十世纪之支那》在东京创刊，设有论说、学说、政治、军事、实业、历史等栏目，标榜“爱国主义”。十月三十日，《二十世纪之支那》改名《民报》，宗旨是宣传同盟会的纲领，使资产阶级民主革命的理论化为常识而深入人心，在创刊号上，孙中山亲自撰写了发刊词，首次提出了民族、民权、民生三大主义，十分重视当时世界上各种学说的介绍。光绪三十二年（1906）四月十五日，《复报》正式创刊，宗旨是“发挥民族主义，传播革命思潮，为国民之警钟，作魔士之露檄”。尤其值得一提的是创办于光绪二十四年（1898）七月二十四日的《女学报》，该报完全以妇女为对象，除了提倡女学之外，进一步提出了争女权的思想，号召妇女和男子一道，共同改变国家受制于外人的状况。该报还通过刊登来信和附加编者按语等方式，对外国资本主义列强侵华、排华的行径进行揭露和批判。《女学报》是中国近代第一份带有明显反清革命色彩的妇女刊物。

杂志也应运而起，光绪二十六年（1900）有三种比较有名的杂志创刊。其一，由杜亚泉编辑出版的《亚泉杂志》在上海创刊，内容是介绍近代理化博物等自然科学知识，是近代中国第一个由中国人自办而没有外国传教士参与的中文科学期刊。其二，有革命倾向的留日学生编辑的《开智录》在日本横滨创刊，先后译载了卢梭的《民约论》，大井宪太郎的

《自由原论》，中川笃介的《民权真义》《法国革命史》等宣传资产阶级自由平等和天赋人权思想的专著，还发表了许多带有反抗列强侵略，批判封建制度的政论文章。其三，以江苏籍留日学生为主编辑的《译书汇编》在日本东京创刊，宗旨为“务播文明思想于国民”，主要译载欧、美、日等国资产阶级政治、经济、法律、社会新思潮等方面的著作。光绪二十七年(1901)三月，《教育世界》杂志在上海创刊，是中国最早的教育专业杂志。光绪二十八年(1902)十月九日，由梁启超主编的《新小说》月刊在日本横滨创刊，对此后小说理论研究的展开、创作的繁荣产生了深刻的影响。可视为近代中国初具规模的新型小说刊物的发端，与后来创刊的《绣像小说》《月月小说》《小说林》被称作晚清四大小说杂志。光绪二十九年(1903)一月，《湖北学生界》《浙江潮》杂志创刊；四月，《绣像小说》创刊。光绪三十年(1904)三月十一日，由商务印书馆编辑的《东方杂志》创刊。

图书出版业的发展。光绪八年(1882)，由徐鸿复、徐润等集股，在上海设立同文书局，这是中国人自办的第一家近代石印图书出版机构。购置石印机十二架，雇工五百人，专事翻印善本古籍，先后出版了《二十四史》《古今图书集成》等书。光绪十九年(1893)，由中国早期维新派思想家郑观应撰写的《盛世危言》一书正式出版，主张变法图强，发展资本主义；参照西方政治制度，立宪法、开议院，实行“君民共主”；批评洋务派只学西方坚船利炮是“遗其体而求其用”；提出要与外国资本主义进行“商战”，表达了要求“富强救国”的呼声。光绪十九年(1893)，中国早期维新派思想家之一陈炽撰成《庸书》，分内外两篇，内篇论及农田、水利、政治、军事、边防、海口、学校、书院、宗教等，外篇论及议院、报馆、工商、铁路、轮船、驿传、外交、巡捕、天文、格致、电学、西医等。主张改革封建专制政体，仿行西法，设立议院；改科举，兴学校；主张关税自主，建议设立商部，制定商律，保护民族工商业。该书对维新变法运动具有直接的影响。光绪二十二年(1896)底，谭嗣同撰成重要哲学著作《仁学》。书中杂糅儒、佛、道、墨各家及西方自然科学、社会学说、宗教思想等，构成独特的哲学体系。猛烈抨击了封建专制制度及其精神支柱——封建纲常名教，号召人们勇敢地冲决君主、伦常、利禄、俗学、天命、佛法等种种罗网，宣传了资产阶级的民权、自由、平等学说。光绪二十五年（1899），《仁学》的部分内容连载于《清议报》上，旋又连载于上海《亚东时报》。后来，正式刊印成书，单独发行，在晚清思想界产生了很大影响。光绪二十二年（1896）一月二十一日，官书局成立，曾译刻各国有关律例、公法、商务、农务、制造、测算、武备、工程等各种书籍，刊行《官书局报》《官书局汇报》。光绪二十四年（1898）四月，由严复翻译的《天演论》正式出版，借"物竞天择，适者生存""优胜劣败"的进化论观点，激励国人变法维新，以冀由弱变强，否则将沦于亡国灭种而被淘汰。为变法图强提供了理论依据，对当时的社会思潮产生了强烈而深远的影响。① 光绪二十六年（1900）夏，章太炎著《訄书》初刻本出版刊行。该书具有强烈的反满革命思想，反映了章太炎二十世纪初的思想状况，对当时青年知识分子走上反清革命道路产生了很大影响。光绪二十九年（1903）五月初，邹容所著的《革命军》一书在上海刊行。全书明白晓畅，生气勃勃，富有战斗精神，发出了振聋发聩的革命口号，被誉为中国近代的"人权宣言"，许多进步报纸纷纷加以介绍和评议，而当时的革命者则将此书视为宣传革命的重要读物加以印刷和散发，成为辛亥革命时期发行量占第一位的图书，引起了社会震荡和清朝统治者的恐慌。光绪二十九年（1903），陈天华所著《猛回头》《警世钟》在日本刊行。他呼吁全国民众拿起武器，不怕牺牲，一齐投入伟大的民族解放运动，具有极大的革命感召力。

教育机构设立方面。光绪元年（1875），由科学家徐寿、英国传教士傅兰雅共同发起于上海公共租界创立的晚清新式书院——格致书院落成，聘请西洋教师讲授化学、矿学知识，按期延请中外名人学士讲演格致原理。书院设有博物院、藏书楼，供学生学习或阅览。光绪十年（1884）改为中等学校，由公共租界工部局接管。光绪七年（1881），天津水师学

---

① 按，在这一年，还出版了两种对抗维新变法思潮的作品，其一是张之洞所撰的《劝学篇》，其二是封建文人苏舆汇辑的《翼教丛编》。

堂建成，严复为总教习，聘用英国军官教练，仿英国海军教习章程制订条例和计划。开设英文、算学、几何、代数、三角、重学、天文、舆地、测量、驾驶、化学、格致等课程，兼习经史文义，训演外国水师操法。光绪十一年(1885)五月五日，直隶总督李鸿章上奏清廷，请在天津设立武备学堂。其规制参照西洋陆军学堂，聘用德国人为教官，这是清末第一所新式陆军学校。学习天文、舆地、格致、测绘、算化诸学，炮台、营垒诸法，演习马队、步队、炮队及行军、布阵、分合、攻守诸式，并兼习经史文义。光绪十三年(1887)六月十四日，两广总督张之洞上奏清廷，请在广州设立"广东水师讲堂"，光绪十九年(1893)改名"广东水师学堂"。分设管轮、驾驶两科，管轮科学习机轮制造原理及运用之术，驾驶科学习天文、海道及驾驶、攻战之法。同时开设英文课，兼读四书五经。光绪十三年(1887)六月十四日，两广总督张之洞上奏清廷，请在广州设立广东陆师学堂，聘用德国军官教练。分设马步、枪炮、营造三科，所开课程与天津武备学堂略同，均学德文，兼读四书五经。光绪十七年(1891)，康有为在广州长兴里开设"万木草堂"，聚徒讲学。康有为自任总教授、总监督，撰《长兴学记》以为学规，以自著《新学伪经著》《孔子改制考》为主要讲学内容。探讨中国数千年学术源流，历史政治及其沿革得失，兼授西方哲学、历史及社会政治学说。鼓吹托古改制，按照改良派的需要塑造孔子、改造儒学。其中有多人成为此后变法维新运动的重要骨干。光绪十九年(1894)十二月二十二日，湖广总督张之洞奏设自强学堂于武昌，主要培养通晓洋务的买办、翻译和教堂人员。分方言(外国语言文字)、格致、算学、商务四斋。自强学堂为晚清官办的新式学堂之一，光绪二十七年(1901)后改为普通学堂。光绪二十一年(1895)八月十二日，中西学堂在天津创办(亦称天津西学学堂)，普通学科有英文、数学、制图、物理、化学、天文、地学、万国公法、理财学等，专门学科有工程学、电学、矿务学、机器学、律例学等。① 光绪二十二年(1896)二月二十六日，盛宣怀在上海徐家汇镇北创办南洋公

① 按，光绪二十九年(1903)改为北洋大学。

学。其中的师范院是我国第一所新型师范学校，最初开办的目的在于培养通达中国经史大义的政治人才，实则毕业生多数学习工艺、机器、制造、矿冶、商务、铁路、船政等。① 光绪二十二年（1896），张元济在严复的帮助下，在北京创办西学堂，同年冬改称“通艺学堂”，倡习西学，课程有英文、数学。光绪二十九年（1903）二月三日，由马相伯发起、法国传教士出资创办的震旦学院开学。光绪三十一年（1905）八月，清廷正式宣布彻底废除科举考试制度，推行新式学堂。

三、时局动荡出英杰

晚清的中国，中法马尾海战、中日甲午战争等爆发，《中俄伊犁条约》《拉萨条约》《东三省事宜条约》《中法新约》《北京条约》《中英会议藏印条约》《中美华工条约》《马关条约》《中俄密约》《中日通商行船条约》等一系列丧权辱国的不平等条约的签订，以及外国宗教组织的介入所引发的诸如延平教案、济南教案、浪穹教案、大足教案、重庆教案、山东冠县教案、扬州教案、芜湖教案、丹阳教案、宜昌教案、成都教案、单县教案、巨野教案、南昌教案等各种教案频发，社会矛盾极度激化，已经是山河飘摇，动荡不安。上至清政府，下至社会各界人士，都在积极寻求出路。帝国主义列强用先进的武器撞开了古老中国的大门，竭力攫取中国的土地和财富，但同时也撞醒了沉睡中的中国人。出生在这一特殊历史时期的于伯循是不幸的，同时也是幸运的。

以“苏报案”为爆发点的关于改良与革命的争论热火朝天，延续了数千年的封建体制走在瓦解的边缘，科举制度及教育体系的改革，进步报纸、杂志及书籍如雨后春笋般涌现，这一切都在激荡着一颗年轻的心。从乡村放羊娃到私塾学生再到有胆有识的热血青年，经历了母亲早逝、父亲外出谋生、险入狼口、爆竹厂事故，眼见了旱灾中饿殍遍野、饥民成群的惨状，写诗

---

① 按，光绪二十九年（1903）改名为“上海商务学堂”，三十一年改称“商部高等实业学堂”，三十三年又改名为“邮传部上海高等实业学堂”。

抒发忧国忧民之怀,散发明志、上书以求手刃西太后,正是于伯循在乱世中奋起的表现。于伯循通过关注时事及阅读进步报刊,思想境界也发生了很大的变化,例如有评语说他:"中《新民丛报》之毒深矣!然笔情恣肆,故是可喜。作者奇才妙笔,可以自成一家,何苦沾沾拾人牙慧?"①

如果说因诗罗祸逃亡上海之后开启了他人生的新里程,那么,此前的27年,正是关键的积蓄期。本章正是基于此,从民族意识的憧憬、兴办教育的启蒙、社会环境及斗争实践的影响,剖析于伯循后来教育思想萌发的重要因素。从本节前两个主题所述,不难看出,在当时的中国,兴办教育、创立报刊杂志,是一种社会趋势及风尚,由此也就不难理解于右任后来在教育及报刊方面的作为,他是顺势而为,希望以教育救国。不过,具体参与或主持兴办各级各类教育机构、创办报刊以及关于子女亲属的家庭教育,与他此后的经历及社会局势有着密不可分的关系,这些将在本书第二章至第四章结合具体教育实践予以阐述。

第二节　民族意识的觉醒

于伯循出生于一个平民之家,幼年丧母,父亲远游,留下他与二伯母房氏相依为命。对年幼的他而言,生活是艰辛的。在那个时代,读书识字,考取功名,是寒门之子的重要出路。于伯循是不幸的,但又是幸运的。在父亲于新三和伯母房氏、外舅父房宗海、第五先生、三叔祖于重臣、毛汉诗、毛班香、刘古愚、朱佛光等人的接续关心和教育之下,于伯循从一个懵懂放羊娃,迅速成长为一名饱读诗书、才华横溢、胸怀天下的有志青年。读书习惯的养成和贫苦生活的历练,为他此后的革命道路、教育思想及实践,奠定了重要的基础。

---

① 李秀潭、朱凯著:《于右任传》,陕西人民出版社1989年版,第19页。

一、起了一个民族意识的憧憬

（一）贫苦生活的历练

1. 诞生于山河多难之际

1840年鸦片战争开始，西方资本主义国家加快了侵华的步伐，封建统治集团腐朽没落，对外向洋人俯首低眉、割地赔款，对内集合兵力剿灭太平天国农民起义。为了筹集巨额的军费等开支，清政府不顾民生凋敝，苛捐杂税多如牛毛，层层盘剥压榨，导致民怨沸腾、民不聊生。尤其是山西和陕西两省，遭难最深重，“此时京饷及各军营饷银，均赖山、陕两省接济”[①]。同治年间，社会动荡不安，太平军陈得才、赖文光等队伍两次入陕，导致关中回民纷纷揭竿而起，兵逼省城西安。川滇农民起义军蓝大顺部及张宗禹的西捻军，先后三次挺进三秦，与陕甘回民义军呼应配合，共同抗清。清政府手忙脚乱，调集兵力疯狂烧杀抢掠、血腥镇压，秦陇大地惨遭荼毒，尸横遍野。俗语云：“天下县，白菜心心泾三原。”或农或商，泾阳均有得天独厚的条件。据县志记载，“关中之称沃野，自泾郑国渠始”，在陕西诸县之中，“人多首泾阳”，[②]又“泾邑系商贾辐辏之区”。[③] 以风俗而论，明初尚为近古，“民好稼穑、务本业，有先王遗风”，嘉靖以来，“人趋奢侈”，“商贾奇赢，贫富相耀”。[④] 然而在经历了多次战乱及盘剥之后，情势大不如从前了。作为普通的农户，泾阳县斗口村于家也未能幸免于难。在于伯循的曾祖父于志敏这一代，水利日废，生活维艰。基于此，于伯循的祖父于登被迫远赴他乡，弃农经商。及至于伯循的父辈，也只能步祖辈后尘，外出谋生。据于右任晚年回忆：“二伯父先在南昌经商，旋赴香港。先严则十二岁就步行入蜀，做江津典铺的学徒，后方转至岳池。”[⑤]

---

① 《清文宗显皇帝实录》卷121“咸丰四年二月”条。

② （清）王际有纂修：《（康熙）泾阳县志》卷首《志序》，清康熙九年刻本。

③ （清）屠楷纂修：《（雍正）泾阳县志》卷1《地理志·泾邑风俗总论》，清雍正十年刻本。

④ （清）屠楷纂修：《（雍正）泾阳县志》卷1《地理志·风俗》，清雍正十年刻本。

⑤ 丘桑主编：《民国奇才奇文：炎黄子孙之元气（于右任卷）·怀恩记》，东方出版社1998年版，第293页。

1879年,正是清朝后期多灾多难之际。从1876年到1879年的华北大旱灾,是清朝频繁的旱灾中,最大、最具毁灭性的一次,大旱持续了整整四年。农产绝收,田园荒芜,饿殍载途,白骨盈野。陕西的旱情也非常严重,雪上加霜,1879年又发生了甘肃大地震,当年清朝官员提起这场灾难,称其为有清一代"二百三十余年未见之凄惨,未闻之悲痛",这一年也成为中国近代损失最为惨重的大灾之年。①

正是在这样一个山河多难、生活窘迫的时代,一个新生命诞生了。1879年4月11日,陕西省三原县县城东关河道巷新庄于家租住的院落里,随着一声清脆的婴儿啼哭声,本书的主人公降生于世。因为出生于申时,故家人为其取乳名申生,大名伯循,字诱人,取《论语・子罕》"夫子循循然善诱人"之意。② "右任"系于右任后来自行更改,本书行文时,依照事件发生的时段,灵活使用。

2. 幼贫多艰的生活

因家境贫寒,本来就体质孱弱的于母赵氏生产之后愈发多病,又无钱医治,终日郁郁寡欢,不幸在于伯循不满二岁时撒手人寰。幼年丧母,父亲远游,于伯循随伯母房氏几易其地、居无定所,生活举步维艰。在泾阳杨府村牧羊,险入狼口;在三原毛氏私塾读书期间,课余兼做爆竹,险些葬身火海,也因此失去了谋生的重要渠道。

命运多舛,几多艰辛。1889年光绪皇帝亲政,当时的清政府教育官署制定了一种按期考课的办法,给优胜者颁发奖银,以资鼓励。私塾毛班

---

① 高叶青著:《于右任评传》,三秦出版社2013年版,第14—15页。

② 朱凯著:《无悔担当——于右任传》第1章《清贫的家世》,陕西人民出版社2016年版,第3页。按,另有论著认为于右任本名于敬铭,字伯循,又字诱人(武德运编著:《港澳台暨海外华人作家笔名通检》,三秦出版社2010年版,第6页)。于右任的二伯父名于宝铭,据此推测,于敬铭不太可能是于右任的本名。于家至于右任这一辈,男子的字辈都有一个"伯"字,例如于右任二伯父继室所生一子,名为"伯靖"。据正文所引《论语》文字,也可解释"伯循"的由来。另有一种可能,于右任的父亲于新三在四川岳池县帮助当铺掌柜马芰洲刻书时,接触了马芰洲的族人明代大儒马理的相关著作,推测会受到其思想的影响而产生敬慕之情,见贤思齐。而马理字伯循,于新三以伯循为长子之名,也在情理之中。目前尚未发现于右任幼年取名的明确材料,暂存诸说。

香先生担心这个优秀的学生因生活艰难而一蹶不振，鼓励于伯循去参加考课，并以自己手抄宋濂《送东阳马生序》相赠，希望他能够从中受到启发，不因生活贫困和挫折而放弃读书。这篇文章，对于伯循产生了很大的触动，敬录于下：

送东阳马生序

余幼时即嗜学，家贫，无从致书以观，每假借于藏书之家，手自笔录，计日以还。天大寒，砚冰坚，手指不可屈伸，弗之怠。录毕，走送之，不敢稍逾约，以是人多以书假余，余因得遍观群书。

既加冠，益慕圣贤之道。又患无硕师名人与游，尝趋百里外，从乡之先达执经叩问。先达德隆望尊，门人弟子填其室，未尝稍降辞色。余立侍左右，援疑质理，俯身倾耳以请。或遇其叱咄，色愈恭，礼愈至，不敢出一言以复。俟其欣悦，则又请焉。故余虽愚，卒获有所闻。

当余之从师也，负箧曳屣，行深山巨谷中，穷冬烈风，大雪深数尺，足肤皲裂而不知。至舍，四支僵劲不能动，媵人持汤沃灌，以衾拥覆，久而乃和。寓逆旅，主人日再食，无鲜肥滋味之享。同舍生皆被绮绣，戴朱缨宝饰之帽，腰白玉之环，左佩刀，右备容臭，烨然若神人；余则缊袍敝衣处其间，略无慕艳意，以中有足乐者，不知口体之奉不若人也。

盖余之勤且艰若此。今虽耄老，未有所成，犹幸预君子之列，而承天子之宠光，缀公卿之后，日侍坐备顾问，四海亦谬称其氏名，况才之过于余者乎？

今诸生学于太学，县官日有廪稍之供，父母岁有裘葛之遗，无冻馁之患矣；坐大厦之下而诵诗书，无奔走之劳矣；有司业、博士为之师，未有问而不告、求而不得者也；凡所宜有之书，皆集于此，不必若余之手录，假诸人而后见也。其业有不精、德有不成者，非天质之卑，则心不若余之专耳，岂他人之过哉！

东阳马生君则，在太学已二年，流辈甚称其贤。余朝京师，生以乡人子谒余，撰长书以为贽，辞甚畅达。与之论辩，言和而色夷。自谓少时用心于学甚劳，是可谓善学者矣。其将归见其亲也，余故道为学之难以告之。谓余勉乡人以学者，余之志也；诋我夸际遇之盛而骄乡人者，岂知予者哉！①

尽管于右任晚年客居台湾时曾自豪地说过“穷是我的光荣”，但那是历经坎坷沧桑、大风大浪之后的了悟，对于此时尚未成年的于伯循而言，贫穷就是挡在他面前的一堵厚厚的墙，为了活下去，他必须穿透或翻越这堵墙。然而，出路在哪里？

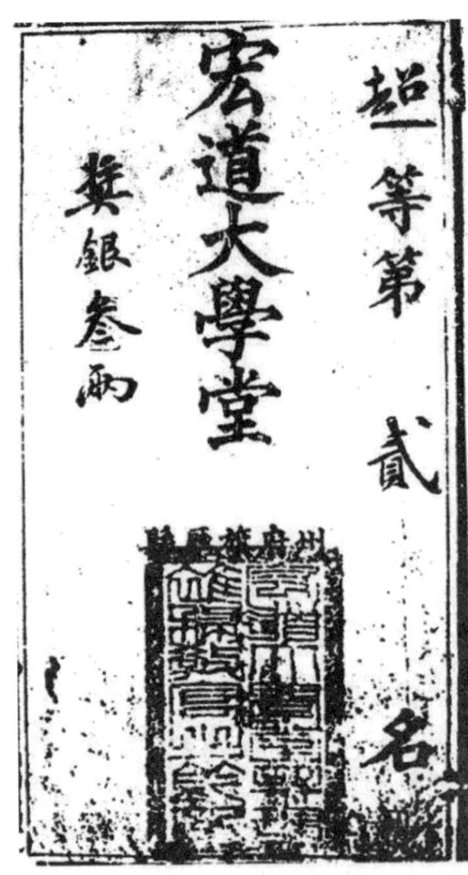
超等第貳名
宏道大學堂
獎銀叁兩

于右任在三原宏道书院就读时的试卷封面

（二）读书习惯的养成

于伯循的父亲于新三，因家境所迫，十二岁即随兄长外出谋生。幼遭剧乱，读村塾仅二年，但是他勤奋好学，嗜书成癖，待人宽厚，善尺牍，喜钞书，无论走到哪里，均与当地乡贤大儒来往密切，切磋学问，所以见识反较一般科举中人高。在四川岳池刘子经当铺做事时，受到掌柜马芰洲（丕成）的欣赏，允许其协助刻书事宜。马芰洲为明代陕西三原著名学者马理的后代，喜刻先人遗著。利用刻书的宝贵机会，于新三

① 张文治编：《国学治要》，北京理工大学出版社 2014 年版，第 1482—1483 页。

如饥似渴，阅读了大量的书籍，尤其喜欢袁子才的《小仓山房尺牍》，此书马芰洲的父亲曾注解过，新三为之整理刊行，以为此书社会应用最为便利。于新三还曾手写《史记》全部，点过《十三经》两遍。辑修家谱，选成《治家语录》三卷，又曾借钞张香涛的《輶轩语》和《书目答问》，寄给远在家乡的儿子。在岳池期间，于新三节衣缩食，每年都要购买多种书籍寄给嫂子房氏，并附信叮嘱嫂子妥为保存，“谓儿大必令读书”①。为了买书，于新三甚至困窘到没有盐吃。晚年病危之际，指着书架上的书对于右任说：“我半生往返川陕道中，步行者几二十回，足跟重茧，所为汝换来者，不过几本书，望汝作世上一个读书人。”于新三不仅买书，还督促儿子勤奋读书。光绪十五年（1889），于伯循 11 岁时，于新三回到三原，亲自督促儿子读书，而且要求极严，“不熟则夜深相伴不寝”。于右任有一首诗，生动地记述了当时的情景：“发愤求师习贾余，东关始赁一椽居。严冬漏尽经难熟，父子高声替背书。”于新三以自己的言传身教，给予儿子很大的影响，故此于右任晚年时回忆历历往事，发出了“我之所以略识学术门径，却以得益于庭训为多”的感慨。

伯母房氏的陪伴和督促，也是于伯循养成良好学习习惯的重要因素。当年旅食泾阳杨府村房氏娘家，于伯循险遭狼袭，是伯母房氏及诸外舅倡议以村头马王庙为基，改为学堂，又延请先生教授村中儿童。房氏谨记小叔子于新三的嘱托，对侄儿的学业非常重视。自于伯循进学堂读书以来，每年寒食节，房氏都要带着他去弟媳赵氏的坟头祭奠，诉说“儿几岁矣，读书几册”。此情此景，令于伯循闻而悲恸，读书不敢不勤。于伯循 11 岁时，房氏又带着他去三原县城东关，通过族三祖于重臣的推荐，进入毛氏私塾读书。这一年，于新三与继室刘氏回到三原。除了晚间前往父亲住处温习功课之外，于伯循依旧和伯母房氏住在一起。房氏对于伯循的课业要求更加严格，督课每夜至三更，偶有过失，或者听别人说侄儿在私

---

① 丘桑主编：《民国奇才奇文：炎黄子孙之元气（于右任卷）·先君子新三公墓表》，东方出版社 1998 年版，第 278 页。

塾中戏耍,很多天都郁郁寡欢。这种爱护之心,严正之气,影响了于伯循的一生。

除了来自于新三、房氏、于重臣等家庭的因素之外,马王庙学堂的第五先生、毛氏私塾的毛班香父子的教导与督促,泾阳味经书院、崇实书院的刘古愚、朱佛光等人,也是于伯循养成良好的读书习惯的重要原因。正是因为勤于读书学习,于伯循的世界变得开阔起来,生活的拮据并没有阻碍他那颗炽烈的求知之心和关心国家安危、民族存亡的爱国之心。

(三)场畔闲话引发的民族意识的憧憬

泾三原一带称碾压、晾晒庄稼的开阔广场为"场畔",一般位于距离村子不远的空地上,夏秋两季收获小麦、玉米、毛豆、菜籽等农作物之后,在场畔进行脱壳、晾晒。这里既是农事劳作之地,也是村民聚会之地。[①] 光绪十一年(1885)夏季麦收闲暇之际,场畔上聚集了一些村民,张三李四王二麻子地谝闲传。此时,伯循和一个小表弟也在其中,这个小表弟和伯循都在念学堂,他歪着小脑袋问四外爷:"爷,我读完百家姓,为啥县官的姓,书中不见呢?"四外爷答道:"他们是满洲人呀!满洲人打败了我们的祖先,将中国的江山占了,所以我们百家姓上不要他。"对于清人灭明这段历史,尚且年幼的于伯循是并不清楚的,但他从外祖父的话中明白了一件事,那就是我们的先人被满洲人打败了。这种民族的不幸在他的心灵深处引发了一种朦胧的民族意识。正如于右任晚年回忆往事时所说:"当时我亦莫名其妙,但起了一个民族意识的憧憬。"不过,这种民族意

---

① 按,对于"场畔",在《怀恩记》里,于右任有一段文字描述:"西北风俗,农人日工完毕,多至场畔'喝汤'。所谓'喝汤',就是南方的消夜,也可以说是吃晚饭。场广一亩至数亩,平时为曝农作物之用,喝汤时则分配次日工作,或谈闲天。"(《民国奇才奇文:黄帝子孙之元气(于右任卷)》,第 300 页)于右任所描述的场畔情形,遍查泾阳县志,并无详细记载,因其亲历,真实性或毋庸置疑。不过,据了解,最起码本世纪 50 年代以来,泾阳县各乡村场畔的作用,除了上述与农事相关的功能之外,就是孩童们的游乐场,并不肩负着吃晚饭、聚会谝闲传的功能。此地的农民至今保持着一日两餐的习惯,早饭约在十点左右,午饭约在三四点。早饭一般为玉米榛子、锅盔馍或蒸馍等,午饭则多为各类面食。所谓"喝汤",也不是专门指晚饭,而是对吃饭的一种统称。例如有的村民家里过红白喜事,到吃饭的时候了,就会听见扩音喇叭里有人喊道:"帮忙的,喝(音 huó)汤啦!"

识,尚处于不明晰的阶段,“若晦若明,旋蛰旋动,没有什么确定的界限”①。

从一出生就经历了贫寒,接触的也都是清一色的劳苦大众,所以,于伯循能够体会到下层民众的疾苦,这也是他日后民主革命意识萌生的启蒙,同时也是他一生为民谋福祉,鞠躬尽瘁、死而后已的感情根由。这个爱国思想启蒙非常重要,日后在救亡图存的危急关头,他才会认识到开启民智的重要性,而教育正是解决这个问题的重要举措,从此,教育救国的种子开始在他的心中萌芽。

目前所见论著及文字介绍材料,有的说于右任是三原人,有的说是泾阳人,据说两县为了发挥名人效应,还曾经就此问题发生过争执,大多数读者也是云里雾里。上述故事的发生地在泾阳,故事中的所谓县官也是泾阳的,所以在此很有必要对这一问题进行澄清,以解疑云、化纷争。于右任在《我的青年时期》一文里说得很清楚,“我的故乡是陕西泾阳斗口村”②,“我生在三原东关河道巷,又在三原读书应试,因此就著籍为三原人”。“故乡”一说,是有所依据的。于家始迁祖,已不能深考。三原县北之白鹿原距离泾阳县斗口村约四十里,有唐高祖献陵,陪葬者之中,有濮阳令于孝显、燕国公于志宁、明堂令于大猷、兖州都督于志微等于姓官员。他们是否与斗口于家有关,于右任自己也说不清楚。③ 不过,他在《我的

① 按,以上四处引文均出自《陕西文史资料》第16辑《我的青年时期》。外爷,即排行为四的房氏一族外祖父,泾三原称呼外祖父为“外爷”,外祖母为“外婆”,是与父系一脉的爷爷(泾三原称父亲为“大”,音 dá;称爷爷为“爷”)和奶奶(泾三原称母亲为“奶”,称奶奶为“婆”)相对而言的。据《(宣统)重修泾阳县志》卷10《官师表》记载,光绪十一年至十五年期间,先后担任泾阳县知县的为涂官俊(十一年)、张尔镠(十二年)、易润芝(十四年)、涂官俊(十五年),并未有爱新觉罗姓氏的。这则故事,外人也仅从于右任回忆文章中得知,并增加了一些细节描述。

② 按,斗口村即今云阳镇兴隆村,斗口,就是白公渠(今之泾惠渠)分水的一个口子。

③ 按,唐献陵有四通碑和于氏相关,叶昌炽《语石》有记载:“《濮阳令于孝显碑》(贞观十四年)、《燕国公于志宁碑》(乾封元年,令狐德芬文,子立政书)、《明堂令于大猷碑》(圣历三年)、《兖州都督于志微碑》(开元七年,姚崇文)。”于孝显,《大唐故骑都尉濮州濮阳县令于君之碑》,贞观十四年(640)十一月十日立,清道光三年(1832)出土于陕西富平县

青年时期》一文中写道："于姓本来不繁，在清朝中叶，尚有五家，回乱后只剩三家。"①于右任一脉，可上溯至曾祖于志敏，于志敏长子象星，次子峻堂（于右任祖父）。象星之子宝善（于右任大伯父），峻堂之子宝铭（字汉卿，于右任二伯父，房氏丈夫）、宝文（字新三，妻赵氏，于右任之父）。

自于右任父亲于新三一脉移居三原县东关河道巷，而于右任出生于这里，所以所谓泾阳人、三原人之争，已经很明了，不过是祖籍与出生地的关系罢了。一般而言，孩子的籍贯是随父亲的，从这一点来说，于右任是泾阳人无疑。另外，于右任的外公当年从甘肃静宁逃难至陕西，落户于泾阳县庄头村，于右任的母亲也算是半个泾阳人。如此说来，于右任的母亲和父亲均为泾阳人。之所以会产生争议，还有一点原因。斗口村位于泾阳和三原两县交界处，且归属时有变化。2016 年 1 月 27 日，泾阳县人民政府发布了《泾阳县人民政府办公室关于云阳镇兴隆村更名为斗口于村的通知》（泾政办发〔2016〕2 号），原文如下：

各镇人民政府、街道办事处，县政府各工作部门、直属机构：

根据国务院《地名管理条例》《陕西省实施〈地名管理条例〉》有关规定，结合我县实际，在广泛征求意见的基础上，经县政府 2015 年第 23 次常务会议研究决定，同意云阳镇兴隆村更名为斗口于村，隶属关系、行政区域和村委会驻地均保持不变。

云阳镇要按照《陕西省实施〈地名管理条例〉》第十九条规定，尽快完成斗口村地名标志设置、摘牌换牌等工作，并于 15 个工作日内

西乡，今藏陕西碑林。据《来斋金石刻考略》卷下《燕国公于志宁神道碑》记载，于志宁系高陵人，薨于唐德麟二年十月，葬于乾封元年十一月。碑额为"大唐故柱国燕国公于公之墓"。于志宁生于立政，于立政生于辨机、于大猷，再传于默成，"不知为辨机为大猷之子"。上述于氏诸人，是否与泾阳县斗口村于氏为一脉，难以详考。《燕国公于志宁神道碑》云："（燕国）公高陵人，今邑中尚有于姓读书出仕者。"《（光绪）三原县新志》卷 1《地理志》："于献公大猷墓，志宁孙，在长坳头，碑亦失撰人名"（《中国方志丛书》，成文出版社有限公司据清光绪六年刻本影印，第 61 页）。

① 丘桑主编：《民国奇才奇文：黄帝子孙之元气（于右任卷）·怀恩记》，东方出版社 1998 年版，第 292 页。

报县民政局备案。①

当然，上述文件是新近颁布的，于右任的名人效应，恐怕是推动这一事件的主因。不过，泾阳与三原两县在地域方面的交互关系，古已有之，当地人有句俗语，“泾三原不分家”，足以说明两县之间的密切关系。以上所述，不过是为了澄清一个明显却又常被误解的问题，丝毫不影响于右任民族思想的萌发以及此后人生的波澜壮阔。正如泾阳县政协主席刘辉在《斗口于走出的民国元老——于右任》一文中所说：“细观今天泾阳、三原两县的‘右任故里’之争，皆出于对先生的敬爱和尊崇之情，并非如今盛行的寻找噱头炒作之为。自古以来，泾、三两县行政区划常常是你中有我，我中有你，不分彼此。所以，我以为泾阳、三原无需纷争，而是应该同心合力，共享共建并做大‘右任故里’这一文化资源。”②据了解，2016 年年初起，泾阳县就已经着手建设“于右任故里民俗文化村”，曹家村为了进一步增强文化强国理念，弘扬民族文化精神，发挥文化产业对经济发展的驱动力，积极实施文化强县战略，依托“斗口农事试验场（西北农林科技大学实验站）”、于氏庄园旧址、于氏陵园等现状，打造“右任故里”文化村。

二、仍只是一个启蒙的时代

七岁那年在场畔上，祖孙之间不经意的一次对话，启发了于伯循的民族意识、种下了革命的种子。十一岁时，为了接受更好的教育，于伯循随同伯母房氏前往三原县投靠三叔祖于重臣，并经引荐，顺利进入三原县有名的毛氏私塾，开始了长达九年的学习。在这里，他除了接触到基础的国学教育之外，还私阅了诸如文天祥、谢叠山等人的诗文集。文天祥（1236—1283），初名云孙，字宋瑞，又字履善，道号浮休道人、文山。江西

---

① http://www.snjingyang.gov.cn/gk/zfwj/zfbwj/34293.htm.斗口于村现属于泾阳县三渠镇雪河乡曹家村。

② 刘辉：《斗口于走出的民国元老——于右任》，泾阳政协网站，2018 年 1 月 15 日，见 http://zx.snjingyang.gov.cn/wscq/61961.htm。

吉州庐陵（今江西省吉安市青原区富田镇）人，南宋末政治家、文学家、爱国诗人、抗元名臣，著有《文山诗集》等。谢叠山（1226—1289），名枋得，字君直，号叠山，江西省弋阳县周潭乡人。宋宝祐五年（1257）参加科举考试，与文天祥同科，名列前茅。不屈事权贵，以其人格魅力、优美而饱含热忱的诗情、坚贞不屈的意志，以及爱国主义的情操感染着一代又一代后人。他有几句名言："大丈夫行事，论是非，不论利害；论顺逆，不论成败；论万世，不论一生。"①对后世影响很深，常被人们所引用。在中国历史上，和文天祥并誉为爱国主义的"二山"。当于伯循读了这二人的诗集之后，"见其声调激越，意气高昂，满纸的家国兴亡之感，忽然诗兴大发，我之作诗，殆可以说由此悟入"②。

于伯循的父亲于新三酷爱读书买书，他推荐给儿子读的，大多是《史记》《十三经》《小仓山房尺牍》等传统经典，与当时的社会状况关联度不大，通过阅读这些书，于伯循的国学功底加深了，但尚未真正触动他的内心。不过，于新三也密切关注着时事动态，当莫安仁、敦崇礼两位牧师在三原传教时，他借读《万国公报》《万国通鉴》等书，于伯循也借此略知世界大势。后来，因为生计所迫，于伯循参加三原县学古书院考课，以赚取奖银。十七岁时，又考取了案首，故而毛氏私塾中的课程自由度加大，可以依照自己的兴趣选择书籍，先生则讲解督课而已。十九岁（光绪二十三年　1897）时，毛班香先生认为伯循学有小成，应出从名师，以资深造。于是，于伯循开始游学于三原宏道书院、泾阳味经书院、西安关中书院。但是常常闷闷不乐，原因是他所作八股文，与当时的风气不同，导致不是背榜，就是倒数第二。这种状况，直至叶尔恺督学关中之时，才得以改观。

叶尔恺，字伯皋，浙江仁和人。光绪十五年（1889）进士，二十三年

① （宋）谢枋得撰：《叠山集》卷5《与李养吾书》，《四部丛刊》常熟瞿氏铁琴铜剑楼藏明刊本，第47页。

② 丘桑主编：《民国奇才奇文：黄帝子孙之元气（于右任卷）》，东方出版社1998年版，第296页。

(1897)授陕西学政。此人为官和慎，识虑深长。[①] 在维新思潮的影响之下，叶尔恺轻八股而重策论，对新学充满了好感。叶尔恺以学问渊博著称，其幕府中聚集了一些有识之士，例如叶澜、叶瀚浩吾两位先生，都是东南知名之士，也是喜好讲求新学之人。清朝初年，关中书院一度是陕西学政的衙门，康熙时，学政衙署迁往三原。[②] 科举制发展至清末，出现了一些新的变化，八股与策论并考是当时的一种怪象。据文献记载，叶尔恺担任陕西学政期间，科考的情形是这样的："陕西学台考试，通省共十一棚，西、同、乾、凤为内四棚，岁科分考，南山兴、汉、商三棚，北山延、榆、绥、鄜四棚，皆岁科分考。今学宪叶伯皋印尔恺，内四棚岁甫竣，奉上谕改八股为策论，然未明论从何处出题。北山四棚命题，如《卫文公》《滕文公》等论，皆学台任意所出。北山甫考完，八月间康有为大案出，皇太后听政，又奉懿旨仍照旧做八股，闻北山呼此次入学新生为洋秀才云。""叶学宪专取时务。时务者何？西洋诸国之事也。古场有能以时务应试者俱高列，甚至正场八股文中有明用西学字以及铁路、电线等字者，据删改而取之。"[③]叶尔恺到任之初，观风全省，并设计了"秦始皇拿破仑论""卫文公滕文公论"等十几个题目，让秀才们作答。这份试卷的完整试题，笔者尚未得见，但是据于右任后来所撰《怀恩记》所述，"各门学问，无不具备"，限期一个月完成。这种考试形式和内容设置，在当时可谓一种革新。在"冬寒无火"的艰苦环境之下，于伯循"夜间呵冻"，奋笔疾书，完成了十几篇，墨色忽浓忽淡，字迹潦草，交卷时，也未抱有多大的希望。当叶尔恺看到这份试卷之后，特别激赏，评语有"西北奇才""入关以来，未见第二人"之美誉，更嘉奖了许多话。传见时，以薛福成《出使四国日记》相授，勉励

---

① 沃丘仲子著：《当代名人小传》下卷《清室遗臣·叶尔恺》，崇文书局 1923 年版，第 143—144 页。

② 张铭洽主编，刘文瑞副主编：《长安史话》下册《宋元明清·民国》，陕西旅游出版社 2001 年版，第 106 页。

③ 徐一士著：《近代笔记过眼录》，《民国笔记小说大观》（第二辑），山西古籍出版社 1996 年版，第 39 页。

于伯循留心国际情形，并说："此书只带来一部，阅读后仍须缴还。"来自叶尔恺的盛赞及刮目相看，使得于伯循"时誉渐起"。据李约祉回忆："当一八九六、七年，我年十八九岁，尚在乡间读书，就知道于伯循，因为在味经课艺上见过他的文章，真是才气纵横，波澜壮阔，很景慕他。"①

光绪二十二年(1896)，陕西学政赵惟熙会同护理巡抚张汝梅奏请在陕西建立格致实学书院，认为在国势危急、时局多艰的情况下，欲图挽救，必从"设书院、讲实学、培养人才"始。光绪二十三年(1897)六月奏准兴建，十一月书院落成，陕西巡抚魏光焘为其取名"崇实书院"。课程设置注重格致、算学、制造、英文等，书院由刘古愚主持，他要求学生"痛改故习"，"祛词章之虚，以从政艺之实"。② 为了提倡实学，光绪二十四年(1898)五月十四日，叶尔恺上奏朝廷，提出了关于崇实书院的一些建议，从中可见其关于教育的一些见解，摘录如下：

> 陕西上年奏建崇实书院，专讲实学，现已设语言、算学教习各一人，令诸生分班学习。臣窃谓致用之学，大旨不越政、艺两端。诸生习语言、算学者，均令读政、艺各书。中国古今政书甚备，西政各书，其已译者亦复不少。惟艺事虽有专书，非躬亲试验不可。臣上年到任后，即令肄业生仿造日本人工轧花机器，已于本年三月制成，可抵十工之用。以后逐渐研求，或能于西人制造之学渐窥蕴奥。臣现就院内余地，添设制造处一区，专备诸生考求艺事、制造品具之所，即当率同院长认真经理。俟经费稍裕，再添购格致各器，庶几学有实获，不尚空谈，冀仰副我皇上整顿胶庠之至意。所有崇实书院添设制造处情形，理合附片陈明，伏乞圣鉴。谨奏。③

游学于三原、泾阳、西安等地的几座书院，于伯循不仅增广了见闻，还

---

① 中国人民政治协商会议陕西省委员会文史资料研究委员会编：《陕西文史资料》第16辑，陕西人民出版社1984年版，第13页。

② 西北大学历史系、原中国社会科学院陕西分院历史研究所：《旧民主主义革命时期陕西大事记述(1840—1919)》，陕西人民出版社1984年版，第97—99页。

③ 清华大学历史系编：《戊戌变法文献资料系日》，上海书店出版社1998年版，第754页。

因此得以结识许多志同道合的师友，例如刘古愚、朱佛光、柏惠民、董眼、牛致远、茹欲立、李仪祉、李约祉、王麟生、茹怀西等。光绪二十四年（1898），在学友李金镛的引荐下，于伯循结识了关中名儒朱佛光及其盟弟毛俊臣两位先生。同年十月，拜望刘古愚先生。

刘古愚（1843—1903），名光蕡，字焕唐，号古愚，陕西咸阳天阁村人。面对清末积贫积弱、屡被外侮的境况，非常愤慨，他提倡“通经致用，灌输新学、新法、新器以救之”。[①] 历主泾阳泾干、味经、崇实等书院，还在咸阳、礼泉、扶风等地开办“义塾”，以“科学”为导，余则练枪械，寓兵谋，乡风民俗为之大变，“凛乎一国之风”。[②] 光绪二十一年（1895），刘古愚在味经书院创设时务斋，专门研究国内外大事，成为当时陕西唯一培养政治人才的学校。斋中订有《京报》《申报》《万国公报》等各种时务报刊，并摘录各报重要文章，每月汇编一册，印发斋中学生及由刊书处对外出售，扩大宣传。每月初一、十五举办面对社会各阶层的会讲，研讨国家大事。刘古愚传授新学，与康有为、梁启超等遥相呼应，时人有“南康北刘”之谓。门下弟子数千人，多有成就者，关中风气为之一变。戊戌维新失败后，他写诗遥祭“六君子”，遭到当局嫉恨，谣言朋兴。正是在这种情况下，于伯循去拜望了刘古愚。刘古愚见到这位青年学子，感到很诧异：“汝何为于此时就我乎？”于伯循答道：“正惟此时，我乃来就先生也。”[③] 二人见面的情形如此。约一个月之后，刘古愚被陕西当局以“康党”解除味经书院和崇实书院山长职务，隐居礼泉烟霞洞。关于刘古愚的事迹及思想，于伯循是早有耳闻的，虽从游时间很短，但印象深刻、情谊深厚。

尽管上述毛班香、叶尔恺、刘古愚等人在学问及经世致用方面均有建树，但对于伯循触动最大的人，当数朱佛光了。朱佛光（1853—1924），原

---

① （清）刘光蕡著，武占江点校整理：《刘光蕡集·刘古愚先生传》，西北大学出版社2015年版，第3页。

② （清）刘光蕡著，武占江点校整理：《刘光蕡集·关中刘古愚先生墓表》，西北大学出版社2015年版，第3页。

③ 丘桑主编：《民国奇才奇文：黄帝子孙之元气（于右任卷）》，东方出版社1998年版，第299—300页。

名朱先照,字漱芳,晚年改字佛光,陕西三原人。光绪十九年(1893)中举。自谓明秦王之后,讲学时多绍述明末遗老精神,以励后进。朱佛光治经由小学入手,其治西学则从自然科学入手,“在当时都是第一等手眼”。甲午战后,国势日衰。朱佛光认为救国之道,当以经学、科学并重。于是,光绪二十三年(1897)与孙芷源在三原发起组织励学斋,广泛购买科学书籍,增订各种报刊,热心引导教育有志青年科学救国,开创西北结社之风。于伯循对朱佛光仰慕已久,向往甚殷,遂以师礼事之,朱佛光亦置其于弟子之列。在于伯循看来,朱佛光是陕西提倡新学最有力而又最彻底的人。在从学于朱佛光期间,于伯循结识了毛俊臣、王麟生、茹怀西等人,眼界渐宽,尤其是受到朱佛光的启沃,思想“已经渐渐的解放了”,“但仍只是一个启蒙的时代”。① 于伯循后来与朱佛光还有不少交往,关系密切,师生情深,多有诗词唱和。1924 年 8 月 31 日朱佛光去世,于右任还撰写了墓志铭,概述恩师一生行迹,以示不忘师恩。现将其中一首诗及墓志铭摘录于下,从中可见师徒之情感,亦可窥知于伯循革命思想启蒙之源流。

和朱佛光先生步施州狂客原韵

愿力推开老亚洲,梦中歌哭未曾休。
人权公对文明敌,世事私怀破坏忧。
偶尔题诗思问世,时闻落叶可惊秋。
太平思想何由见,革命才能不自囚。②

朱佛光先生墓志铭

朱佛光先生墓志铭
受业于右任恭撰
日照丁惟汾篆盖

---

① 丘桑主编:《民国奇才奇文:黄帝子孙之元气(于右任卷)》,东方出版社 1998 年版,第 299—300 页。

② 杨中州选注:《于右任诗词选》,河南人民出版社 2011 年版,第 13 页。

朱先生讳先照，字漱芳，晚年改字佛光，陕西三原东乡朱家湾人。自谓明秦王之后裔。幼时受太夫人侯氏之教，即以种族革命为己任。年廿余，设塾城中，学生遍一邑。中式光绪癸巳科举人。甲午以后，以外患日深，遂穷心于经世之学。谓中国改革，非科学、经学并重不为功。乃与孙君芷沅发起设励学斋，广购科学书籍报纸，以劝导有志之士，而西北结社之风自此开，新学知识亦由是日启。是时，康派学说风靡天下，先生乃著《康氏纠缪》，并指斥其政治主张之错误。右康者嫉之，复尽力与之争。戊戌后，自信益坚而倡导加厉。及闻中国同盟会成立，见孙先生之演说，则劝学者加盟，以响应于西北。对于保皇立宪诸说，随时随地指斥其非，由此益定西北革命思潮。辛亥起义，西北主持革命者多出其门。陕西都督府辟为顾问，先生仍以教授自给。嗣知袁氏将盗国，乃阴结同志，鼓吹救国不稍懈。民五，为某中学校教师，以气衰失足，折其一股。愈后，乃扶杖以行。民六，陕西靖国军起，遂弃都督署顾问而归。

及余领靖国军，设总司令部于三原，请其每日至总部讲解经史与政治，为备肩舆，则不愿乘。并任两中学教授，每日扶曳葵杖，蹒跚出入，颠顿街衢间。课毕，则在街头买一饼一粥，以了一餐，而所事则时刻不少误。即风雨泥泞，亦不稍避。某日，天大雨，余使人劝其少息，先生曰："天雨能阻我乎?"其坚苦真挚之精神，当时军人学者多被感动。靖国军得为长期危难之支持及革命文化之传播，实先生精神之所激励也。常曰："昔人遇父言慈，遇子言孝，我则遇人言革命而已。"又言："半生踽踽关内，研究经学，未能与海内经师一遇。提倡革命，未得一见孙中山先生。此愿复何日偿? 今欲以垂暮之年，跋出关门，而关内外战争又不已，为之奈何!"盖其时年几七十矣。及余十一年出关，请其南游，乃未及而逝矣。

先生容貌奇古，气宇轩昂，善谈说，终其身从事于教育。为人讲解经史疑义、科学新知、革命原理，常数时不少倦，而风发泉涌，诙谐杂作，愈久而趣味愈永。故所至莫不喜悦。生平不喜著作而好讲解，

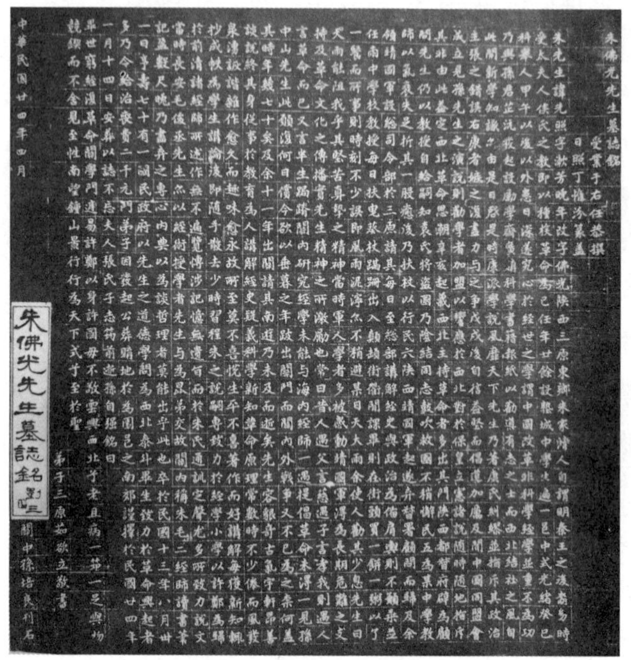

于右任撰《朱佛光先生墓志铭》

每获新知,辄抄成帙,为学生讲论后,即随手散去。少时习程、朱之说,嗣专致力于经学,小学以许、郑为归。于前清诸经师所述作,无不遍览博涉,记忆无遗旨,而于朱氏《通训定声》,尤多所致力《说文》。当时长安毛俊丞先生,亦以经术授学者,先生与为昆弟交,故关内称朱、毛二经师。读书笔记盈数尺,晚乃尽弃之,专心内典,以为谈哲理者,莫能出乎此也。卒于民国十三年八月卅一日,享寿七十有一。国民政府以先生之道德学问为西北泰斗,毕生致力于革命兴起者多,乃令给治丧费二千元。门弟子因发起公葬,购地于为园,邑之南郊。谨择于民国廿四年一月十四日安葬,以志不忘。夫人张氏,子志筠,前逝。孙自强。铭曰:

毕世穷经复革命,关学门庭易许郑。以身许国毋不敬,云兴西北兮老且病。一筇一足与物竞,锲而不舍见至性。南望钟山景行行,为天下式兮至于圣。

弟子三原茹欲立敬书

关中孙培良刊石

中华民国廿四年四月①

三、民族思想日益高昂

光绪二十四年(1898)至二十七年(1901)，中国北方地区发生了一场惨绝人寰的大旱灾，包括直隶、山东、河南、陕西、山西等地在内的多个省份灾情严重，由于这场旱灾最严重的年份发生在20世纪的第一年——中国农历庚子年，因而被称作“庚子大旱”。这场自然灾害对陕西造成了非常严重的影响：人口数量锐减，“道馑相望，十不活一”②，人口流动剧增，社会秩序混乱，大量农田荒芜，工商业畸形发展。③ 光绪二十五年(1899)，时任陕西督学的沈淇泉在东南募集了一笔巨款，在三原创设粥厂，想寻觅一位少年有为之士担任其事。当时尚在宏道书院读书的于伯循经由孙芷沅的举荐，出任厂长。满目疮痍，饥民鸠形鹄面、啼饥号寒，这些社会的惨状，使于伯循非常痛心，他连夜忙碌，辛勤操持，为此还病了一场。粥厂持续至光绪二十六年(1900)麦收时方才解散，在这将近一年的时间里，于伯循亲眼见证了社会的疾苦，百姓的凄惨，更增强了他的社会责任感。由于在粥厂任职期间，宏道书院的课程无法继续，粥厂解散之后，沈淇泉推荐于伯循进入陕西中学堂继续读书。

在以刘光蕡等人为代表的陕西维新派的倡导之下，陕西的办学风气非常浓厚。1898年1月，陕西巡抚魏光焘向清廷备案，在西安设立格致学堂，名为“游艺学塾”。7月，正是维新变法运动高潮期间，陕西当局根据京师大

① 陕西省古籍整理办公室、咸阳市文物考古研究所编：《咸阳碑刻》(下册)，三秦出版社2003年版，第729—730页。

② 杨虎城、邵力子督修，吴廷锡等编纂：《续修陕西通志稿》卷127，民国二十三年陕西通志馆铅印本。

③ 雷亚妮：《庚子大旱对陕西的影响及应灾成效的探讨》，《西安文理学院学报》(社会科学版)2011年第3期，第32—37页。

学堂“中学为主,西学为辅;中学为体,西学为用”的办学原则,在西安筹建中学堂一所。① 于伯循是在1900年春进入该校学习的,校址为西安有名的北院。② 总教习丁信夫精熟经史,讲解详明,于伯循从游半年,获益良多。西安以其悠久的历史和文化积淀,成为人文荟萃之地,在这里,于伯循的视野更为开阔,在广泛的交际中,也获取了不少外界的最新动态。

中日甲午战争以后,日本帝国主义强迫清政府签订了一系列丧权辱国的《马关条约》,帝国主义列强随即掀起割地、赔款等瓜分中国的狂潮,作为甲午战争主战场之一的山东,成为受害最严重的地区。1899年,忍无可忍的山东农民揭竿起义,他们提出“替天行道,国民捐助”“保护中原,驱逐洋寇”“上能保国,下能安民”等口号,赢得了广大群众的同情和支持,反帝爱国运动如火如荼。义和团势力的迅速发展令西方列强感到恐慌,他们给清政府施加压力,清政府感到了直接的威胁,于是采取了剿抚并用的手段。1900年6月10日,英、俄、日、法、德、美、意、奥组成八国联军,在英国海军中将西摩尔的率领下,从天津大沽口向北京进犯。慈禧太后假意对外宣战,实则暗地派人求和,并以抵抗外国侵略者的名义将义和团的兵力分遣至通州、天津等地。8月14日(农历七月二十日),慈禧派李鸿章求和未果,带领光绪皇帝及一帮亲信仓皇出逃。气急败坏的慈禧将自己的遭遇归罪于义和团,同时,为了讨好帝国主义列强,即便是在出逃途中,还不忘颁发“剿匪”上谕,下令官兵对义和团“痛加铲除”。这一年,陕西的渭南、延安、靖边、定边和宁强等地也发生了反洋教斗争。10月8日,孙文命令郑士良等人在广东惠州三洲田(今深圳市盐田区三洲田村一带)发动起义。陕西中学堂的热血青年们如饥似渴,多方搜集外界的消息,密切关注时事。“一时志同道合之学友,以学问事功相砥砺”③,思想交流空前活跃,

---

① 陈国庆、安树彬主编:《近代陕西乡村生活变迁与慈善事业》,西北大学出版社2014年版,第164页。

② 按,即原陕甘总督衙门所在地。

③ 丘桑主编:《民国奇才奇文:黄帝子孙之元气(于右任卷)·泾原故旧记》,东方出版社1998年版,第280页。

研讨国家大事之风盛行。

慈禧一行人西逃至太原时，就传旨西幸陕西。接到这个消息，陕西巡抚端方等清政府官员立即忙碌起来，将北院门陕西巡抚衙门进行了修缮，拟作为行宫，耗银约5万两。由于工期太短，慈禧等人到达西安之后，先把南院门的陕甘总督衙门作为临时行宫。其实，早在1900年6月，军机大臣荣禄就密遣心腹来陕，会知陕西巡抚端方做“迎驾”准备。端方即在西安城物色地方，拟定修建行宫蓝图。8月21日，谕令端方审度形势，于西安府城酌备驻跸之所。端方立即与两司商议，成立支应局，专办“迎銮”事宜。慈禧此次虽为狼狈外逃，但其骄奢淫逸的本性并未因此改变。沿途经过之地，必须用清水洒街，黄土垫道。其西行途中的种种作为，早已风闻西安城。慈禧等人于10月26日（农历九月五日）到达西安城。因行宫尚未竣工，拟暂住督署，各级官员费尽心机装饰一翻，“门柱改朱漆，牌坊画以云龙”，但即便如此，慈禧等人还不满意，于是改住抚署。于伯循所就读的陕西中学堂由于毗邻抚署，亦被圈占，致使学堂的教学工作无法开展，等于无形解散。督署则按照原计划，作为“行在”加以改造。在改造过程中，强拆民房，大兴土木，雕梁画栋，一切仿照京城式样。① 慈禧一行即将到西安之前，各学堂已经接到通知，衣冠出城，迎接圣驾，冒雨在路旁跪了一个多钟头。这件事令于伯循十分愧愤，忽发奇想，欲上书陕西巡抚岑云阶，请其手刃慈禧，重行新政。此事被同学王麟生得知，苦言相劝才作罢。多年以后回忆起此事，于右任是这样自我评价的：“这种幼稚思想，由今思之，真是可怜。”②惶惶如丧家之犬的慈禧，在西安安顿下来之后，又恢复了其作威作福的“老佛爷”本相。在陕西旱灾最为严重的时候，慈禧一行的到来，对于陕西尤其是西安而言，无异于雪上加霜，“意

① 西北大学历史系、原中国社会科学院陕西分院历史研究所：《旧民主主义革命时期　陕西大事记述（1840—1919）》，陕西人民出版社1984年版，第123—124页。

② 丘桑主编：《民国奇才奇文：黄帝子孙之元气（于右任卷）·怀恩记》，东方出版社1998年版，第298页。

味着多出了1000张嘴要靠即将用尽的粮食来供养"①,陕西巡抚岑春煊亦言:"陕西今春缺雨,麦收歉薄,近复夏雨愆期,秋稼受伤尤甚,小民多就食他方,是本省之粮已不敷本省之食。今銮舆西幸长安,臣仆侍从人数已巨,加以诸军扈跸,千乘万骑,皆须取给全秦。"②除此之外,慈禧等人还大肆搜刮、侵吞赈灾钱款。对此,于伯循等人更是痛恨至极。

庚子事变以后,于伯循的民族思想日益高昂。为了表达对清政府无能的愤慨和革命救国的壮志,他委托摄影师董眼帮他拍摄一张散发照,并配以好友胡德舆撰书的"换太平以颈血,爱自由如发妻"的对联,董眼的相机记录下了这一珍贵的时刻。董眼,泾阳人,真实名字不详,因其有目疾,故被同人戏称为"董眼"。董眼亦不以为怪,对此很坦然,曾语友人云:"吾非千里草,而千里眼也。"董眼在庚子前后,初习照相术,经常往来于上海,以运售照相材料为依托,购买了不少进步报刊,因此他的思想也是比较开放的。在为于伯循拍照这件事上,即可窥见其人之无畏精神。当时有人劝说董眼不要帮于伯循拍散发照,以免惹祸上身,但董眼毫不畏惧,面对友人"汝要身家性命乎"的担忧,他凛然答道:"要时再讲!"③这张照片洗印出来之后,董眼为炫其技术,四处宣扬,于伯循因此罗祸,遭到清吏追捕。撰写对联的胡德舆,名堪,三原东关人,优贡生。家富藏书,为三原望族。胡德舆文德俱佳,且心怀天下。当于伯循约请董眼拍摄散发照时,胡德舆不顾别人劝阻,撰书对联以助兴,从联文来看,也表达了他对时局的不满和对自由的向往。案发之后,于伯循、董眼等参与人员均遭到清廷追捕,而胡德舆"以世家子得免究"④。1937年,六十大寿时,于右任

① [美]弗朗西斯·亨利·尼科尔斯著:《穿越神秘的陕西》,史红帅译,三秦出版社2009年版。

② 故宫博物院明清档案部编:《义和团档案史料》(上册),神州国光社1951年版。

③ 按,以上几处关于董眼的文字,均取自丘桑主编:《民国奇才奇文:黄帝子孙之元气(于右任卷)·泾阳故旧小传·董眼》,东方出版社1998年版,第282页。

④ 丘桑主编:《民国奇才奇文:黄帝子孙之元气(于右任卷)·三原故旧小传·胡堪》,东方出版社1998年版,第296页。按,关于这副对联的撰书者,另有几种不同的说法,可参看王翰《于右任"散发照"联作者析疑》(《书屋》2012年第9期,第66—67页)一文。

应邀向大家出示了那张珍贵的散发照，并刊印于《神州日报》4 月 30 日特刊上。当于右任追述起当年的情形时，众人无不唏嘘，敬佩之情油然而生。

关于于伯循的“狂妄”，李约祉有一段记载。事情发生在于伯循肄业于三原宏道书院期间，宏道书院总教习薛寿轩因于伯循出言不逊，悬牌申诉，其中有“暴戾恣睢”几个字，于伯循非常气愤，召集同学开会，说：“暴戾恣睢是太史公所以罪盗跖之词，总教加之于我，我成了盗跖了？这我还承受得了？这学堂我住不成了！”愤而离去。一部分同情于伯循的同学联合起来，与总教习斗争，总教习怒气难消，召集全体学生于大讲堂说：“一个身为师长的人，不能管理学生，动不动纠众滋事，泼起风潮，这个总教，我还能当？我要辞职！”①

八国联军攻陷北京之后，毓贤随同慈禧一行西行至西安，他与两个弟弟曾暂居三原东里堡，时间段大约是 1900 年 10 月 26 日（农历九月四日）至 11 月 17 日（农历九月二十六日），不足一个月。在此期间，毓贤等人经常前往三原清凉山、唐园等地游玩，在石壁墙垣上留下了不少满怀悲愤的诗词。毓贤（1842—1901），字佐臣，内务府正黄旗汉军。② 1900 年任山西巡抚，唆使义和团大肆屠杀传教士及教民。据资料记载，7 月 19 日，毓贤亲自带兵在抚院门杀害意大利主教艾士杰等大小男女洋人 51 名、教民 17 名；14 日，遣巡抚执令箭杀害教民 41 人。③ 焚毁教堂、医院 225 所，烧拆房屋两万余间，是各省中死人最多的一个省。毓贤的行为激化了清朝与列强的矛盾，是庚子国难的重要导火索。关于毓贤行为的评价，清廷谕旨说他排外仇教，“戕害教士教民多命，尤属昏谬凶残，罪魁祸首”，革

① 李约祉：《我和于右任的关系》，中国人政治协商会议陕西省委员会文史资料研究委员会编：《陕西文史资料》第 16 辑，陕西人民出版社 1984 年版，第 15 页。按，李约祉回忆此事发生于 1903 年，显系有误。

② 赵尔巽等撰：《二十四史附清史稿》第十二卷《清史稿（下）》，中州古籍出版社 1998 年版，第 1949 页。

③ 《义和团档案史料》（上册），第 281 页；《义和团》（一），神州国光社 1951 年版，第 512—513 页。

职充军新疆,1901年在兰州被处死。李鸿章临终前痛骂"毓贤误国"。毓贤则认为自己是"爱国",他临死前写了两副挽联,其一为"臣死国,妻妾死臣,夫复奚疑!最难老母九旬,稚女十龄,未免凋伤慈孝治;我杀人,夷狄杀我,亦有何憾!所愧奉君廿载,历官三省,空嗟辜负圣明恩";其二为"臣罪当诛,臣志无他,念小子生死光明,不似冤沉三字狱;君恩我负,君忧谁解,愿诸公老成谋国,切须早慰两宫心"。关于毓贤的历史评价问题,学界论著较多。以中国当时的实际情况而言,出路不在于逞一时之勇,不在于对外宣战,而是力争有一个相对和平的环境,以利于实行社会改革,积蓄力量,增强国力。正如一位官员所言:"不可浪开衅,以一孱国当八强国,为孤注之一掷,此宗社存亡之几所系,不仅胜负之数,乃危道也。"①基于此,《清史列传》卷62《毓贤》将毓贤定性为"误国诸臣"。②

1901年,为了躲避因散发照而引起的风波,于伯循回到了三原县,虽认为毓贤的诗文"写作俱佳",但对毓贤在处理义和团及传教势力、教民等事务中的作为,"却以民族的立场深非其人",并在毓贤某诗旁题"乃兄已误人国家"之句。此举反映了青年于伯循对当时国势的分析和态度,引起了时任陕甘总督升允的注意。③ 这一时期,于伯循常去清凉山,登高怀古,有两首诗存世,表达了他满腔热血、报国无门的复杂心情,谨录于下:

游清凉山寺题壁

漫天风雨满腔愁,宗教式微慨末流。儒谬僧迂齐腐败,绝龙乏象抱奇忧。

---

① 袁昶著,孙之梅整理:《乱中日记残稿》,《袁昶日记》(下),凤凰出版社2018年版,第1279页。

② 按,戚其章的《关于毓贤评价的几个问题》是目前所见观点中较为全面的论述,读者可参考。中国义和团研究会、山东省历史学会、政协山东省平原县委员会编,杨文平、李德征主编:《义和团平原起义100周年学术讨论会论文集》,齐鲁书社2000年版,第159—177页。

③ 丘桑主编:《民国奇才奇文:黄帝子孙之元气(于右任卷)·怀恩记》,东方出版社1998年版,第300页。按,于右任在《怀恩记》一文里,认为他被升允所注意,正是因为在毓贤的诗旁写评语引起,其实,在此之前,他拍摄散发照的事情,已经闹得沸沸扬扬,不独以此事。

失意再游清凉山寺题壁

板荡乾坤寄此身，百无聊赖作诗人。登高痛苦英雄朽，题壁生开培塿榛。老辈输君称铁汉（闻贺复斋题联有"百炼此身成铁汉"句），秋风撼我转金轮。神州积习何堪问，羞死奇才步后尘。

万千兴会怅登临，得罪苍苍罚苦吟。落叶横飞偏碍眼，残秋散步肯灰心。手无阔斧开西北，足住穷途哭古今。回首东山频怅望（系贺复斋讲学处），末流腐败一沾襟。①

1901年9月7日，丧权辱国的《辛丑条约》签订。一些爱国志士纷纷提出效仿西欧，实施新法，富国强民，但遭到慈禧等顽固派的镇压，全国反清斗争形势愈发高涨。陕西中学堂师生群情激愤，国家遭此奇耻大辱，使得于伯循不再安分于书斋之中了，他的思想苦闷至极："我此时心目中，常悬着一个至善的境地，一桩至大的事业。但是东奔西突，终于找不到一条路径。平时所读的书，如《礼运》，如《西铭》，如《明夷待访录》，甚至如谭复生《仁学》，都有他们理想的境界。又其时新译的哲学书渐多，我也常常购读，想于其中求一个圆满的人生观，但书是书，我是我，终不能打成一片，奠定我思想的基石，解除我内心的烦闷。"②

帝国主义列强的欺压，清政府的无能，理想与现实的强烈反差，愈发激起了于伯循内心的愤怒，彷徨与苦痛，折磨着这个血气方刚的陕西汉子。当他听说上海志士云集、议论风发时，再也不满于自己"蛰居西北，不得奋飞，书空咄咄"的生活状态了③，对外面世界的向往成为解救他内心绝境的一线希望。由于时机尚不成熟，于伯循转而想去兴平、武功一带看看，在这周王室开基之地，缅怀名贤名将，抒发怀古之思。机缘巧合，在

① 马忠文著：《晚清人物与史事》，北京师范大学出版社2015年版，第324页。

② 丘桑主编：《民国奇才奇文：黄帝子孙之元气（于右任卷）·怀恩记》，东方出版社1998年版，第300页。

③ 丘桑主编：《民国奇才奇文：黄帝子孙之元气（于右任卷）·怀恩记》，东方出版社1998年版，第300页。

好友周石笙[①]的引荐下，于伯循被兴平知县杨吟海聘请为家庭教师，教授其两个弟弟。在兴平期间，于伯循诗兴大发，内容多为慨叹家国兴亡之词，以此怀古兼表心志。例如“柳下爱祖国，仲连耻帝秦。子房抱国难，椎秦气无论。报仇侠儿志，报国烈士身。环宇独立史，读之泪沾巾。逝者如斯夫，哀此亡国民”。又如《兴平咏古》有三十四首[②]，其中一首借斥杨贵妃，实则直指慈禧贪权误国之罪行：“误国谁哀窈窕身，唐惩祸首岂无因！女权滥用千秋戒，香粉不应再误人。”又如《署中狗》：“署中豢尔当何用？分噬吾民脂与膏。愧死书生无勇甚，空言侠骨爱卢骚。”时任三原县令的德锐（满族人）看到此诗之后，对于伯循恨之入骨，并密报朝廷。当时类似这样的诗词作了不少，后来在友人孟益民、姚伯麟的帮助下得以刊印，诗集取名为《半哭半笑楼诗草》。“半哭半笑楼”是于伯循的斋号，在他后来的书法作品上，还曾使用过“半哭半笑楼主”的印章。[③] 还有一篇刊载于《寸心》杂志 1917 年第 3 期第 1—12 页的短篇哀情小说《鹃红外传》，即由半哭半笑楼主口述。关于于伯循使用半哭半笑楼主这个称呼的寓意，未见其本人有明确的解说。目前所见，有几种说法：其一，系以明宗室后裔、清初杰出画家朱耷——“八大山人”自况，表达对时局无可奈何、哭笑不得的尴尬、气愤的心境。朱耷作书绘画落款时常把“八大山人”四字以草书连缀成似“哭之”又似“笑之”，含蓄地表达对江山易主的悲愤心情和对抗清廷的政治态度。[④] 其二，认为与《警世钟》作者陈天华署名“神州痛哭人”寓意相似。[⑤] 这部诗集所收录的，大多是当时已狂名

① 按，周石笙，名镛，渭北名士。才华横溢，为文不起草，千言立就。在味经书院时，即已精通“二通”及《资治通鉴》，历朝官制与其得失成败之由，多能述其原委，诵其要旨。后娶于右任同父异母妹妹于仲华为妻。

② 按，由于《半哭半笑楼诗草》刊行不久就遭到禁毁，诗词散佚，读者常见的仅余九首。所幸台北故宫博物院图书文献处藏有一份抄本，将在下文讲述。

③ 王玉飞、王玉堃、姜丽英编著：《海长风珍藏集》，湖南美术出版社 2008 年版，第 22 页。

④ 吴孟庆主编：《政海拾零 · 于右任自号“半哭半笑楼主”》，上海辞书出版社 2006 年版，第 151—152 页。

⑤ 马忠文著：《晚清人物与史事》，北京师范大学出版社 2015 年版，第 332 页。

日著的于伯循所作诋毁时政、鼓吹革命的诗文,刊行之后,传播范围较广,“骂这个,骂那个,而且是明骂,毫不隐讳,比如说,刺皇太后也,刺升允也等等”①,在社会上产生了较大的影响。于伯循因诗集及散发照罗祸,有一个导火索。关于他如何得知自己被追捕又如何成功脱逃,有两种截然不同的记载。

一种是于右任 1939 年在《怀恩记》里所记载的:光绪三十年(1904),于伯循将商州中学堂事务委托给李仪祉、茹卓亭代理,前往开封应试。当时,陕甘总督升允已以“逆竖昌言革命,大逆不道”等语密奏清廷,且拿办密旨已经下达。由于电报和驿站都发生故障,明文未到,不好动手。李雨田,三原人,以经营药材为业,是于伯循同学李和甫的父亲,对于伯循很友善,曾不无赞许地说:“读书如有所需,吾当助汝。吾默视汝久矣,更信他日必有成也。”②李雨田得知消息,与于伯循的父亲于新三紧急商议救援,派信差星夜兼程前往开封,于伯循才得以逃离险境,前往上海。对于这一点,于右任在撰写于 1934 年的《三原李雨田先生墓表》中言之凿凿,感激之情溢于言表:“嗟夫! 此爱我救我之雨田二叔,可谓助我一生矣!”③另有:“李老伯平时相待甚厚,以我贫寒力学,时加周济。此次出险,尤全仗其力。”④

一种是于右任同窗好友李约祉在回忆文章《我和于右任的关系》中所记载的:三原某米姓理学爱好者,听到有人对他说于伯循骂他,怀恨在心,将散发照和诗集作为罪证,到省上去见巡抚恩寿,恩寿行文三原县令

---

①　中国人政治协商会议陕西省委员会文史资料研究委员会编:《陕西文史资料》第 16 辑,陕西人民出版社 1984 年版,第 13 页。

②　刘永平编:《于右任集 · 三原李雨田先生墓表》,陕西人民出版社 1989 年版,第 129 页。

③　刘永平编:《于右任集 · 三原李雨田先生墓表》,陕西人民出版社 1989 年版,第 129 页。按,《三原李雨田先生墓表》系于右任撰写,初撰于 1934 年,二次书写于 1939 年。石碑现藏于三原县博物馆,《高陵碑石》(董国柱编著,陕西省古籍整理办公室编:《陕西金石文献汇集》,三秦出版社 1993 年版,第 228—229 页)有著录。

④　丘桑主编:《民国奇才奇文:黄帝子孙之元气(于右任卷)· 怀恩记》,东方出版社 1998 年版,第 302 页。

德锐捉拿于伯循，德锐又行文三原县学予以捉拿，他们并不知于伯循此时正在开封赴会试场（因为庚子义和团之变，北京试场被焚毁，将会试场改在开封）。三原县学教谕王友益和李约祉是旧相识，将此消息告诉李约祉。李约祉立即将此事告知于伯循的老太爷，老太爷写信派专人前往开封，于伯循因此得以脱险。但是苦了陕西许多赴试的举子，回来时，沿途关津，节节盘查，受尽了麻烦。关于营救于伯循一事，李约祉在陕西没有对人说过，1904 年秋季，才将此事告诉茹欲可，由茹欲可函达于伯循，于伯循非常感激，信函恳切，表达谢意，并赠诗两首，诗文已佚，李约祉尚记得“都门书到诵回环，闻道欢迎白浪庵”两句。①

上述两种说法，孰是孰非，尚难定论。② 但是有一点可以肯定，在众多好心人的帮助之下，于伯循脱离险境，在大上海开始了人生的第二个重要的阶段。③

光绪二十八年（1902），梁启超主编的《新民丛报》在日本横滨创刊，并在国内畅销。该报积极宣传民族危亡的严重局势，抨击慈禧等人“逆后贼国”的罪行，介绍西方民主主义新思潮、新学说，为国内诸如于伯循这样的爱国青年打开了一扇通向光明之窗。这一时期，于伯循的思想受梁启超等人的影响较大，他在三原宏道大学堂一份策论试卷所写的文字，陕西学使评价道：“笔端奇气不可遏抑，而发为宏文，又精理内含，超心跃冶，知不徒以抗怀历史、穷眺全洲见长。次三一律，警快！”“中《新民丛报》之毒深矣！然笔情恣肆，故是可喜。作者奇才妙笔，可以自成一家，

---

① 李约祉：《我和于右任的关系》，中国人政治协商会议陕西省委员会、文史资料研究委员会编：《陕西文史资料》第 16 辑，陕西人民出版社 1984 年版，第 14—15 页。

② 按，从于右任撰写于 1939 年的回忆文章《怀恩记》中关于此事的一些细节描写，例如和同学南石嵩在街头散心之时，与李雨田雇请前来送信的信差不期而遇，以及李雨田信中对于伯循逃跑路线及日后生活的谋划，证明于右任本人相信李雨田是他的救命恩人。至于同学李约祉所述，也仅在李约祉本人所撰《我与于右任的关系》一文中提及。聊备一说。

③ 高叶青著：《于右任评传·前言》，三秦出版社 2013 年版，第 2 页。

何苦沾沾拾人牙慧？”①

为了使读者能够完整了解于伯循在这一时期的见识及思想动态，现将他的策论答卷文字抄录如下：

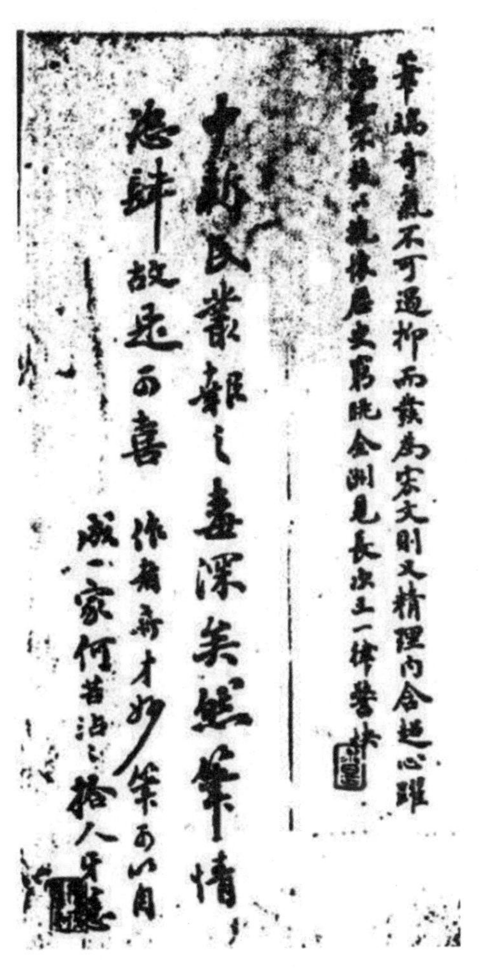
中新民叢報之毒深矣然筆情
恣肆故是可喜
作者奇才妙筆可以自
成一家何苦沾沾拾人牙慧

陕西学使对于伯循试卷的评语

> 《周礼·冢宰》以九式节财用，论者所以格君心之私。今欧洲议院亦重监财权。英主维多利亚议增幼子之俸，竟以国人皆曰不可而止，是彼国颇合古法之明证。试博考古今，推论其得失。

> 国用界说，以不溢乎国用为界，此古今计学家之公例也。所以然者，官天地、府万物之大用，必以衡天地、权万物之大计平之。为君用非，盖贯输君民上下之用财，团结君民上下之为国。财者，地面上之公产也；国者，地面上之公器也。故文明国宪法之精义，国民之精神，财政之宗旨，以专注乎国为急务。尝闻泰东西政治家之言矣。《周礼》，中国最古之书也，言财用以九式节之；议院，西国最善之制也，论财权以议院监之。

① 陕西省三原县《于右任纪念集》编辑组编辑：《于右任纪念集》，陕西省三原县委统战部1985年版，第106页。

西国之所为权，即《周礼》之所为式；《周礼》之所为节用，即西国所为预算。理学家徒谓为格君心之私，实不若取计学家示君权之限之说诂之为确也。夫监财权，西国议院何以重之若是哉？盖财者民之膏血，国之命脉也。以膏血命脉而任暴君污吏摧残之，妇儒（孺）阉宦朘蚀之，言之至是，曷胜痛恨！以维多利亚之英武慈仁，而欲增俸幼子，非英人民气之发达，议院之权重，乌能回天哉！由是观之，国家之大计实在财，国家之大计尤其在权。财以拓权，权以卫财，权财兼备，国用乃济。论者谓欧洲之财政，每合中国古法，盖公理之在人心，虽独夫民贼不能灭，崇山峻岭不能阻也。盖尝推论古今用财之道有三：曰为国，曰为民，曰为君。为国者有二：曰用兵，曰交邻。为君者有二：曰私人，曰私产。为民者有二：曰养民，曰教民。若康熙、乾隆两朝，若华盛顿、林肯，皆为民用财者也；若汉武帝、元太祖、明太祖，若该獙（凯撒）、亚历山大、大彼得、拿破仑，为国用财者也；为君用财者，中外曷胜偻指，而秦皇、汉高其最著者也。盖民力物力之所积，即为国力权力之所及，不致谨于民力物力，必致解其国力权力，有必然者。览古今中外国用财政之纪事，病国、病农、病商、病兵、病天下后世，而独饱吏胥、饱支庶、饱贪官、饱宠爱、饱盗贼、饱无业游民，用财不善，劣败如此，此可为痛哭流涕者也。今中国财政之病，病三冗：曰冗兵，绿营腐败之兵，入关从龙从彦，耗财一也；曰冗吏，朘削官帑者半，朘削民生者亦半，耗财二也；曰冗官，捐虽停而已捐者盈天下，俸虽薄而朘民者抵养廉，耗财三也。然深究其财政之破坏，一言计之曰，无预算而已矣。呜呼，三代下，最有功生民之学者惟理财；三代下，最为害生民之学者亦惟理财。列国经济界最有功生民之用者惟计学，中国政治界少经济之争者亦惟计学。当今日风潮最烈之世界，一丝一粟，一珠一粒，皆与国计民生相关切。造时势者，庶几长虑而深计哉？

欧人谓彼得为诺颇连、查理曼二人合一论

时势铸英雄，英雄铸时势。有时势乃有英雄，有英雄乃有时势。故有时势所造之英雄，有英雄所造之时势。然则衡时势者衡英雄，论英雄者论时势而已矣。俄罗斯，野蛮国也；大彼得，野蛮王也，然辟荆榛、广教化、兴学术、励实业，使俄臻文明之域者，果何人哉？不畏谤怨，不耻师学，不惮跋涉，开床闼以眺欧洲，留遗命以辟亚洲，使俄执万国之霸权者，果何人哉？彼得，真铸时势之英雄哉！若夫后彼得而生之诺颇连，固一世之雄也。观其蹶奥颠普，抗英伐俄，位虽不终，近古以来，未尝有也。然其性急而褊，勇而无谋，世或惜之。虽然，开欧洲今日之文明学术，与有力焉。说者曰，具彼得之一体而已，时势所铸之英雄也。若夫先彼得而生之查理曼，故第七世纪中之雄主也。观其取伦巴多，击萨索厄，伐巴威略，其武功之振荡有如此；建招贤馆，兴学校，恤贫民，劝农桑，其善政至卓绝有如此；习各国语，汇古名将勇士之歌，挥剑举重，旁若无人，其智勇之绝特又如此。然不能脱教皇之羁，而转受金冠，世或惜之。虽然，欧洲开化实原于帝，其功德不可没也。说者曰，具彼得之一体而已，时势所铸之英雄也。然则为时势铸之英雄易，为铸时势之英雄难。彼得者输外国之文明，以敌己国者也，故独为其难；诺颇连、查理曼引己国之文明，以敌外国者也，故特为其易。敌己国者，以一人与一国战，英雄铸时势也；敌外国者，以一国而对一国战，时势铸英雄也。铸时势之英雄只得其一体，时势铸之英雄，与铸时势之英雄比较，则铸时势之英雄独现其全神。故欧人谓彼得为诺颇连、查理曼二人合一，蒙无以易之矣。

两利为利说

计学家有最大公例焉，曰大利所存，必其两益。损己利人非也，损人利己益非；损上益下非也，损下益上亦非。斯密亚丹创此旨，作书数十卷。生计学出版之日，即政治界革命之时，而经济主义遂飞跃

于地球。数百年来，蠲保富之法，平进出之税，皆斯密氏此宗旨所振动而改革者也，然后知大利者，同利也。必区区于彼此盈绌之间，非天下之公理也。①

从上引文字中，不难看出此时的于伯循读书涉猎之广，其关心国计民生、除旧布新的迫切心情跃然纸上。这与他所处的具体社会环境以及国际形势密切相关，也与他所接受的教育和接触的进步人士有密切的关系。

《半哭半笑楼诗草》是于伯循的第一部诗集，在1939年的回忆文章《怀恩记》里，他简略回顾了这部诗集所收录诗的风格及刊印等情况，从中可以看出，他对于自己当时的诗文还是很满意的："就诗格而论，真应该悔其少作了。"②诗集是在孟益民、姚伯麟的帮助之下，于1902年冬在三原付印的。诗集扉页即为于右任散发照，其诗其照，无异于一颗威力巨大的炸弹，在惊醒世人的同时，也再次引起了清廷的注意。孟益民，泾阳人，以字行。英敏过人，喜好工艺，曾奉学使之命赴上海学习铅印石印技术，庚子学成之后，回到三原。偶见于伯循诗集，大呼痛快，并答应将诗集排印出版。姚伯麟（1877—1953），字鑫振，三原县城东关人，因旧居三原县白鹿原，故笔名鹿原学人。清光绪三十一年（1905）考取官费生，赴日本留学。除医学、京剧之外，诗学造诣极深，其《抗战诗史》录诗作近千首，有"民族诗人"之誉。③《半哭半笑楼诗草》得以面世，此二人功不可没。由于诗集刊行不久即遭查禁，以至于长期隐没不传，加之诗作者后来又对原作大加删减，收入《右任诗存》等相关诗文集中者亦寥寥无几，故而后世学者一直无从窥知其原貌。近年来，有学者从台北故宫博物院图书文献馆发现该诗集的一份抄本，推测是现存唯一完整的本子。诗集字里行间透露出诗人强烈的爱国精神和革命豪情，对于研究于右任革命思

① 中国人民政治协商会议陕西省委员会、咸阳市委员会、三原县委员会文史资料委员会编：《于右任先生》，陕西人民出版社1991年版，第280—283页。

② 丘桑主编：《民国奇才奇文：黄帝子孙之元气（于右任卷）·怀恩记》，东方出版社1998年版，第301页。

③ 咸阳市地方志编纂委员会编：《咸阳市志5》，三秦出版社2000年版，第676—677页。

想及当时的社会状况具有重要的价值。① 这部“献身革命之贽礼”②,是于伯循民族思想日益高昂的集中体现,也是他走上反清爱国道路的重要转折点。

第三节　兴办教育的启发

别人创办学校的经过以及教育模式、在兴办教育机构方面的作为,对于右任日后的教育思想及实践,有着重要的启发作用。

一、无中生有——杨府村马王庙学堂创办始末

杨府村马王庙学堂,是于右任就读的第一所学校。这所学校的创立,背后还隐藏着一个惊险而感人的故事。

六岁那年冬季的某一天,于右任没有告诉家人,私自随同村里的孩童们前往村外的野地里放牧,不料遭遇饿狼,险象环生,幸有村民杨牛儿挺身而出,才化险为夷。闻知此事,伯母房氏匍匐道中,几不能前。事后,房家诸舅父商议兴办学校,以收容村中适龄儿童,以免他们混迹羊群或上高沿低,再生祸端。创办学堂,谈何容易! 场所和师资,都是摆在面前的现实问题。

杨府村西有一座马王庙(亦称“农神庙”),年景不好,百姓生活且成问题,哪有心思烧香拜神? 故庙内灰尘层垒、蛛网遍布。戊戌变法期间,颁布了征用民间庙产的政策,由于既符合历史传统,又得到了以张之洞为代表的开明官吏的支持,故而基本保留了下来。③ 利用庙产兴学,既可以

---

① 马忠文:《于右任早期反清革命的“罪证”——台北故宫军机处档案所见抄本〈半哭半笑楼诗草〉》,《广东社会科学》2014 年第 2 期,第 130—138 页。

② 刘延涛编:《右任诗文存编后记》,《右任文存》,中华丛书委员会 1957 年版,第 66 页。

③ 许效正著:《清末民初庙产问题研究》,宗教文化出版社 2016 年版,第 93 页。

解决场所问题，又可以解决经费问题，“今增置学堂，其费不赀。县取一区，以为学堂之址，所节啬多矣”①。“庙产兴学”是清末民初的一种风尚，其标志性事件是光绪二十四年（1898）五月二十二日光绪皇帝所颁布的一道“上谕”：“民间祠庙，其有不在祀典者，即由地方官晓谕居民，一律改为学堂，以节靡费而隆教育。”②其实，据相关研究者证明，早在维新运动之前，利用祠堂和寺庙兴办义学就已经较为常见。动员和整顿民间庙宇田产兴办义学，甚至成为地方衙门的一项行政职责。③ 所以，杨府村改造村庙马王庙作为学堂，是与当时的社会风气相适应的举动。学堂的地方选定之后，外舅房宗海又带领村民对庙内格局进行了改造，并请人打造了教具、桌椅板凳等教学必需品。学堂和学生都已经有了，先生去哪里请呢？于是村民们四处打听，将聘请先生的消息广为散布。无巧不成书，第二年春天（光绪十一年　1885），杨府村来了一个衣衫褴褛的流浪者，自述复姓第五，旬邑人，乡人称第五先生，是东汉名儒第五伦的后代，因家乡遭灾，为了活命，以六十多岁之龄，四处游走，只为找口活命的饭。本来是打算替人家干农活以自养，后来听人说杨府村正在寻觅一位教书先生，于是自荐为师。村人将第五先生引至房宗海家，经过一番交谈，得知此人家学渊源甚厚，且自幼饱读诗书，文才堪赞，因此诚意挽留，担任马王庙学堂的先生。

这所学堂可以说是“无中生有”的成果，是伯母房氏及外舅房宗海等人群策群力的智慧结晶。从这件兴办教育的事情之中，年幼的于伯循受到了较大的影响，可以说，这是他之后从事与教育相关事务的启蒙。在这所学校里，他人生第一次接触了教书先生和文字，告别了上树掏鸟窝、下地逮蛐蛐儿、赶牛放羊、摔泥泡儿的顽童生活，成为了一名学生。第五先

① 章炳麟著：《訄书初刻本第四十七·鬻庙》，生活·读书·新知三联书店 1998 年版，第 104 页。

② 迟云飞编：《清史编年》第十二卷“光绪朝（下）、宣统朝”，中国人民大学 2000 年版，第 92 页。

③ 张佩国著：《公产、福利与国家》，广西师范大学出版社 2015 年版，第 132—134 页。

生在马王庙学堂执鞭两年，对勤奋学习的于伯循疼爱有加，教育“益加用力”①。尤其是当他了解到于伯循的身世时，更是生出一种同命相怜的情感来。离开马王庙学堂时，他还亲切地抚摸着于伯循的头，意味深长地说：“世间无母之儿，安得所遇尽如汝哉！”②谆谆教导，依依惜别，对此，于伯循虽年幼，但默记在心，从此学习更为勤勉。房家诸舅父的深情，也给了遭遇丧母之痛的于伯循许多温暖，有“风雨牛车送我时”③之句以赞。在杨府村期间，除了去学堂念书以外，夏秋两季农忙时，懂事的于伯循也会和伯母及诸表弟去地里拾麦子、捞玉米，也算是勤工俭学了。据于右任晚年回忆，他当年和表兄弟们拾麦子，曾经拾到舅舅家陇畔边的麦穗，然后又卖给舅舅，舅舅付给酬劳，还夸他勤劳，并鼓励他好好劳动，做一个小男子汉。这段快乐的时光，多年以后仍记忆犹新，有“田家乐趣更今思”“拾麦农忙放学时”之诗句。④ 在这几年里，他学会了自立自强，了解了书中的世界，开启了人生的新航道。

二、眼界大开——毛氏私塾的九年读书时光

于伯循在杨府村马王庙小学堂读了四年书之后，已经十一岁了。为了使侄儿受到更好的教育，房氏与诸兄弟商议之后，决定带于伯循去三原县城找远房叔祖于英。于英字重臣，仗义之士，且交游甚广，对房氏含辛茹苦抚养于伯循的事迹早有耳闻，非常敬佩。得知来意之后，于重臣慨然允诺。在于重臣的引荐下，于伯循顺利进入三原县远近闻名的毛氏私塾读书。对于这个苦命但勤奋好学的侄孙，于重臣打心眼里喜欢，在生活方

---

①　丘桑主编：《民国奇才奇文：黄帝子孙之元气（于右任卷）·怀恩记》，东方出版社1998年版，第294页。

②　丘桑主编：《民国奇才奇文：黄帝子孙之元气（于右任卷）·怀恩记》，东方出版社1998年版，第294页。

③　丘桑主编：《民国奇才奇文：黄帝子孙之元气（于右任卷）·怀恩记》，东方出版社1998年版，第295页。

④　丘桑主编：《民国奇才奇文：黄帝子孙之元气（于右任卷）·怀恩记》，东方出版社1998年版，第295页。

面给予了很大的关照。这段生活，在于右任心中留下了温暖的记忆："袖中书本袋中糖，入学相携感不忘。"后来，于右任因《半哭半笑楼诗草》一事触怒权贵，被迫逃亡上海，于重臣在弥留之际还念念不忘，时常探问其情状，由此可见祖孙二人情感之深。

毛氏私塾其实有两位老师，即毛汉诗、毛班香父子。毛汉诗（1821—1892），名亚莪，字汉诗。毛班香（1847—1909），名经畴，字班香，毛汉诗之子。清末西安府三原县（治今三原县）人。毛汉诗于咸丰年间（1851—1861）乡试中举，因不满科举制度，遂终生以授徒为业。平生涉猎甚广，授业有法，故而桃李满天下。毛班香中秀才之后，子承父业，在三原县城东关新庄设塾授徒。他注重培养学生的自学能力，并且鼓励学生扩大阅读面。毛班香曾对学生说："我没有什么长处，只是勤能补拙。"于伯循对毛班香先生专心一志的精神，尤其佩服。① 在毛氏私塾学习的九年，于伯循谨记"勤能补拙"这几个字，学习比别的孩子都用功，深得两位毛先生的喜欢，所以对他的期望尤甚，教导也特别注意。

毛班香的教学方法很特别，由他亲自教年纪大一点的学生，再由这些学生分教年纪小一些的学生。这种以大教小的方法也被称为"小先生制"，于伯循也曾在毛先生外出时"以大学生的资格照料馆事"。这种教学模式，与我国著名教育家陶行知先生所提出的"小先生制"类同，其特点是"大孩自动教小孩，先生不在学如在"②。平常每天授课两次，夏季白昼长，则加课一次。所有教授过的书，都要求烂熟于心，还要求背诵旧书，所以于伯循当时读书比较精熟。毛亚莪老夫子偶尔也会为儿子代馆，他时常对学生说："我这一生有两个得意门生，一是翰林宋伯鲁，一是名医孙文秋。希望你们努力向上，将来胜过他们。"毛老夫子喜作草书，其所

① 刘永平编：《于右任集》，陕西人民出版社 1989 年版，第 140 页。

② 按，陶行知先生曾为南京晓庄佘儿岗小学写诗，并赞称该校为"自动学校"。诗文："有个学校真奇怪，大孩自动教小孩。七十二行皆先生，先生不在学如在。"1946 年 4 月中旬，在写给施剑翘的信中，又提出"该校已有小孩教大孩之事实，建议把'大'字改掉。从此第二句便成了'小孩自动教小孩'，这样的学校是值得帮助的。"陶行知著：《陶行知全集》第 9 卷，四川教育出版社 1991 年版，第 706 页。

写“十七鹅”宛然形似，于伯循从此时开始接触到书法艺术。至于作古近体诗，也是从毛氏私塾起步的，《唐诗三百首》《古诗源》《选诗》等常见的诗集，他都曾读过，但兴趣不大。而阅读了私塾书架上摆放的文文山、谢叠山诗集残本之后，诗中所透射出的激越声调、高昂意气、家国兴亡之感，使于伯循诗兴大发，由此悟得诗词之真谛。

于伯循就读于毛氏私塾九年，理解并践行了“勤能补拙”的精神，懂得了大学生的担当，阅读了富有爱国情怀的诗词，感受了书法艺术的魅力，这一切，对于他后来的教育事业起到了举足轻重的作用。

三、做家庭教师——在兴平县教书授徒

外强欺凌，朝廷腐败，国势危急，百姓困苦，这一切都令满腔爱国拯民热忱的于伯循感到苦闷，他渴望新世界，想到处去走一走。光绪二十八年（1902），恰好兴平县知县杨宜瀚委托周石笙为自己的两个弟弟聘请一位家庭教师，于是周石笙举荐了于伯循。杨宜瀚（？—约 1911），字吟海，四川成都人。光绪二十年（1894），以举人任陕西兴平县知县。他精通经史，为政宽简，尤其重视兴办学校，发展教育。例如为纪念农学家杨屾（字双山），在杨屾的家乡桑镇修建“双山祠”，并附设学校；派热心教育的张元际、张渊去上海考察，为本县学校采办教学用品；在县城设学生经费处，筹集办学基金；利用古庙闲舍兴办初级学校 180 余处，为兴平县初等教育的发展奠定了基础。光绪二十六年（1900）陕西灾荒，杨宜瀚在县城内成立“义生善堂”，收养孤儿并延师教之。① 杨宜瀚与于伯循一见如故，引为同类，情属知己。教书之余，于伯循遍游兴平、武功一代的山水名胜，创作了不少诗文，后编入《半哭半笑楼诗草》。

---

① 咸阳市地方志编纂委员会编：《咸阳市志》（五），三秦出版社 2000 年版，第 378—379 页。按，杨宜瀚后来在处理政务方面过于苛刻，与当地民众多次发生冲突，兴平县“交农”风潮即其中较为激烈的一次，当时在关中产生了较大的反响。陕西当局为了缓和矛盾，被迫将杨宜瀚调离兴平县。正文仅客观叙述他对兴平教育事业的功绩，不涉其他。

四、年轻的总教习——商州中学堂的教职

清光绪二十七年(1901)八月,尹昌龄自邠州直隶州知州迁任商州直隶州知州。本着“强国必先兴教”的理念,到任次年,尹昌龄以破败不堪、徒存虚名的商州书院为基础,多方筹集资金,购买周围房舍以扩大学校面积,从武昌书局、泾阳味经书院等地购买书籍,延请名师执教。苦心筹划,终成规模。在商州这块贫瘠的土地上,完成了中国教育史上最大的一次教育改革,由封建科举向平民共享近代教育迈进了一大步,从而书写了商洛乃至陕西教育的历史。

尹昌龄(1869—1942),字仲锡,晚号约堪,先世居郫县,祖辈赴成都经商,遂入华阳县籍。历任陕西白河知县、长安知县,继升为商州知州,兼摄凤翔、延安、西安知府,对清末陕省兴学、练兵、劝工、蚕桑、铁路、游学诸新政多有建树,被誉为“八局知府”,成都的“五老七贤”之一,著名慈善事业家。[①] 商州中学堂是当时三秦新教的代表,尹昌龄亲自撰写碑文以记其始末,谨录如下:

创办商州中学堂碑记

尹昌龄

商州士风不振,弊在无书无师。书院徒存空名,山长第拥虚座,其弊又在无款。本州于二十七年八月来领州事,查该存款,仅三七钱五千五百缗,发典生息,每年只得利钱四百四十缗,山长束脩只铜钱一百四十缗,诸生之膏奖亦甚微薄,则虽欲礼罗名俊,讲舍宏开,计无所出,束手而已。本州百方搜剔,集款稍多,正值朝命初下,改建学堂,于是辟堂筑舍,购书延师,及诸生膏奖之资、饔飧之费,皆次第兴办。除共用一万一千余金外,又聚有的款为常年经费,中惟龙驹寨北路骡店帮头银及西关所余帮头钱,每年所收,难定确数,约计寨款总在三千金有奇,西关亦有钱三四百缗,其余所存之款,有银五千二百

① 四川省双流县志编纂委员会编纂:《双流县志》,四川人民出版社1992年版,第874页。

两零二钱五分三七，钱一万四千缗，房七所，地十八处。银钱均发富商生息，房地均择愿民租住，每年可得利银四百一十六两，利钱一千一百二十缗，房地课三七钱二百五十八串八百文，小麦一石，又有龙驹寨船行每年交钱六百缗，此皆苦心筹画而得之。计每年学生共所费，北路骡店帮头银一项已足，尚有余款存放，以期积累高大，逐渐扩充。伏念办事之难，莫难于筹款，足则何事不成？今学堂之款已有初基，从此料简得人，可卜百年不敝弦歌之化，其效何如！独是本州十载服官，桷知世变，同见利之所在，前人留之，后来者攘之，官家事虽效已灿然可睹，而忍于败坏，不惮幻出其术，攫饱私囊，其间大都自不肖绅衿逢长其恶，如虎之伥，如鸩之媒，即有时狼狈也而蛮触焉，而瓜已剖、豆已分，辗转弥缝，无从究诘，故积劳积怨，积锱铢以贻留于士民。陕西省商州中学校志者，至此已电卷星驰，不胫而走矣。所谓徒存空名、第拥虚座者又如故矣。庄生曰："将为胠箧、探囊、发匮之盗而为守备，则必摄缄縢、固扃鐍，此世俗之所谓知也。然巨盗至，则负匮、揭箧、担囊而趋，惟恐缄縢扃鐍之不固也。然则向之所谓知者，不乃为大盗积者也？"旨哉言乎，见何远也！今本州于款之散者聚之，分者并之，事所难行者，毅然整齐之，人所力争者，决然剔出之，彷徨周浃，自谓缄縢扃鐍之甚固，而他人方睨而拟之曰：此真为吾设也。则今日之举，不将为庄生所笑乎？虽然，此以论其偶焉耳。贤人君子，世所常有，尚冀后之来者匡我不逮，岂竟逆诈亿不信轻量天下贤豪哉？非敢为刘四之骂人，亦惟望郑侨之见蔑，斤斤焉。自此厚期于吾商士人，故揣知变，激为此言，龙驹寨之帮头银，大欲所存，奸民所觊，如有破绽，难必此兴。既冒言于此，又另立牌，用昭慎重，其余款目，具载一碑。有续存者，随时补刻，否则以盗官银论。天地鬼神，昭布森列，临之在上，质之在旁，敢昧此心，神共殛汝！①

---

① 商洛地区教育局编：《商洛地区教育志》，三秦出版社 2006 年版，第 624—625 页。按，《续修商县志稿》卷 17《教育下》原载。

光绪二十九年(1903),尹昌龄升任西安府知府。正月,杨宜瀚继任商州知州,九月,亲任监督。至此,杨宜瀚对于伯循的了解已经比较深入,认为他是一个难得的人才,所以光绪三十年(1904)二月,聘于伯循为总教习①。当时,商州中学堂内设有讲学堂、藏书楼、监督厅、教习室、阅览室等,共184间,藏书8万余册,建筑规模比三原宏道高等学堂要大。于伯循至此,兴奋之余,感到责任之大,因此尽全力投入教务工作。这一阶段,于伯循的声名已经如日中天,为了不辜负杨宜瀚等人的重托,于伯循又聘请了三原茹卓亭、蒲城李仪祉、兴平刘镜亭等人为分教习。在他的主持下,商州中学堂师资力量得到了加强,教师思想进步,关心时事,教育方法新颖,一时之间士子云集,名扬陕西。②

于伯循担任商州中学堂总教习期间,必定会对学校的创办过程有深入的了解,这对于日后他创办学校方面的思想与实践产生了不小的影响。这是于伯循首次独当一面处理与教育相关的事务,从中积累的经验,是他此后从事教育实践的重要基础。

五、负笈震旦——恩师马相伯的言传身教

光绪二十九年(1903),于伯循中举,声名鹊起,后被誉为“近代陕西三杰”之一③,也正是在这一年,《半哭半笑楼诗草》在好友姚伯麟、孟益民的大力襄助下,在三原县铅印出版。诗集一出,风行一时,但同时也为

---

① 按,教习,学官名,中国封建社会主管课试事项的官员。明代选进士入翰林院学习,称“庶吉士”,命学士一人任教,称为“教习”。明万历以后,专以礼、吏两部侍郎掌教习。清因袭明制,翰林院设庶常馆教习,以满、汉大臣各一人充任,选侍讲、侍读以下官员分别管理训课事宜,称小教习。又官学也设教习。清末兴办近代学堂,一度沿称教师为教习。总教习,是清我堂总辖教务的官员,其职责范围,大致为“所有学堂考核功课以及华洋教习(中外教师)勤惰,学生去取,均归总教习管理。”顾明远主编:《教育大辞典(1)》,上海教育出版社1992年版,第232页。

② 陈墨石主编,中国标准草书学社编纂:《中国标准草书大典(2)》,上海辞书出版社2012年版,第140—141页。

③ 按,另外两位分别为报界宗师张季鸾、水利专家李仪祉。高文喜:《张季鸾之墓将迁至榆林生态公园》,《榆林日报》2013年11月5日。

于伯循后来的遭遇埋下了祸根。光绪三十年(1904)春,于伯循将商州中学堂事务移交给李仪祉、茹欲立等人代理,自己则前往开封应礼部试。①因前文所述《半哭半笑楼诗草》罗祸,仓促逃亡。依照安排,于伯循可以前往李雨田设在禹州的商号暂避一时,但是,困居陕西的于伯循早就有赴上海的计划,因此他的逃亡方向改成了当时已经风起云涌的大上海。

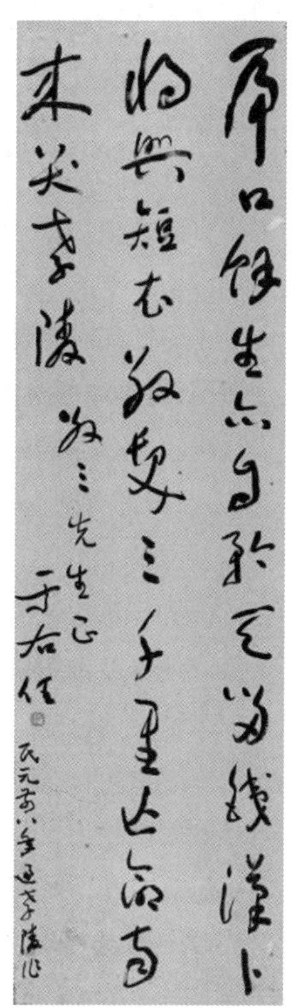

于右任撰书《孝陵》诗

于伯循被追捕,他的亲友也受到了牵连。父亲于新三被迫前往淳化、耀县避祸,伯母房氏与妻子高仲林带着女儿于芝秀(小名楞女)东躲西藏。同时应试的同学王曙楼(文海)、王心芸(存厚)、朱仲尊(志彝)被稽留数月,几被株连。仆人吴德历经严刑拷打,始终未供出主人的行踪。一边是千里亡命,一边是忧心亲友,逃亡途中的于伯循忧愤难抑,当船经过南京时,他偷偷登岸,遥拜孝陵,有诗为证:"虎口余生亦自矜,天留铁汉卜将兴。短衣散发三千里,亡命南来哭孝陵。"诗以言志,表达了自己反抗满清统治、匡扶中华的决心。

逃亡是危险的、痛苦的,然而正如《孟子》卷十二下《告子章句下》所言:"天将降大任于是人也,必先苦其心志,劳其筋骨。"②于伯循的人生正是在这样的背景之下,掀开了新的一页。

---

① 一凡:《中国最后一次科举考试》,《北京档案》2010年第4期,第46页。

② (汉)赵岐注,(宋)孙奭音义并疏:《孟子注疏》,台湾商务印书馆景印文渊阁《四库全书》本,第195册,第281页。

1904 年初夏，于伯循抵达上海火车站。[①] 举目无亲，囊中羞涩，暂居收费低廉的旅馆一月有余，已经饮食难济，遑论房租。危困之际，偶遇泾阳同乡吴仲祺，二人相谈甚欢，颇有他乡遇故知的意味。吴仲祺，陕西泾阳县安吴堡人，曾就读于三原宏道书院。前清举人，曾任陕西都督的参谋长兼秘书长、凉州副都统，辞官后，定居上海。对于乡党于伯循的事迹，吴仲祺早有耳闻。窘境相遇，自然又多了一份关心，于是他盛情邀请于伯循移居自己家中，徐图将来。此时的于伯循如同抓住了救命稻草，并没有过多推辞。吴仲祺仗义疏财，喜好结交各界贤达，他的家中时常是高朋满座。于伯循到时，吴仲祺家中还住着两位客人，汪允中和张化臣。吴公馆的对门，则是鸿儒吴彦复的家。汪允中，名定执，一字慕云，安徽歙县人，近代画家，擅长画梅花。[②] 吴彦复，名保初、葆初，一字君遂，号善臣，安徽庐江人，与谭嗣同、陈三立、丁淑雅齐名，被誉为“晚清四公子”之一。主张维新自强，曾上疏陈时事未果，愤而引疾南归，寓居上海，诗书皆有名。[③] 在与这些人的交往中，于伯循逐渐对上海的形势有了更为深入的了解。他自己也积极搜寻相关报纸和书籍，如饥似渴。一个偶然的机会，他在吴仲祺的家宴上结识了一个名叫雷祝三的青年。经相互介绍之后，雷祝三异常惊喜，慨叹“踏破铁鞋无觅处，得来全不费工夫”。何故？震旦学院的马相伯校长了解到于伯循的事迹并得知其逃亡至上海，遂委托雷祝三等人私下寻找，想亲自见见这个来自陕西的有勇有志有才的青年。对当时中国著名的教育家马相伯先生，于伯循也是久仰大名，苦于求见无

---

① 按，依照惯例，清朝的乡试一般在农历的二月举行，雍正五年（1727）改在农历三月。逢皇室重大庆典，不拘于规定年份特别开科取士，被视作朝廷对士子的恩典，称为恩科。光绪三十年（1904）甲辰恩科，慈禧太后七旬之庆。于伯循逃离开封至上海，大约是在农历三月底到四月初，因为没有确切的资料记载，所以有的著作将于伯循到上海的时间写成“1904 年初夏”（例如陈四长、潘志新的《民国奇才于右任》，第 70 页），有的写成“1904 年春”（例如朱凯的《无悔担当——于右任传》，第 32 页），本文依照前者。

② 刘景龙、胡家柱主编：《安徽历代书画篆刻家小传》，南京大学出版社 1994 年版，第 103 页。

③ 王鹏善编著：《钟山诗文集》，东南大学出版社 2013 年版，第 303 页。

门。就这样，在雷祝三的引荐下，于伯循拜见了马相伯先生。对于乡党吴仲祺在非常时期的盛情款待，于伯循后来有诗为记："泾阳吴老字仲祺，其子知名号陀曼。父为大侠子学者，我亡命时蒙蔬饭。"①

马相伯（1840—1939），原名建常，改名良，字相伯，江苏丹徒（今镇江）人，天主教徒。1903 年 2 月，马相伯联合同道，借耶稣会的帮助，终于实现了创办中国新式大学的梦想，建立了震旦学院。这所学校寄托了他"教育富国"的理想。"震旦"一词出自梵文，意即中国，在英语中，亦有黎明、曙光的含义。马相伯将震旦学院喻作旭日东升，担负着以教育开启中国曙光的重任。这所学院的建立，从资金筹备、校址选择、教员选聘到课程设置，倾注了马相伯极大的心血。学校以"广延通儒，培养译才"为宗旨，名噪一时，梁启超对此给予了高度的评价："今乃始见我祖国得一完备有条理之私立学校，吾欲狂喜。"②

于伯循的到来，令马相伯非常高兴。1903 年创办震旦学院时，马相伯曾慷慨陈词，向天下贤才发出了召集令："欲革命救国……有欲通外国语言文字以研究近代科学而为革命救国之准备者，请归我！"③当从报纸上得知清廷通缉于伯循的消息之后，马相伯嘱咐雷祝三代为留意。当真正见到时，面对于伯循这匹千里马，求贤若渴的马相伯自然异常欢喜。当他了解到于伯循的困窘之后，立即免去了学膳杂费，接收其入震旦学院学习。

马相伯慨言："余以国民一分子之义务，为子作东道主矣。"④这一段奇遇，成为于伯循人生重要的转折点，无怪乎他曾感慨道："亡命时期的

---

① 杨中州选注：《于右任诗词选 · 吊吴白屋先生》，河南人民出版社 2011 年版，第 309 页。

② 薛玉琴、刘正伟著：《马相伯》，河北教育出版社 2003 年版，第 205 页。

③ 中国人民政治协商会议镇江市委员会文史资料研究委员会编：《镇江文史资料》（第十辑），1985 年，第 10 页。

④ 《复旦大学百年志》编纂委员会编：《复旦大学百年志（1905—2005）》上卷，复旦大学出版社 2005 年版，第 18 页。

行为，是不可以用常情常理来解释的。”[①]由于清廷下令全国缉拿于伯循，为了躲避追捕，同时也为了避免给恩师马相伯及震旦学院添麻烦，于伯循遂化名“刘学裕”[②]。在此后约一年时间里，于伯循一边学习知识，一边协助马相伯处理一些事务，学业和才干在此期间得到了很大的增长。尤其是震旦学院发生退学风潮之后，为了表示同法国教会抗争到底的决心，马相伯采纳了于伯循等学生的建议，重新筹建一所学校，校名“复旦”还是于伯循所取，“复旦者，即表示不忘震旦之旧，更含复兴中华之意”[③]。于伯循等七人被公选为筹备委员。

在震旦及复旦的学习经历，是于伯循正式接触并参与兴办教育相关事务的重要转折点，马相伯的教育理念对于伯循产生了深远的影响。在兴办教育的目的方面，马相伯援引清末实业家盛宣怀在上呈清政府的《拟设天津中西学堂章程禀》中提出的“自强之道，以作育人才为本；求才之道，尤宜以设立学堂为先”[④]，并指出：“予创震旦，故欲诸生习实学而转授国人，为学干禄者戒”[⑤]，明确了教育救国的理念。在兴办教育方面，马相伯可谓不遗余力。例如1900年8月，他将位于松江、青浦县三千亩祖上遗产捐给教会，作为办学的基金，这是震旦学院创办的重要基础。后来，马相伯虽已离开震旦，但又捐助现洋四万元，购地百亩，同时将在英法租界的地产八处捐献出来。这些几近于“毁家兴学”的举动，若不是马相伯的学生李青崖（曾任上海文史研究馆副馆长）无意中在档案中发现，世人则极少知晓。[⑥] 在教育思路方面，马相伯指出要崇尚科学，注重文艺，

---

① 王鲁湘主持，凤凰书品编：《老头儿们——书画大师们的性灵人生》，现代出版社2016年版，第65页。

② 按，据于右任的外甥周伯敏说，改名刘学裕，是取“留学于”的意思。还有人说，是取“流亡学生于”之意。

③ 王习耕著：《民国逸史》第1部，团结出版社2016年版，第473页。

④ 教育大辞典编纂委员会编：《教育大辞典》第2卷，上海教育出版社1990年版，第105页。

⑤ 王国祥主编：《名人与名校》，广西师范大学出版社2003年版，第150页。

⑥ 韩景琪：《马相伯和震旦学院》，中国人民政治协议上海市卢湾区委员会文史资料委员会编：《卢湾史话》（第二辑），1991年，第101—106页。

不讲天主教教理。在教务管理方面，提倡学生自治制度。在课程教授方面，提纲挈领，独树一帜。在与学生相处方面，爱护备至，视若子女。从于右任此后的教育思想和实践之中，不难看出恩师马相伯的影响。

于右任与恩师马相伯合影

有一点需要特别加以说明，1905 年春天，针对《新民丛报》第 18 号刊登的《中国地理大事论》一文，于伯循痛加驳斥，并署名“于佑任”①，寄往设在日本横滨的《新民丛报》社。此文得到了时任该报主编梁启超的赞赏，称“于君所言，字字敬佩”，并将文章刊登于《新民丛报》同年第 21 号之上。这是他正式发表的第一篇政论，佑任（后改“右任”）之名也因此闻名于天下。故自此始，本书在写作过程中，将以于右任称之。

① 按，于伯循，字诱人。在这篇政论文章署名“于佑任”，目前有三种解释：其一，取“诱人”谐音。其二，我国古时尚右，例如“右族”“右职”“无出其右”，“右”还有“大”之意；“任”则可以解释为“责任”“职责”。二字合起来就可以解释为“责任重大”或“崇高的责任”。于右任青年时期就胸怀“天下兴亡，匹夫有责”之志，“右任”之名正是他对自己的一种激励和对国民的一种希望。其三，华夏民族的服饰为“右衽”，少数民族则多“左衽”。为表示自己恢复中华文化的决心，于右任故意取“右衽”的谐音“右任”，就是想和“左衽”有所区别。

第二章　设立学堂，施教育贤：于右任的学校教育实践

学校教育实践，是一种自发的、主动的行为，不仅包括其创建教育机构，也包括从事或参与具体的教育教学活动。于右任的学校教育实践，主要分为基础教育、高等教育、职业教育、军事教育四个方面。在本章的写作过程中，只针对和于右任有密切关系的环节进行实事求是的梳理和研究，尽量避免对该校的历史脉络全面赘述或过度夸大于右任的功绩，以突出重点，直击主题。另外，本章及第三、四章均以“类”进行横向研究，优点是便于读者清晰了解于右任的教育实践，也有利于第五章对其教育思想体系及特点的归纳总结，缺点在于人为割裂了历史序列。

第一节　基础教育

在开始本节写作之前，首先必须对“基础教育”的概念进行合理界定。基础教育是整个教育体系的关键部分。1977 年，联合国教科文组织在肯尼亚首都内罗毕召开的高级教育计划官员讨论会上，对基础教育进行了广泛而深入的讨论，认为“基础教育是向每个人提供并为一切人所

共有的最低限度的知识、观点、社会准则和经验”的教育。“它的目的是使每一个人能够发挥自己的潜力、创造性和批判精神，以实现自己的抱负和获得幸福，并成为一个有益的公民和生产者，对所属的社会发展贡献力量。”①2019 年 7 月，国务院总理李克强批示指出：“基础教育关系到每一个人，是提高国民素质、实现国家富强的基础性工程。”②还有研究者从多种角度对基础教育进行了阐释：从教育程度来看，主要是基础的科学文化知识，属于初等教育水平，具有基础性；从受教育者来看，包括儿童、成人教育，承担了义务教育和民众教育的双重任务，具有国民性；从课程内容来看，既包括基本的识字教学，又包括初级的科学技术知识，以满足民众基本的生产生活需要，具有普及性。③ 基础教育是一个动态的概念，就目前中国的实际情况而言，基础教育是指初中（含初中）以前的所有国民教育形式。本节所说的基础教育，是引进了近现代的概念来研究民国及新中国成立初期的教育现状，主要是从学制角度进行划分，包括小学、初中及高中三个阶段。

一、小学教育是一切教育的基础

于右任对教育尤其是小学教育非常重视，他曾经说过：“欲建设新民国，当先建设新教育；欲建设新教育，当自小学教育始。”④“小学教育，尤其是一切教育的基础。”⑤综观于右任的一生，当数在三原县民治小学倾注的心力最大，他还创办了泾阳县云阳镇宗海小学校和思恭小学校。此

① 肖建彬著：《中国教育问题分析：基于政策与实践的思考》，广东人民出版社 2015 年版，第 168 页。

② 《李克强就基础教育改革发展作出重要批示》，中央人民政府网，见 http://www.gov.cn/premier/2019-07/29/content_5416457.htm。

③ 谢文庆著：《本土化视域中的近代西部地区办学取向研究——“融入式”与“互摄式”办学之比较》，教育科学出版社 2015 年版，第 77—78 页。

④ 于右任：《〈上海大学一览〉弁言》，黄美真等编：《上海大学史料》，复旦大学出版社 1984 年版，第 19 页。

⑤ 于右任：《上海的小学教育》，《寰球中国学生会周刊》（第 4 期），1922 年 12 月 16 日，第 3—4 版。

外,针对上海等地的小学教育现状,于右任也曾发表演说,建言献策。

1. 关于上海小学教育的演说

1922 年 12 月 16 日,于右任在《寰球中国学生会周刊》发表了题为《上海的小学教育》的文章。首先,强调了教育及小学教育的重要性;其次,指出了上海小学教育的现状,收费高,设备简陋,环境恶劣,导致一大部分人没有机会入校就读,而在校者又得不到良好的教育。针对这些问题,于右任提出了四点建议:其一,划分学区,集中优势力量办学;其二,设专司小学教育的人员,进行专项督查管理;其三,从房捐中拨出或附加部分费用,充作小学教育经费;其四,未来城市建筑规划时,应预先留出建造蒙养院的地方。面对重重困难,他以坚韧不拔的精神,鼓励当时的上海人在小学教育方面有所作为,"据我的意思,一件事情,只要悬一正确的目的,打起精神,用心做去,决没有做不到的道理。要扩充整顿上海的小学校教育,也是如此。……我上面所讲的几条,虽然不是一时可以办到的,但是只要大家都起来用力去做,也没有做不到的道理"。于右任提出的部分建议,得到了同窗好友邵力子的肯定和支持。①

洋务运动中,洋务派虽然设立了许多学校,但忽视了小学教育的地位,于是一批私人设立的小学校纷纷涌现,例如光绪四年(1878)上海开办的梅溪小学堂,光绪二十二年(1896)钟天纬在上海开办的三等公学及二十四年(1898)在城南高昌庙附近设立的棠荫、董威、湖海、平安 4 所小学。盛宣怀十分重视基础教育,他认为:"师范、小学,尤为学堂一事先务中之先务。"②光绪二十三年(1897),他在南洋公学附设小学堂,课程设置与现代小学课程类似,这是中国最早的公立新式小学校的开端。上述于右任关于上海小学教育的言论,从校址选择、教学设备、课程设置等角度提出的纲要性的建议,对于促进当时上海小学教育的发展,起到了重要的

---

① "于右任君论上海小学教育,每建造一弄堂里,应由房主预留相当的地位,建筑合宜的校舍。……我以为浦东新村应采纳这个主张。"邵力子:《我对于浦东新村的希望》,傅学文编:《邵力子文集》下册,中华书局 1985 年版,第 805—806 页。

② 陈科美主编:《上海近代教育史》,上海教育出版社 2003 年版,第 94、112 页。

推动作用。从上海教育史的角度而言，具有承前启后的重要地位。

2. 创办三原民治小学校

于右任创办的民治小学，前身是三原西关第三国民小学（位于清末三官庙粥厂旧址[①]），也称西关小学。由于战乱、灾荒、苛捐，到 1916 年暑假时，学校只剩下了 18 名学生。濒临关闭之际，西关的乡亲们趁于右任回乡探亲之机，派代表陈情求助，于右任慨然应允，并面嘱三原县教育局长予以关照，至于经费则由于右任自筹。在于右任的关怀下，1917 年春季，西关小学的学生就增至 42 名。1918 年，于右任回陕任靖国军总司令，公务之余，常常去学校询问教学情况，帮助解决一些实际困难。1919 年，于右任又出资为学校修建了一座教室，学生增至 110 名。靖国军时期（1918—1922），先后爆发了俄国十月革命和"五四运动"，三原则爆发了反对北洋军阀统治的陕西靖国军运动，这一时期，民主革命思潮汹涌澎湃。为响应世界民主革命潮流，于右任改该校为"民治小学校"，并亲书校牌。因此，民治小学校创立的时间，应自 1919 年算起。这一点，于右任也是认可的，他在写给陈立夫的一封信里提到："三原民治学校创于民国八年"[②]。

此时，学校已属私立，但于右任不允许学校用"私立"二字，因为他不愿以"私立"自诩，不愿搞个人崇拜。[③] 民治学校的学生和教师数量逐年递增，为加强管理与领导，于右任聘请王麟生出任校长。王麟生是于右任

① 按，该校旧址，也有著作注解为"三原县西关正街路北民治园内（原为于右任先生私人花园）"，见屈新儒著：《关西儒魂：于右任别传》，人民文学出版社 2002 年版，第 184 页。还有的注解说民治小学校是在蚕业学校旧址上兴建的，见梁思法主编，《三原县志》编纂委员会编：《三原县志》，陕西人民出版社 2000 年版，第 812 页。

② 中国人民政治协商会议陕西省委员会、咸阳市委员会、三原县委员会文史资料委员会编：《于右任先生》，陕西人民出版社 1991 年版，第 278 页。

③ 按，在一张民治学校的信笺底部，印有"三原县私立民治小学校用笺"，赫然印有"私立"二字，时间大约是 1940 年前后，不知何故。信笺复印件见庞邦彦：《于右任先生支持家乡教育记事》，中国人民政治协商会议陕西省三原县委员会文史资料委员会、陕西三原于右任纪念馆编：《三原文史资料（第 14 期）——纪念于右任先生逝世 40 周年专辑》，2004 年，第 121 页。

民治小学校校门

在三原县毛班香私塾的同学，此人在三原办学多年，很有声望。有一次，校长王麟生写信给于右任报告经费拮据等情况，于右任在给王的回信中说：“我就是穷得卖字，也要支撑这所学校！”①1921 年冬，靖国军受挫，于右任辗转返回上海，王麟生受命出任略阳县县长，民治小学校长由张文生接任。当时经费紧张，张文生持于右任介绍信或打着于右任的名义四处募捐，才使学校得以维持。1921 年 10 月，于右任退居民治小学，先后作《民治学校园纪事诗》20 首。在于右任的关怀下，到 1922 年前后，学校已扩建教室 10 余间，房舍 30 余间，并增设图书室，配备了教学仪器，教师达 30 余人。自 1926 年至 1942 年，该校历年开支由于右任勉力寄筹。从 1934 年开始，学生数量大增，于是另购地基，扩充教室宿舍数间及新式大楼一座。新式大楼上下共 16 个教室，面积为 667.25 平方米，扩建校园 1

① 佚名：《于右任先生在故里的二三事》，陕西省三原县《于右任纪念集》编辑组：《于右任纪念集》，1984 年，第 25 页。

万平方米，使该校成为南北两院。于右任从上海给民治小学寄去一卷铝皮，但是货物到咸阳县车站时被窃贼偷去，于是民治学校及三原县政府致函咸阳县县长，希望协助立案侦查。[①] 1939 年，增设中学部。学校设校长一人，设中、小二部，在校学生 1000 余名，是三原当时最大的一所学校。为了使适龄儿童都能够上得起学，于右任采取了一系列措施。在 1940 年以前，学生除了书籍自备以外，免交学费，学校还设立了奖学金和助学金。为了保证教学质量，于右任非常重视教师的选择，民治的教员，大多是当时的进步人士，如周芝轩（中共三原地下党负责人）、王麟生、张文生等人。只要是回三原，于右任绝大多数时间都住在民治校园里，他时常鼓励教师要认真教学生。对于学校教师，他也是极力保护。据彭树仪回忆，1936 年他在民治学校读书，当时吴松仙、江华年两位老师在给学生上课时，讲述了读书就是为了救国的道理，还批判了蒋介石在"九·一八事变"中对日实行不抵抗政策，强调国民党停止内战、一致抗日的重要性。这些内容被当局认为是违禁言论，并逮捕了两位老师。事发之后的第三天下午，于右任回乡来到学校，并在欢迎大会主席台的黑板上写下了"教育救国，团结御辱"八个大字。他慷慨陈词，明确肯定了吴、江两位老师的行动是爱国的、正当的，逮捕他们是完全违反孙中山先生遗训的。要求三原县县长释放两位老师并向其道歉。于右任还强调："民治小学是我创办的，一切由我负责！"[②]其爱国爱教态度之明确、立场之坚决，可见一斑。

于右任非常重视校园环境的美化，他精通花木园艺知识，靖国军时期，三原县民治学校校园的花木大多经过他的指导栽培，其中仅菊花一项就有二百多种。民治小学校除了具备一般小学的功能之外，还有一个特

---

① 庞邦彦：《于右任先生支持家乡教育记事》，中国人民政治协商会议陕西省三原县委员会文史资料委员会、陕西三原于右任纪念馆编：《三原文史资料（第 14 期）——纪念于右任先生逝世 40 周年专辑》，2004 年，第 117—121 页。该文后还附录了当时双方信函的复印件。民治学校写给咸阳县县长的信里提到的是铝皮一卷，但是在三原县县政府写给咸阳县县长的信中则变成白铁皮一卷，不知何故。

② 彭树仪：《于右任先生在三原》，中国人民政治协商会议陕西省宝鸡县委员会文史资料研究委员会编：《宝鸡县文史资料》第 7 辑，1989 年，第 43—50 页。

别之处,那就是设有苗圃农场。之所以如此,有两种用意:"(一)使学生在求学时代,不忘家庭经济之来源及生活寄托之农业。(二)使学生在幼小求学时代,即灌输以改良农业常识的机会。"①1921 年,于右任所作《民治学校园纪事诗》中记述了约 61 种花木,同时也反映了他爱校如家和献身革命事业、为民谋福利的思想境界。在此期间,于右任既体验到了耕作播种的农家乐趣,又有与学生共同劳动、老少结合所带来的快乐。敬录其诗如下:

民治学校园纪事诗前十首

一

只余民治园中路,老病扶筇日几临。
客去偷闲眠树下,愁来不语立花阴。
移栽龙爪无灵气,败退鸡冠有奋心。
为念归耕归不得,忘身桴鼓托哀吟。

二

老作园丁喜不支,小畦荒秽复尤谁?
三棱草蚀除虫菊,二丑花缠向日葵。
别有伤心看落照,自锄余地种相思。
山川如故人情改,手捋苍髯唱黍离。

三

矮屋真如小洞天,避人何事住花前。
年荒野雀侵家雀,风急红莲压白莲。
满目山河余战垒,万家歌哭又桑田。
城隅坐对斜阳晚,北雁南飞亦自怜。

---

① 安汉:《对于于右任先生创办之三原斗口村农业试验场改进意见》,《西北问题》1935 年第 2 卷,第 66 页。

四

是处钟声杂角声，戎衣渍泪念偷生。
好花无计防人折，寸地翻劳带月耕。
破瓦君休惊玉碎，登楼我自望河清。
石榴园里添新土，又作花田累老兵。

五

学童工作倍天真，我亦徘徊欲置身。
曾与共耕还共获，居然相爱更相亲。
休平壁垒留儿戏，时弄乒乓任客嗔。
为报晚菘虫已蛀，平民菜莫济平民。

六

莽莽关山限四围，黎侯失国怅无依。
秋高塞雁联群渡，巢覆霜乌结队飞。
藜杖临危惟我相，霜毫和泪为谁挥？
荞花如血棉如雪，早不躬耕计已非！

七

水平杠接木工场，手插波斯菊几行。
万幕晴沙排蚁阵，连宵急雨绝蜂粮。
胡麻腋下蓬蒿长，毛豆篱边紫菀香。
差幸美棉好成绩，可能衣被到穷乡。

八

天际浮云自在飞，人间不合有重围。
龙蛇互用藤才长，燕雀交欢黍已肥。
插柳成林情尚系，穿池引水计先非。
乡人为道茴香好，手种灵苗带雨归。

九

岁岁名花次第开，天香国色竞新栽。
如何联瓣成离瓣，讵奈蜂媒又蝶媒。

迁地为良无隙地，劫灰将尽又飞灰。
白衣堂后王罴冢，犁罢恭酬酒一杯。

十

人生求足何时足，天道无常似有常。
老屋将倾基尚固，好花虽谢种犹香。
早知阶下蕉难实，且看篱前菊见霜。
为问他年谁灌溉，自由嘉卉遍西方。

民治学校园纪事诗后十首

一

不死虋冬心宛转，将离芍药泪汍澜。
疗饥误种无花果，当路谁栽落叶兰。
萝蔓藤条相比附，梅魂竹影两盘桓。
松苗也作龙鳞势，与尔他年共岁寒。

二

搜遍人寰草木笺，更求佳种欲流传。
枝条直上公孙树，日月交催子午莲。
芳芷不生萧艾下，款冬偏放雪霜前。
如何易致均难致，况复青苍老少年。

三

茫茫何地欲为家，计到劳耕日又斜。
一笠闲云僧帽菊，三年零雨马蹄花。
魂招南国歌哀郢，泪湿东陵学种瓜。
一卧西园惊岁晚，刺槐高处噪寒鸦。

四

一夕相惊已白头，天荒地变见残秋。
心如落叶飘难定，身似栖鸦绕几周。
岂料奇花为败酱，应怜异草亦含羞。

嗟余蓬转无宁日，蕙圃芝田何处求？

五

曾借耕牛引水车，儿童活泼似农家。
天留余地作劳者，人到穷途感岁华。
秋雨闻鹃啼旷野，朔风吹雁落平沙。
园中美卉田中莠，多事辛勤种榖花。

六

亭台鸾凤竞盆栽，束缚相怜尽解开。
但愿平均还本性，应知拳曲是凡才。
多层刺柏参天立，不实樱花渡海来。
悟道群生资互助，君看植物有虫媒。

七

十月之交雨一犁，瞢腾盘马灞陵西。
东征大队驱河洛，北伐偏师起晋齐。
尽殪渠魁消阀阅，广传文化到群黎。
荒鸡四唱天难晓，又梦鸾凰枳棘栖。

八

铁箭花凋叶复长，世间真有返魂香。
难移大戟当天险，故采仙茅荐国殇。
人亦胜天无利钝，老而不死阅兴亡。
长杨夜半风声恶，犹是前年在战场。

九

除草独留狼尾草，无神私祭自由神。
东门上蔡思牵犬，西狩尼山叹获麟。
此日婆娑因即果，当时剪彩假难真。
秋风忽洒兴亡泪，满目新人是旧人。

十

慷慨当年此誓师，回头剩有断肠词。

三秦子弟多冤鬼,百战河山倒义旗。
动地弦歌真画荻,烧天兵火亦燃萁。
难忘民治园中路,卷土重来未可知。①

随着学校规模的扩大和学生数量的增加,1942年竟因经济困难减开班次。于是于右任致函陈立夫,请求将民治学校纳入国立中学序列,并随信提出说明二则,希望三则,敬录如下:

说明二则:

(1)民治学校无固定基金,初,余有志石三百余块(即鸳鸯七志斋藏石)指赠陕西碑林,当时与省府议定,以拓石收费补助学校。开战后,因空袭之故,志石埋藏,此项收入亦中断,将来学校尚可根据议定照收。

(2)余设农事试验场,系为改进地方农业,当时立有遗嘱,我死后归为国有或省有,且刻石示信。有人以为农场生产为学校基金者,实是误解。

希望三则:

(1)民治学校名称有西北革命历史关系,国立后仍希保留。此系个人愿望,部中如感不便,并不坚持。

(2)国立后,能将中学部改为商职更好,因三原普中达六七校之多,又地方需要学习商业也,否则亦不坚持。

(3)国立后,如感校舍不足,余乡间尚有房屋六七十间,约有基地十亩,尚可以捐助。惟距现校址里许,稍觉远耳。②

于右任担任陕西靖国军总司令期间,非常重视教育,所组建的总司令部就设有"教育处",专司教育事业。据王陆一《右任诗存》笺注云:"军事稍暇,先生以教育为革命急务,撙节军资,锐意兴学,延揽国内外归陕诸同志,尽力倡导。其始尚受几多人非难,先生随处演讲,毅然无顾。各将领

① 杨博文辑录:《于右任诗词集》,湖南人民出版社1984年版,第86—95页。

② 《咸阳市教育志》编纂委员会编:《咸阳市教育志》,三秦出版社1997年版,第379页。

感于风会，始则相戒无驻兵学校，继则各于其防区努力兴学。先生又输入党义及社会主义诸书籍，择要复印，于军中讲授之，一时研究学术之风大盛，革命情绪亦日高矣！”①靖国军辖区各县，除恢复旧有各级学校外，共计创办小学 17 所。教职员工多为进步学者和革命者，自由民主的新风尚洋溢于学校，陕西之所以成为最早爆发学生运动的地区，与这种宽松的氛围密不可分。由此可见，于右任在担任靖国军总司令期间办学校、育新风的成效之大。

3. 饮水思源

(1)宗海小学校

于右任幼年随同伯母房氏寄居泾阳县杨府村外家九年，与舅父一家人结下了深厚的情谊。在一篇回忆文章里，于右任描述了当时的生活情形：“外祖家中，莫不敬伯母，也莫不爱我。虽人口加多，农产有限，从无不欢。”当于右任因野外牧羊险落狼口之后，舅父们对于村中小儿无学校收容，混迹羊群，非常担心，于是商议兴办学校。于右任所就读的马王庙小学堂就是当时兴办的。于右任还记得儿时一件很温暖的事情。麦子成熟，农忙之际，于右任随伯母及诸表弟去田间拾麦子，时常在舅父田地里拾麦，转手再卖给舅父。对于可爱而狡黠的外甥所为，舅父们疼爱有加，并不揭穿或者批评，照付钱款，还鼓励他继续勤勉。六十岁之际，回忆当年，于右任激动的心情仍旧不能自已，有诗为证：“朝阳依旧郭门前，似我儿时上学天。难慰白头诸舅母，几番垂泪话凶年。无母无家两岁儿，十年留养报无期。伤心诸舅坟前泪，风雨牛车送我时。记得场南折杏花，西郊枣熟射林鸦。天荒地变孤儿老，雪涕归来省外家。桑柘依依不忍离，田家乐趣更今思。放青霜降迎神后，拾麦农忙放学时。愁里残阳更乱蝉，遗山南寺感当年。颓垣荒草神农庙，过我书堂一泫然。”②光绪十五年(1889)，11 岁的于右任在舅父房宗海和伯母房氏的协助之下，经由时居三原县的

① 转引自许有成、徐晓彬著：《于右任传》，复旦大学出版社 1997 年版，第 280 页。

② 丘桑主编：《民国奇才奇文：黄帝子孙之元气（于右任卷）》，东方出版社 1998 年版，第 294—295 页。

三叔祖于重臣推荐，进入毛班香私塾继续学习。据房宗海的孙子房建琦回忆，于右任在毛氏私塾的“一切生活费及学费用，仍由其舅父房宗海供给”①。如此深厚的抚养培育之恩，于右任一直铭记在心。

1929年，于右任回杨府村外家省亲时，看到自己儿时上学的马王庙学堂一片瓦砾，杂草丛生，感慨不已，有诗为证：“颓垣荒草农神庙，过我书堂一泫然”②。为了感念诸外舅尤其是舅父房宗海的疼爱，大旱过后，他节衣缩食，1933年以舅父房宗海之名在云阳镇花马村（原农神庙附近）创办了“宗海小学校”，以表达对舅父的感念和对家乡教育事业的关心。这所学校解决了附近五六个村孩子的上学问题，深受当地群众称赞。为解决学校经费，于右任又出资为学校购置校产地200亩。抗战期间，他回乡省亲，还去学校看望师生，鼓励学生刻苦学习，关心国事，为抗日救国而努力奋斗。

（2）思恭小学校

于右任的母亲赵氏是当年随同其父从甘肃省静宁县逃难，落脚至泾阳县云阳镇庄头村的，随行的还有赵氏的弟弟赵思恭。由于当年随父亲逃荒时，长时间坐在篮子里，加之饥寒交迫，赵思恭患上了腿疾，成了跛子，又是一个没有文化的人，但是于右任并没有嫌弃舅父，相反，他把对生母的歉疚化作加倍的对舅父的关心。“子欲养而亲不待”，赵氏早逝，无福享受儿子的孝敬，可她的弟弟，于右任的舅父等到了，“称得上推孝敬生母之心以及于其骨肉兄弟”③。于右任在担任国民党政府监察院院长之时，接舅父来南京于公馆以便奉养。当时进出公馆的大都是政坛上的显赫人物，每逢就餐时，于右任总是把舅父安排在上席首位，并且介绍说：

① 房建琦：《于右任先生同年轶事》，中国人民政治协商会议陕西省泾阳县委员会文史资料研究委员会编：《泾阳文史资料》第三辑，1987年，第48页。

② 丘桑主编：《民国奇才奇文：黄帝子孙之元气（于右任卷）》，东方出版社1998年版，第295页。

③ 中国人民政治协商会议陕西省委员会文史资料研究委员会编：《陕西文史资料》（第十六辑），陕西人民出版社1984年版，第46页。

“这位老人是我的舅父。”其对于舅父的敬重可见一斑。[①] 不仅如此，他还经常寄钱接济舅父的伯叔兄弟。1934 年，于右任在云阳镇庄头村创办了一所以舅父赵思恭之名命名的“思恭小学校”。当年由于右任亲笔书写的“思恭小学校”校牌还完好地保存在当地。[②]

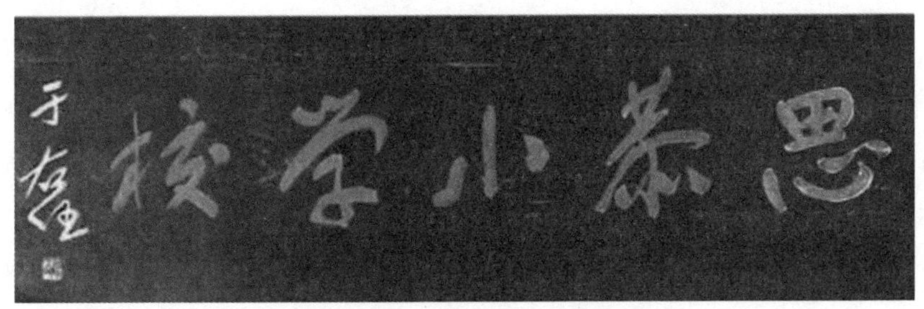

于右任书“思恭小学校”校牌

二、新式中学教育之筹策

在中学教育方面，于右任也颇有建树。[③] 民治小学校后来扩建，设立中学部，就是一种先见之明。除此之外，于右任还与渭北中学、私立初级泾干中学、新三中学、三原女中、尚侠中学[④]等学校有着密切的关联。在于右任的影响下，靖国军将领纷纷在自己家乡兴办学校。[⑤] 孙中山对此

---

① 陈文生：《怀念于右任先生》，陕西省三原县《于右任纪念集》编辑组：《于右任纪念集》，1984 年，第 21 页。

② 佚名：《于右任先生与泾阳教育》，《咸阳日报》2016 年 4 月 6 日，见 http://www.xayyr.com/zixun-con.asp? id=365。

③ 按，于右任先生的外甥、曾任陕西教育厅厅长和西北农学院代理院长的周伯敏 1939 年在西安创办了一所中学，名为“私立右任中学”。校址在崇礼路（今西五路）西段，初名“新民中学”，1945 年更名“右任中学”，1949 年 5 月西安解放后停办，是解放前夕西安 24 所私立中学中的一所，规模与当时有名的圣路中学（西安四中前身）相当，教师数量仅次于同样著名的力行中学（西安八十九中前身）。其创办者既为先生之至亲，学校后来又以先生之名名之，不能说与先生没有关系。见王民权《于右任与陕西教育》（http://bbs.voc.com.cn/topic-8818815-1-1.html）一文。

④ 按，据资料记载，于右任曾担任江苏省尚侠中学的校长，但并没有更为详细的资料，故本节暂不单列叙述。参见《江苏省公报》1913 年第 141 期，第 20—21 页。

⑤ 按，例如于鹤九在淳化方里、胡景翼在富平庄里、冯子明在富平觅子，相继办起了小学或中学。

非常赞赏，他在1919年9月1日写给于右任的信中说："从事新教育之设备及改造社会之筹策，于干戈扰攘之秋，犹能放眼远大，深维本根，远道闻之，深慰所望。"①三原人王子元创办了"振国中学"，邀请于右任担任该校名誉董事长，于右任还为该校题写了校名。

1. 渭北中学

陕西靖国军是辛亥革命后护法运动中建立的一支革命军队，特别重视兴学救国，办了不少学校。1919年8月19日，时任陕西靖国军总司令的于右任致函孙中山，称自己"近颇从事于新教育之筹画，及改造社会之讨论"。② 三原县渭北中学就是在于右任的倡导之下，由靖国军总司令部出资，田种玉、李寿亭创建。学校之所以名为渭北中学，是因为陕西靖国军所管辖的区域为渭北八县（泾阳、三原、高陵、富平、白水、蒲城、澄城、铜川）。1918年8月，靖国军总司令部成立，特设教育处，专门负责教育相关事宜。这一年冬季，于右任等人首先商议筹建渭北中学等学校，发展文化教育事业，靖国军中主要将领和著名党人多任校董。1919年6月15日渭北中学春季招生，当日举行开学典礼。渭北中学是靖国军管辖区域内的最高学府，靖国军以所占八县资力创办该校，引领了一时的新风气。参与办学的主要人员分为两类：一是辛亥革命后赴日留学归来的学生，他们回国以后，目睹祖国的混乱局势，其中有一部分人选择了投靠靖国军，贡献其所学，这一部分人是主力。二是辛亥革命以来的革命志士，他们大多愿意于军政之暇，参加学校教育，宣传其革命主张。他们在教学中不拘一格，时常有大胆革新的议论，使自由民主的气氛洋溢于学校之中。开学典礼这一天，除一班新生外，到场军政界、文化界人士600余人。讲坛氛围异常热烈，有的倡言科学救国，有的主张民主办学，有的提倡学术自由，堪称一时盛会。学生在校内有自治会，还有各种学科的学习组织；教师在校外也有较多的学术研究组织，如数学研究会、教育演讲会等等。其所关

① 朱凯著：《无悔担当：于右任传》，陕西人民出版社2016年版，第114页。

② 丘桑主编：《民国奇才奇文：黄帝子孙之元气（于右任卷）》，东方出版社1998年版，第74页。

涉者有经济、社会、政治以及新思潮的传播等问题，在当时颇有一种思想解放、自由讨论的风气。当时学校条件极端困难，设备异常简陋，教师的薪水极少，许多教师从家里带来大饼、馒头，就着白开水，以充午饭。尽管如此艰苦，但他们在教学方面丝毫不懈怠。这种吃苦耐劳、奋发进取的学风，从渭北中学兴起，逐渐影响到靖国军区域内新设立的其他学校。

渭北中学初建时期，首任校长田种玉聘请了许多思想进步的知识分子来校任教，其中就有于右任的恩师、著名的革命志士朱佛光先生，还有许多留学回国的民主革命家。五四运动爆发后，渭北中学在陕西靖国军的支持下，组织动员三原各界群众数千人，举行了为期三天的大规模声援北京爱国学生的游行示威活动。1926 年 5 月，刘振华乘国民二军失利于河南之机，围困了三原县城，郝梦九校长和学生会组织同学和城内部分学生，积极开展反围城斗争。10 月 12 日，长期围困三原县城的镇嵩军狼狈逃窜，三原城解围。10 月 20 日，于右任进驻三原县城，三原各界集会，庆祝解围胜利，欢迎于右任回陕。渭北中学全体师生参加了欢迎大会。[①]于右任的长女于秀芝曾就读于渭北中学，思想进步，在校期间加入了共产主义青年团，积极参加反帝反封建运动。

于右任创办的渭北中学，现改名三原南郊中学，是于先生留给故乡珍贵的教育遗产，在百年后的今天依然造福桑梓，泽被后人，其功甚伟。

2. 泾干中学

泾阳历史上曾经有过瀛洲、味经、崇实、泾干四大书院，英才辈出，名闻陕甘。民国初期，军阀割据，加之 1929 年的年馑，经济凋敝，民不聊生，教育事业随之衰落。抗战之前，有着十多万人口的泾阳县连一所中学都没有。1933 年，泾惠渠通水，位居上游的泾阳县各行各业随之恢复，教育问题被提上日程。1937 年，抗日战争爆发，省城西安岌岌可危，不少在西安求学的泾阳青年因此失学，纷纷回乡。教育界有识之士目睹此情此景，

① 王经如：《渭北中学与西安城围》，中国人民政治协商会议西安市新城区委员会文史资料研究委员会编：《新城文史资料》第五辑，1988 年，第 72 页。

积极奔走,倡议办学。1938 年 3 月 7 日,以县城东关显神庙为校址的泾阳县第一所中学——泾干中学①于烽火硝烟中艰难诞生。由于经费短缺,校务一度陷入困窘。1938 年,时任校长的高兰亭四处奔走,广发函电,募集经费。于右任先生得知情况之后,慨然捐助一批图书仪器,并汇去法币 1000 元,在一定程度上缓解了经费困难问题,为当时的泾阳教育事业贡献了自己的力量。②

3. 岳池新三中学

当年由于家境贫寒,生计所迫,于右任的父亲于新三,曾在四川省岳池县刘氏当铺当伙计,因其读过两年私塾,且平素喜读书,号掌马芰洲先生命其助理刻书。在岳池期间,于新三与当地学者多有往来,在书籍不易得的情况下,勉力搜集购买,寄回家乡,叮嘱其嫂子房氏妥善保存,以备儿子于伯循(即于右任)学习之用。正是出于这一段情缘,于右任对岳池县有着特殊的感情,曾多次提及"岳池实系吾之第二故乡也"。

抗日战争爆发后,时任国民政府监察院院长的于右任随机关内迁重庆。当时的岳池,教育资源非常有限,适龄青年无学可上的状况比较严重。岳池教育界进步人士詹正圣、柏被浓等人积极奔走,谋建学校,以解危困。他们想到了暂居重庆的于右任,怀抱满腔期望,前往拜访。之所以有此举,主要有三点因素:其一,于右任的父亲在岳池的经历;其二,于右任教育救国的思想和实践;其三,詹正圣就读上海大学时,和于右任有师生之谊。前两点已在前文中述及,此处仅就第三点略作阐述。1925 年,詹正圣考入上海大学,曾与同学阳翰笙前去拜望时任上海大学校长的于右任。于右任感慨:"岳池那儿不错。岳池是个好地方!你们知不知道岳池是我的第二个故乡?我与詹正圣可算是小老乡了啊!"詹正圣在上海大学读社会系,思想进步,1925 年年底加入中国共产党,次年任上海大学共青团特支书记,时常前往工人区宣传革命道理,也因此被国民党特务

---

① 按,1946 年改名"私立泾干中学"。1949 年,改名"泾阳县立泾干中学"。

② 王兴林主编:《泾阳史话续集》,陕新出批(1996 年)字第 163 号,第 331—332 页。

追踪，幸亏恩师于右任从中周旋保护，才多次脱险。1928 年 10 月，詹正圣回川做军运工作，被二十军军长杨森通缉，只好化装到重庆。与党组织失去联系后，詹正圣回到岳池中学任教。在复杂的斗争中，詹正圣虽然离开了于右任，可仍然保持书信联系，畅叙师生想念之情。

1938 年秋，岳池中学校长周逸、教师詹正圣等人因宣传抗日，被国民党县党部的肖艾耆、夏意诚、杨继武一伙人视为眼中钉而遭到解聘。詹正圣等人准备联合筹办一所私立中学，但因经费等问题受阻。同年年底，詹正圣写信向时任国民政府监察院院长的于右任报告，请求支持创办私立中学。于右任看信后非常高兴，欣然应允，通知詹正圣前来洽谈有关事宜。次年 1 月，詹正圣到重庆领事巷一号拜见于右任，并很快就办学事宜达成共识。办学方案形成后，于右任立即派出监察院秘书李楚才与詹正圣同往岳池，与县党部、县政府交涉，选择校址，研究解决有关问题。于右任先后出资 3500 银元作为办学经费，并向教育部立了案。在于右任的支持下，办学进展得很顺利，社会各界也纷纷捐助，并成立了由于右任、柏被浓、杨轩等 30 人组成的学校董事会，于右任被推举为董事长。经董事会研究决定，将校名定为“新三中学”，对此于右任表示赞同，他说：“新三虽是先父之名，用作校名则另有意义。《大学》中不是有‘苟日新，日日新，又日新’嘛！取‘新三’正是用它来激励青年学生奋发进取，成为爱国、报国、正直、纯真的顶天立地之完人。”并欣然题写了校名和“以学报国”的题词。1939 年秋，于右任为学校撰写了校歌：“凤山特秀，蔚起人文，光分量野接西秦。为三民主义之战士兮，为顶天立地之完人。德业苟日新，日日新，又日新。”①

1943 年春，因詹正圣领头创办的新三中学的抗日活动蓬勃开展，读书会、墙报组、话报团、抗日救亡宣传等很活跃，引起县党部反动分子的不满，他们便指使一些人寻机生事，并向上报告，说新三中学的教师都是中

① 中国人民政治协商会议四川省广安市委员会学习文史委员会编：《广安文史》第二辑，2000 年，第 236 页。

新三中学旧址

新三中学校园内的于右任塑像

共党员。省政府向岳池县政府下命,逮捕校长詹正圣、副校长周逸、教导主任张泽厚、训育主任黄玉及等人。詹正圣获息,带着上述人员连夜赶到重庆向于右任反映情况。于右任听了,把其他人安排好后,将詹正圣叫上自己的专车,立即赶到成都,拉着詹正圣去国民党省党部,找到省党部主任委员黄纪云,说:“这个人叫詹正圣,是我的学生,也是我的小老乡,在岳池办学校,与地方上发生了摩擦,希望你们关照一下,不要为难他。”1946年2月中旬,于右任给詹正圣打电话,说他要亲临岳池新三中学视察,但后来因上海大学公务而未能成行。在电话中,于右任叮嘱詹正圣把新三中学办好,将来向农专方向发展,并承诺可以从自己在三原创办的农场无偿提供苹果种子。1948年,为了鼓励学生努力上进,于右任托人从南京带来为学校题的词:“向前看,向前走,为人类谋幸福,为世界争和平。”这一年,于右任创作并书写《题岳池陈氏朴园书藏》诗赠与陈振平,回顾了自己与岳池的渊源,诗云:“刊书四代睦亲坊,得书万卷士乡堂。堂前玉佩镌遗命,为祝世世芸编香。振平先生正,三十七年二月,于右任。”

岳池新三中学在于右任的关怀帮助下,接纳了不少地下党员、进步教师和教学能力强的人到学校任教,如中共党员蔡依渠、黄季光、张泽浩及武汉大学教授邓卓越等,因而学校越办越好,受到社会好评。[①] 截至1949年,约十年期间,新三中学就为社会培养了数千名人才。在台湾的原新三中学学生约30人,还成立了“新三中学同学会”。1953年春天,岳池县新三中学与尚用中学[②]在原新三中学的校址上合并,更名为“岳池县第一中学”,现系四川省二级示范性普通高中。这些辉煌成就的取得,和于右任等人当年的创建、支持之功密不可分。

---

① 按,本节写作时,主要参考了下列三篇文章,其中先后发表于《团结报》的两篇,可以互参,对于其中失实之处,本文不予采纳。金青禾的文章,系亲自采访詹正圣本人所撰写,可信度较高。段清华:《于右任的“岳池”情》,《团结报》2000年12月21日第3版。博闻:《也谈于右任的“岳池”情》,《团结报》2001年1月6日第3版。金青禾:《师生情谊深似海——于右任与学生詹正圣交往二三事》,《四川统一战线》2005年第12期,第24—25页。

② 按,尚用中学于1942年由西南师院(今西南大学)教授周西卜先生创建。

4. 三原女子中学

1931年，于右任在民治校园居住，此时该校有十几名女生即将毕业，去西安继续深造有诸多不便。适逢陕西省教育厅厅长李范一来三原看望于右任，二人遂就此事进行了商议。决定在省立三中先设一个女子初中班，将民治毕业的女生与东关女中一年级学生并为一班，此后一年增一班，预计三年之后即可略具规模，成立一所女子初级中学。果如所料，三年之后，在三原城隍庙街前原清政府招待过往官员的公馆门前，挂上了“陕西省立第一女子中学”的牌子，后改名“三原女子中学”。1940年1月，为躲避空袭，该校迁至县城北城前街，7月，更名为“陕西省立三原女子中学”，增设高中部，成为一所女子完全中学。新中国成立后，改名为“女子初中”，简称“三原女中”。1962年解散。

三原女子中学旧址大门

5. 南京宗仰中学

1948年，于右任曾被推为宗仰中学的名誉董事长，参与了该校的一些事务。关于这所学校，有必要介绍其背景资料。该校的创建，是为了纪念高僧宗仰。宗仰(1865—1921)，俗姓黄，原名浩舜，法名用仁，以字行，常熟梅李人。光绪六年(1880)于虞山三峰清凉寺出家。曾历游南北，痛愤清廷卖国，列强欺侮。1902年，与蔡元培、章太炎等发起成立中国教育会，被推为会长，他倡议成立爱国女校及爱国学社，讲授佛学，宣传革命，被誉为“革命和尚”，次年加入军国民教育会，积极支持刊印革命报刊及革命团体的活动。1919 年任南京栖霞寺方丈,1921 年 7 月 21 日,因积劳成疾而圆寂,被誉为复兴栖霞古寺第一祖。1936 年,于右任、张继、戴季陶等国民党元老联名呈请国民政府明令褒扬。①

经过前期的积极筹备,宗仰中学于 1948 年 3 月 4 日起正式招生。为实施教育理念,提高训导效率,宗仰中学规定学生一律住校,并辟有农场一座,指导学生劳动生产,以辅助膳食,以此矫正"安坐而食"的弊端。②学校成立之初,《海潮音》(1948 年 1 月 20 日)刊发了一篇题为《贡献宗仰中学几个意见》的文章,从主办问题、师资问题、学风问题、出家学僧四个方面提出了意见,对宗仰中学的兴办产生了一定的影响。③ 该校的兴办,当时的新闻报刊多有报道,例如《于右任、邵力子等创办栖霞山宗仰中学》(《新闻报》1948 年 3 月 1 日第 7 版)、《首都宗仰中学校定期在沪招生》(《和平日报》1948 年 3 月 2 日第 5 版)、《于右任等创办宗仰中学在沪招生明起报名》(《益世报(上海)》1948 年 3 月 3 日第 3 版)。于右任与道教、佛教等宗教各界人士多有往来,作为具有佛教属性的私立中学,宗仰中学聘请当时无论在军政界还是教育界已经颇有名望的于右任担任名誉董事长,也在情理之中。在学校设立农场,与于右任兴办三原县民治学校的模式类似。相比于于右任参与创办的其他教育机构而言,宗仰中学的属性及在校师生均比较特别,至于作为名誉校董的于右任在该校兴办及运行过程中的具体作为,因资料缺乏,难知其详,故略述如上。

第二节　高等教育

于右任因逃亡至上海而入震旦学院接受高等教育,并在恩师马相伯

① 李峰主编:《苏州通史　人物卷(中)》,苏州大学出版社 2019 年版,第 393—394 页。

② 《于右任等创办宗仰中学在沪招生明起报名》,《益世报(上海)》1948 年 3 月 3 日第 3 版。

③ 《海潮音》1948 年第 29 卷第 2 期,第 35 页。

的提携下参与部分校务，积累了丰富的经验。后又因震旦学院洋人事件而参与创办复旦公学，因日本遣返爱国留学生而创办中国公学，他在高等教育机构设置及教育方略制定方面，建树颇多。为了培育良好的学习风气，他还倡议社会各界踊跃捐资，设立奖学金，并率先捐资设立“右任奖学金”，由三原县教育局延聘地方名流组成“于右任先生补助国内各大学三原学生学费经理委员会”，用于奖励在国内各大学品学兼优的三原学子。① 他还时常随机资助贫困学子，例如霍松林自述1944年在中央大学读书时，曾因经济困窘而打算半工半读，当时任监察院院长的于右任了解到这个情况之后，说道：“学生做工作影响学业，你让他来见我，我供他学费。”从此，于右任多次批条让霍松林去财务处，从自己的工资中支取助学款。类似这样的例子还有很多，从中可见于右任对人才的爱惜及对教育的重视。1942年3月10日，国民政府行政院通过了将省立河南大学改为国立河南大学的决议，于右任为国立河南大学题写了校名。② 本节着重梳理于右任与复旦公学、中国公学、上海公学等高等院校的关系。③

一、复旦公学

从南洋公学到震旦学院再到复旦公学的创立，是密切关联的三个阶段。

光绪二十二年（1896），盛宣怀在上海创建“南洋公学”，与北洋大学堂同为中国近代历史上中国人自己最早创办的大学。1902年11月，南洋公学全校学生反对当局的封建压迫，史称“墨水瓶事件”。学生群情激愤，怒言：“愚等奴隶教育，凡为国民，谁能堪之？我辈居此何为者？”事发之后，学生集体退学离校，以抗议学校专制武断行为，并在蔡元培等人的

① 刘少林：《于右任先生教育思想初探》，中国人民政治协商会议陕西省三原县委员会文史资料委员会、陕西三原于右任纪念馆编：《三原文史资料（第14期）——纪念于右任先生逝世40周年专辑》，2004年，第65页。

② 李景文主编：《河南大学图书馆史》，河南大学出版社2008年版，第12页。

③ 按，本节所谓的“高等教育”，是就狭义角度而言，特指诸如上述几所普通综合类大学。职业教育和军事教育序列中的高等教育机构，则在本章第三节专门论述。

协助下成立了“爱国学社”。与此同时，由马相伯捐地出资、借耶稣教会名义兴办的震旦学院也成立了。不久，爱国学社因“《苏报》案”牵连而自动解散，学生大多转入震旦学院。

马相伯是一位虔诚的天主教徒，但是他将信仰和教育分得很清楚，建校之初就明确指出：“学校是研究学术的机构，不是宣扬宗教的地方，所以信条规定不讲教理，是完全正确的。”震旦学院无论在教务管理制度，还是在教学内容设置方面，均独树一帜，着力培养学生的独立、民主意识。这就与清政府以及当时的教会学校产生了不可调和的矛盾，为震旦学院1905年发生的学生集体退学事件埋下了伏笔。退学事件发生之后，教会继续以马相伯为创办人相标榜，推出震旦学院招生启事。为了澄清关系，马相伯等人也登报说明事件原委及准备复校的经过。

关于新校的名称，众说纷纭，最终确定为“复旦公学”，以有别于震旦学院。① 这个名字，是于右任从《卿云歌》“日月光华，旦复旦兮”中撷取“复旦”两字而来。他说：“复旦者，即表示不忘震旦之旧，更含复兴中华之意。”②于右任、叶仲裕、邵力子、王侃叔、沈步洲、张轶欧、叶藻庭等人被公推为筹备委员，商议复学办法，但后来实际负责者仅余于右任、叶仲裕二人。他们在“朋侪星散”的情况下，“以兴学之故，宁牺牲负笈国外之时机，而愿见此新学府之建立，尽力图谋，卒底于成”③。其兴办教育之热忱，从中可见一斑。

在当时的形势下，要创办一所高等学府谈何容易。马相伯、于右任、叶仲裕等人四处奔走，筹措资金，选择校址，经历千辛万苦，终于搬动了时任两江总督的周馥，划出吴淞营地七十余亩，拨给经费一万余元。由于兴建工程需要一段时间，而莘莘学子急需入校学习，于是周馥同意暂借吴淞镇提督行署为临时校址。1905年中秋，复旦公学正式开课。因师资缺

---

① 韩景琦：《马相伯和震旦学院》，中国人民政治协商会议上海市卢湾区委员会文史资料委员会编：《卢湾史话》第二辑，1991年，第101—106页。

② 赵聚钰：《与于右老谈复旦》，1965年台湾复旦同学会《复旦通讯》第20期。

③ 赵聚钰：《与于右老谈复旦》，1965年台湾复旦同学会《复旦通讯》第20期。

乏,马相伯亲自教授法文、拉丁文等课程。于右任还介绍李登辉①担任复旦教师,不久又被提为总教务长。于右任的国学功底很扎实,除与叶仲裕、邵力子分任行政事务之外,还兼任国文讲习。复旦的创办人,大多为开明的进步人士,因此校园学风浓厚,言论自由,青年学子除学习文化知识之外,也非常关注社会现实问题。1906 年 4 月,于右任赴日本募捐筹办《神州日报》,离开了复旦公学。1909 年冬,马相伯复任复旦公学校长,延聘于右任教授国文,师生二人相互切磋,民族革命思想日益在复旦发扬光大。

于右任与马相伯创办复旦公学时期的合影

辛亥革命时期,吴淞校舍被李燮和的光复军据为司令部,复旦被迫迁往无锡锡山,学校经费短缺,校舍被占,人心慌乱。民国时期,于右任担任南京临时政府交通部次长,复旦新旧同学纷纷向于右任提出复校要求。于右任邀集复旦校友胡敦复等人,以复旦旧学生名义,联名上书临时政府

① 李登辉(1873—1947),字腾飞,出生于荷兰殖民地爪哇,祖籍福建同安。1906 年任复旦公学英文部主任,后任总教习。1913 年至 1936 年,任复旦大学校长。

教育部，请政府拨出李鸿章祠堂为复旦校舍。教育部总长蔡元培批示：“呈悉，该校开办以来，一切课程悉仿欧美，历届毕业，成绩尚著，自应准予立案。至所请移咨江苏都督拨借校舍一节，业既如呈办理矣。”后来，在于右任、邵力子等人多方奔走疏通的情况下，1912 年 9 月，离散近一年的复旦师生在徐家汇李公祠正式上课。① 在这次复校事件中，于右任功不可没。

于右任曾积极组织筹备成立复旦校董会，并亲自给上海商人沈缦云先生写信，聘请沈缦云为复旦校董，以期得到沈对复旦的捐款。他还在自己创办和主编的《民呼报》《民吁报》《民立报》上，刊登复旦招生广告，及时发表《复旦公学之再造说》《复旦将建筑校舍》等文章。

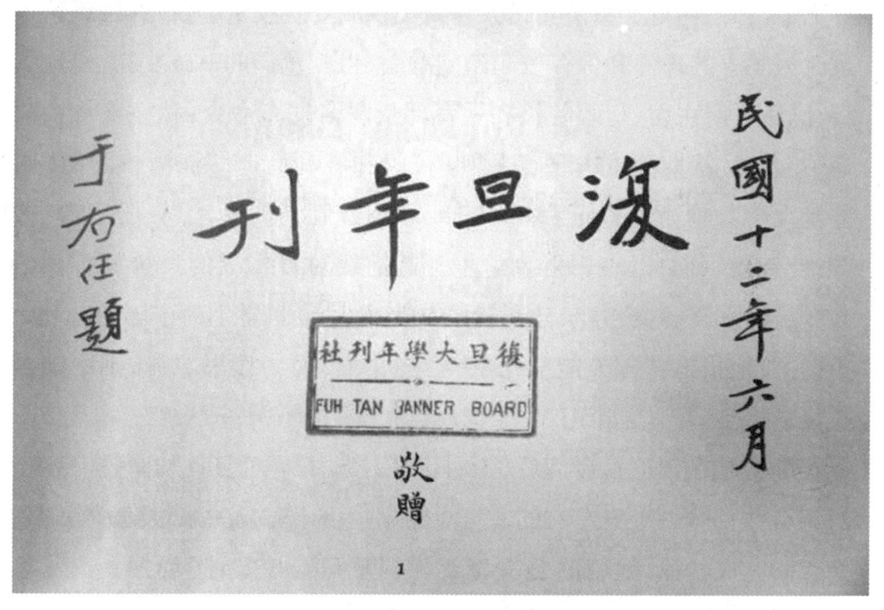

1923 年，于右任为《复旦年刊》题字

1930 年 11 月 3 日，当复旦校长李登辉与秘书长金通尹提出辞职时，

① 许有成：《也谈于右任与复旦》，《复旦学报》（社会科学版）1987 年第 1 期，第 109—111 页。

于右任以复旦校董会代表的身份出面挽留,才使李登辉继续留任。1932年"一·二八事变"中,复旦校舍多处被毁,于右任带头捐了1000元,这笔钱对于为官清廉的他来说,是一笔不小的数目。北碚复旦相伯图书馆竣工后,图书极端匮乏,得知这一情况后,于右任在重庆举办了一次书法展,将所得钱款全部捐出来用于采买图书。

自1931年"九·一八事变"以来,复旦师生多次赴京请愿,据吴南轩1966年在台湾时讲述:"时呈骚动不安之象,尤以沪上诸校为甚。沪上诸校,尤以复旦母校为烈。"复旦迁川之后,经济不支,国民党教育部拟将复旦与江苏医学院合并,更名为"江苏大学",此举激起了复旦师生的强烈抗议。于右任也在当局和复旦校董之间反复交涉,并于1941年9月17日下午三时,在重庆嘉陵宾馆亲自召集在渝复旦校董会议,详细讨论了复旦改为国立的条件和保存校名的问题,获得校董们的一致支持。11月29日,国民政府主席、行政院长和教育部长联名发布命令:私立复旦大学改为国立。抗战期间重庆北碚下坝①校门和胜利后上海江湾校门的"国立复旦大学",均为于右任手书。1944年抗战胜利前夕,于右任特赠"抗倭英雄"锦旗一面,以表彰复旦学生开赴前线对日作战的英勇精神。他还在复旦设立奖学金,并亲自到复旦讲学,激励复旦学生为中国的崛起而努力读书,他指出:"国人能秉先生(指马相伯)努力读书之诫,则中国必有长足之进步。"

即便是在被迫去台湾后,于右任还是放不下对复旦的牵挂。鉴于当时还有数百名二十岁左右的复旦青年学生由于时局关系跟随家庭去台湾而未能完成学业,他就联合一批资深的复旦老校友,想创办台湾复旦大学,以收容这批学生,但由于相关部门阻挠而未能如愿以偿,这也成了于右任心中的一个遗憾。1958年,于右任又联合一批校友,发起"一日一元"的捐款运动,在桃园县平镇乡创办了复旦中学(校友们称之为"少复

① 下坝:1949年解放后,复旦第一任校长陈望道以"华夏"的"夏"字重新命名,改"下坝"为"夏坝",寓意华夏之坝、青春之坝,以表达复旦师生的满腔爱国之情。

1939 年 5 月,于右任出席北碚下坝复旦大学相辉楼奠基礼

重庆北碚夏坝国立复旦大学旧址

1947 年，于右任在上海
出席复旦校友节

五五特刊

復旦

同學會刊

慶祝

復旦的開拓者——于右任先生

伊索

1958 年，于右任出席桃园县
复旦中学校舍落成典礼
《复旦同学会会刊》
刊载伊索的《复旦的
开拓者——于右任先生》

旦”)，于右任被推举为名誉董事长。当年 11 月 16 日举行了校舍落成典礼，于右任亲自从台北赶来主持，并手书校牌。

总之，终其一生，于右任对复旦总有着一种不了情，与复旦的命运息息相关。复旦老校友常说：“写复旦不能不写与复旦有关的三个人，这三个人对于复旦的产生与光大，有莫大关系，没有那三位先生，可以说没有复旦。……第一位是马相伯先生，第二位是于右任先生，第三位是李登辉先生。”①另有人说：“于右任先生对复旦，可谓五十年中精神贯注者。同学会老同学中有一句笑话，说于先生是复旦的孝子，于先生听了掀髯不以

① 程沧波：《李校长七十寿言》。“(1905 年秋)，于右任先生初识李先生(即李登辉)于逆旅，相见倾盖，因介见于马先生，主讲英文及名学。从容风议，士多倾心，自是由教务长而校长。”

为忤。五十年来,从复旦创立到胜利复员,学校到了任何危险关头,于先生无不挺身而出。"[1]在许多危难关头,于右任总是想尽办法以保全复旦。

1958 年,于右任出席桃园县复旦中学校舍落成典礼

复旦人忘不了于右任。

1930 年 10 月 17 日,《复旦大学二十五周年演说词》一文,对于右任的功绩进行了充分肯定,并授予他法学博士学位。为完整呈现当时的情景,现将该文转录如下:

于右任在台湾与复旦校友餐叙

庄严隆重的复大念五周纪念典礼,在十七日下午二时开幕于广大的体育馆。爆竹声声,盛闹一时。到会者有本校创办人马相伯先生,校长李登辉先生,暨各来宾,各记者,本校全体教职员同学等,都凡五千余人。体育馆中,几无空隙之地,马相伯先生致开会词,李校长报告,语中多是诚挚欢幸。有以希望复旦,鼓励复旦,最使我感到兴奋的,就是右任先生那一大篇诚挚的演说词,句句都似珠玉,宛然是青年们的座右铭。在下不敢自私,贡献给大家,诚然这值得青年们敬崇的箴言,是应该深深地切记着的。

---

① 许有成、徐晓彬著:《于右任传》,复旦大学出版社 1997 年版,第 53 页。

于先生的演说词是这样：

诸位同学同志，今天是本校二十五周年纪念，并赠给兄弟及数位旧同学的学位。全校充满着很快乐的空气，兄弟亦觉得甚为欣慰！复旦比中华民国还大六岁，有如中华民国的哥哥一样。本校是国内唯一独立的学校，回顾在民国以前，反对宗教教育的，只有复旦，故复旦成立的历史，极灿烂的。为什么叫做复旦呢？马相伯先生刚才说得很清楚，复旦的命名，有很深的意义在其中。在漫漫的长夜，浸成“复旦”，使宇宙大放光明；还有一点，“日月光华，旦复旦兮”的讴歌，是我国五千年前的事。其意思就是指由日月的旋转不息，于是才有旦复旦的到来，日月由光华而再进于光华，由复旦而再进于复旦，诚属可喜的事。马相伯对复旦的历史，最为详悉。当时震旦受压迫的青年，受了很多痛苦，愤而离校，在同学会开会，决意建设一个学校。这个时期，举出几个同学，负建校之责。有二位很努力的人，今已出世，不及看今日的盛典，殊堪惋惜！这两位作古的人，希望同学永远不要忘记！最初的时候，校址就在南洋路，后移至吴淞，此时有如马先生所说，学校连几张台子都没有，后来缓缓设法充实。民国元年移到徐家汇的李家（公）祠，有许多人不赞成，但我则竭力主张，结果终于在李公祠。一天一天的发达，那时我因有旁的事情，就离开本校了。至于我对于学位的感想，就发生了许多。记得从前我在家乡时，完全没有读书的机会，后来漂流至上海，逢马相伯先生，才由马先生介绍至震旦。当那个时候，异乡漂泊，一切希望都灰，遑论学士博士学位？过了几年，就到外面奔走国事，学问日形荒废。现在本校一天比一天发达，但老同学的学问，则一天比一天退步，基于这一点感想，我就很希望诸位青年的同学们，努力求学。前十几年，我奔走国事，至今日觉得对国家的贡献，不过几千分之一，而学问的荒芜，则一天一天的退化。诸位到年纪大一点，才知此话不差。青年求学时代，应该确认一个标准而对这个标准出发才好！复旦在今日，差不多已成（功）为国内第一流的私立大学。许多私立大学，俱以复旦为很好的榜样。以后诸位万不要忘记复旦是专靠学生的书金维持，所以我们学校的发达，亦唯全体同学是赖，使复旦造成很多的人才，造福于国家社会，这便是我们同学的责任！（杜绍文君笔录）

我们读了上面所征引的于先生底演说词，无疑地，是可引起无限的感想：第一，于先生在幼小时候的求学是多么的艰苦，漂泊异乡作客又是多么的茫茫无依，最后得到马先生的臂助始能够进震旦攻读。第二，于先生爱护母校的心是如何的热忱，将母校比做中华民国的哥哥，这当然是有深沉的意义的。第三，于先生热爱国家之心比爱护母校的心更为深挚。自离开了复旦之后，就到外面奔走国事，一直到现今仍不稍些休息。同时，仍念念不忘于"学问"。在奔走国事中，感到学问荒废是可惜的。实际，像于先生这样的才望，足够献身于国家社会之用，但是于先生还刻刻想在学问上做一番功夫。这种爱校、爱国和爱学的精神，使我们一般终日不学无术的青年——大学生或者中学生——见了是如何的惭愧！非下一番克勤克俭的求学工夫而不足报答切望我们有所成就的人。如果只图游荡，对于功课敷衍过去，将父母从困苦中挣下来的金钱，尽量挥霍，一点也不晓得爱惜，结果学问仍无所成，这真个连自己都对不住。听了于先生的"针针见血"之语，我想至少要回过头来对于学问方面努力一下。第四，于先生自己是替国家努力，但是总不忘记我们一般后辈青年。听于先生最后的几句话，是对我们负起多么期望的心！我很希望现在一般在学的青年，不要辜负先生一番热忱的期望！

这不过是关于于先生的演说词——箴言——一点感想而已，至于复旦此次的赠送名誉学位，我也稍些有点意见：

复旦这次的赠送博士与学士学位，当然是有深刻的意义。即像于先生这样对于母校的爱护，替国家的尽力，社会上的贡献，是谁也知道而且景仰着的。无论在学问上，地位上，都是赠送博士学位的必要。其他如本校校董、现任国民党中央监察院委员的邵力子先生，本校校董、现任浙江财政厅长的钱新之先生。赠送学士学位的，如以擅长艺术著称国内外，现任上海市党部监察委员的朱应鹏先生；在本校服务二十年，现任校长秘书的季英伯先生。其他七位受学位的均在社会上有所贡献。所以复旦这次的赠送学位，在事前是有严重的考虑，而且含有伟大的意义。私立大学中可以算是放一光荣的异彩，这是大家都已瞭然的吧？①

复旦大学百年校庆之际，由著名雕塑家邓廷毅雕刻的于右任半身像揭幕，以志纪念。塑像呈古铜色，高80厘米，一脸髯须，神情安详。②

复旦大学教师邓廷毅为于右任塑像

二、中国公学的革命大机关

20世纪初叶的中国，社会急剧动荡，随着民族资本主义在中国的初步发展，各地兴办学堂和出国留学成为一种风气。这些留日求学人员，身份和目的比较复杂，他们到达日本之后的作为，鲁迅有记载："凡留学生一到日本……就赴会馆，跑书店，往集会，听讲演。"③由于留日学生人数

① 近贤编：《于右任言行录》，上海广益书局1931年版，第23—28页。

② 王晓君：《复旦为于右任塑像》，《人民日报》（海外版）2007年6月21日第7版。

③ 张秀枫编选：《鲁迅散文合集》，二十一世纪出版社2013年版，第269页。

骤增，且受教育情况差异较大，当时的日本教育界根本无法承受，一些不具备资质的学校，也大肆招揽生员，开设速成班、特设班，致使出现种种弊端。其中也有部分留日学生响应孙中山的号召[①]，积极投身革命活动[②]，导致出现不注重课业、违反学校管理制度的情况。加之这些革命活动，也令岌岌可危的清政府感到不安。当时一些日本报纸的相关报道，在措辞方面处理欠妥，于是引发了留日学生较为激烈的反应。其中有部分学生因此愤然回国，上海公学的创立正是在此背景之下。[③]

这一时期的上海黄浦江港口，在短时间内聚集了大批的留日归国学生，他们不仅衣、食、住等基本生活保障无着落，还被清政府视为“洪水猛兽”“异端分子”而加以控制、跟踪、监视，局面一度混乱。1905 年 11 月，留日学生王敬芳、刘棣英、吴勋自东京抵沪，12 月成立留日学生总会，开始沪上办学筹备工作，于右任等人任书记。于右任等人还积极协调各方关系，先将复旦公学的部分房屋腾出来，供留日学生暂住。留日学生中的姚洪业、孙镜清等四处募集经费，在上海北四川路横滨桥租民房为校舍，筹办中国公学。两江总督端方每月拨银 1000 两，派四品京堂郑孝胥为监督。

1906 年 4 月 10 日，中国公学在上海横滨桥成立，设有大学、中学、速成师范、理化专修等班，于右任、马君武、宋耀如等人担任教员。马君武还

---

① 按，孙中山在 1905 年 7 月曾指示留日学生：“亡国灭种祸在旦夕，爱国志士应积极准备革命，以救危亡，要是都等到学成归国再来革命，时间恐怕来不及了。”隗瀛涛：《孙中山与四川辛亥革命》，《文史杂志》（创刊号）1985 年，第 4 页。

② 按，光绪三十一年（1905）八月，中国同盟会在东京成立。早先成立的兴中会、华兴会、光复会的革命志士和十七省留日学生中的优秀分子，开始组成了统一的革命团体，并且在孙中山的领导下，公开打出了“驱除鞑虏，恢复中华，创立民国，平均地权”的鲜明旗帜。

③ 按，关于上述留日学生归国事件的原委，学界莫衷一是，但这个问题并非本书论述的重点所在，故不多作辨析，具体可参看几篇具有代表性的文章。秦裕芳、赵明政：《关于“取缔规则事件”的若干流行说法质疑》，《复旦学报》（社会科学版）1980 年第 2 期，第 92—95 页。王鉴清：《“取缔规则”二题》，《北方论丛》1984 年第 3 期，第 103—104 页。李喜所、李来容：《清末留日学生“取缔规则”事件再解读》，《近代史研究》2009 年第 6 期，第 20—30 页。

亲自为上海公学创作了校歌歌词:“众学生,勿彷徨。以尔身,为太阳,照尔祖国以尔光。尔一身,先自强。修道德,为坚垒;求智识,为快枪。众学生,勿彷徨。尔能处之地位是大战场。尔祖父,思羲黄,尔仇敌,环尔旁。欲救尔祖国亡,尔先自强!”①

1908 年,中国公学设立校董会,先后聘请对学校有突出贡献的人为校董,有资料可查者约 52 人,于右任在其列。② 1909 年,中国公学迁校吴淞,与复旦毗邻,两校关系密切。于右任时常往返于复旦公学和中国公学之间,除处理校务之外,还亲自教授国文等课程。创办于特殊背景之下的中国公学,充分发扬了中华民族自尊自立的民族精神,培养了诸如黄花岗七十二烈士中的饶辅庭、饶国栋等许多民主革命志士,被时人称为“革命大机关”③。

1930 年 11 月 9 日,于右任发表了《致中国公学学生函》:

> (一)中国公学诸同学鉴:右任养疴海上,前以公学董事会退为校长,曾向蔡董事长力辞,良以精神时间均不能兼顾,贻误堪虞。然一念校事一日不决,诸同学之废学实为可惜,除再请董事会另推贤能主持外,在未推出以前,由右任暂行维持。言出至诚,诸希亮(谅)之! 于右任,十一月九日。
>
> (二)明日下午二时,到校宣布维持意思。中国公学诸同学。于右任,十一月九日。④

同年 11 月 10 日,于右任前往中国公学,发表《对中国公学全体学生训词》,全文转录如下:

> 余今日到校,系来维持校务,并非就职。余因校董会及同学之再三催促,又观校内已陷于无政府状态,学生课业,全然停顿,余心不忍,故特到校维持。尔等应服从校董会决议案,在校董会未经另推继

① 熊柱、李高南校注:《马君武诗稿校注》,广西师范大学出版社 2016 年版,第 63 页。
② 张开颜:《于右任与中国现代教育》,《中国档案报》2004 年 12 月 10 日第 1 版。
③ 张云家著:《于右任传》,中外通讯社 1958 年版,第 60—61 页。
④ 近贤编:《于右任言行录》,上海广益书局 1931 年版,第 21 页。

任校长之前,余负完全责任。尔等有什么意见,尽可派代表一二人来说话,人数不能过多,更不必组织代表团。马先生已辞职,校董会未有决议请他回校,他也不会来的。总之,一切事件,都须听候校董会解决,现在总要安心读书,不可闹小孩子皮(脾)气,拥护什么人,打倒什么人,都是胡闹。余不久即须赴京出席四中全会,尔等不可轻举妄动,须遵守学规,以课程为要,免致耽误宝贵光阴。①

抗日战争爆发初期,上海公学在日军的炮火硝烟之下遭到毁弃,然而其特殊的历史地位注定成为一种永恒,正如胡适所说:"中国公学的校史,实在可以算作中华民国开国史和中国教育制度沿革史的一部分,它的光荣、它的价值,将是不朽的、崇高的。"②于右任担任中国公学校董二十余年,为中国教育的改革和中国民主革命的进程,作出了重要的贡献。③

三、上海大学的新文化

上海大学的创办,和位于上海闸北青云路的东南高等专科师范学校的境况有着直接的关联。据茅盾回忆:"原来有个私立东南高等师范学校,这个学校的校长想用办学的名义来发财,方法是登广告宣传他这个学校有哪些名人、学者任教职,学费极高。学生都是全国各地慕名而来的思想比较进步的青年。开学上课,却不见名人,就质问校长。于是学生团结起来,赶走了校长,收回已交的学费。"④东南高等专科师范学校创立于1922年春,建校之初,创办人宣扬"男女同校"、提倡"新文化"等理念以招揽学生,然而该校无论是硬件还是软件条件均令满腔热血的学生们愤慨,竟然还发生了校长王理堂携带所收缴的学膳费赴日本留学的闹剧。在与校方交涉无果的情况下,忍无可忍的学生们奋起反抗,秘密组成了"十人团"作为领导核心,决定自救,延请有声望的人来主持校政,办一所

---

① 近贤编:《于右任言行录》,上海广益书局1931年版,第29—30页。

② 潘真编著:《淞滨漫话》,上海交通大学出版社2018年版,第84页。

③ 李丽:《中国公学30年存亡史》,《长春日报》2014年1月13日。

④ 茅盾:《我走过的道路》(上),人民文学出版社1981年版,第224页。

革命的大学,使外地青年来沪求学有所问津。在选择主事者时,陈独秀、章太炎、于右任是三个备选的人物。“十人团”以五四运动的斗争经验为参照,积极部署除旧布新的行动计划。这些人虽然素闻陈、章、于三人大名,但仅慕名而已。他们探知陈独秀行踪不定,章太炎在苏州度假,只有于右任此时恰巧住在上海黄河路大铁滨。由于校务情况紧急,加上于右任的声望以及在兴办教育方面的言论和实践,合计之后,他们决定托邵力子去游说于右任。①

于右任为何此时会在上海? 1922 年 1 月 17 日,陕军第一师士兵武装包围并强行解散了陕西靖国军总司令部。于右任因此转战淳化、武功、凤翔、重庆等地,最终于 8 月 13 日抵达上海。西北靖国军的失败,令于右任沮丧万分,8 月 14 日,于右任向刚从广州抵达上海的孙中山汇报了靖国军的情况,得到了孙中山的勉慰。10 月 10 日,于右任在《民国日报》发表了《教育改进的要义》,称:“失败之后,回念生平,非敢言觉悟也。因思以兵救国,实志士仁人不得已而为之;以学救人,效虽迟而功则远。”②这个言论,引起了较大的社会反响,尤其是青年学子们。受学生们的重托,邵力子前去与于右任商谈,他说:“东南有办一个革命最高学府的必要,及现在你若不出来挽救,全校一百六十名学生不但失学,前途绝望,还将有家难归,流离失所。”③于右任了解情况之后,对学生们的遭遇深表同情,表示愿意支持他们不至于失学,但面对东南高等专科师范学校这样一个烂摊子,要想接手并成功转型,并非易事,故而未立即应允出任校长一事。随着事件的进一步发展,迫切需要一个强有力的人物站出来稳定大局。柏烈武、柳亚子、杨杏佛、叶楚伧等人反复游说,于右任无奈答应。他征询程永言等人的意见,大家一致认为原校名字既多又狭隘,拟改为“上

---

① 程永言:《忆上海大学》,上海市现代上海研究中心编:《一寸丹心图报国》,上海教育出版社 2012 年版,第 32—40 页。

② 于右任:《教育改进的要义》,《民国日报》(上海)1922 年 10 月 10 日。

③ 中共上海市委党史研究室编:《上海党史资料汇编　第 1 编　建党和大革命时期》,上海书店出版社 2018 年版,第 140 页。

海大学”,大家立即表示同意,并请于右任题写校名,以便制作校牌。

校牌制作好之后,悬挂在学校门口,原校务长陈勋武非常气恼,雇请流氓无赖闹事,师生奋起反抗,局面非常混乱。同学们都要求于右任、邵力子到校讲话,以稳定人心。1922 年 10 月 23 日,于右任携邵力子前往该校,会场掌声雷动,于右任被学生们的热情深深地打动了,特别指出,见在雨中的同学们精神奋发,很受感动,又谓他少年时代,曾做过小鞭炮竹,今后要制造炸弹、地雷,不仅在中国落地开花,还要炸得全世界开花结果等等。①

于右任在讲话中还说:“予自陕西回沪,极欲投身教育界,但予乃愿为小学生以研究教育,非好为人师,因予自审学力不足,诸君改组大学,前途艰巨,尤非予所能任。予 20 年奔走,能得人同情者,唯不随风倒浪,但因此便不能审慎进退,予实不敢担任校长,但诸君如此诚意……自当尽力之所能,辅助诸君,力谋学校发展,改日再当提出意见,与诸君商榷,谨以诚意感谢诸君。”②邵力子以来宾的身份致辞说:“于先生为余旧友,余不欲作标榜语,但深知其进退不苟,七年(1918)护法赴陕,辛苦数载,孑然归来,可谓失败,然其失败乃光荣之失败。……于先生谦言愿为小学生以研究教育,余望诸君亦本此精神,切切实实地多求几年学问。”③当天的《民国日报》刊登了《上海大学启事》:

> 本校原名东南高等专科师范学校,因东南两字与国立东南大学相同,兹从改组会议议决变更学制,定名上海大学,公举于右任先生为本大学校长。此布。④

就这样,褪去戎装不久的书生司令如今又变成了新成立的上海大学的校长。可是我们知道,话说起来很容易,但一所学校的开办是需要面临许多实际问题的,上任伊始,于右任就开始了紧张的奔波。据程永言回

① 程永言:《忆上海大学》,上海市现代上海研究中心编:《一寸丹心图报国》,上海教育出版社 2012 年版,第 35 页。

② 《上海大学欢迎校长》,《民国日报》(上海)1922 年 10 月 24 日。

③ 《上海大学欢迎校长》,《民国日报》(上海)1922 年 10 月 24 日。

④ 《上海大学启事》,《民国日报》1922 年 10 月 23 日。

忆:"'上大'自成立招生始,房租、图书、器具、印刷等费用日多一日。而来求学的青年,又多贫寒子弟,大多是免费欠费的。学校的经费入不敷出,一直由于、邵两校长维持着。"①

《上海大学章程》规定:"本大学以养成建国人才,促进文化事业为宗旨。"1923 年春,为多方听取意见,于右任还邀请了李大钊等人在福州路(原四马路)同兴楼京津菜馆吃饭,专门商谈上海大学校务,热切恳请中国共产党方面予以指导和帮助。李大钊指出,从中国革命的实际需要出发,上海大学应创设社会学系,以培养大批革命骨干人才,并举荐邓中夏、瞿秋白等人。4 月 16 日,李大钊应邀至上海大学讲演,题为《演化与进步》。4 月下旬,邓中夏应奉中共中央之命到上海大学担任总务长。7 月,瞿秋白担任上海大学社会学系主任。

为了更好地推动学校各项事务的顺利开展,于右任在上海大学特设董事会,孙中山为名誉校董,蔡元培、汪精卫、章太炎等二十余人为校董。还设立了行政委员会,于右任担任校长兼行政委员会委员长,于右任还对学校的专业设置进行了调整。1923 年 6 月 14 日《民国日报》刊登的《上海大学概况》一文中提到:于右任接手上海大学后,除增设高级中学外,又多次召集教职员工讨论专业设置办法。最终决定在社会科学学院下设立社会学系、经济学系、政治学系、法律学系、哲学系、史学系,在文学院下设立文学系及艺术系,由于计划庞大,因此决定分三期进行,每期两年。总之,这一时期的上海大学,革命空气非常高涨,有大批优秀共产党员和进步人士任职,校貌焕然一新,学生数量也大为增长。1923 年夏,美术系举行毕业典礼,于右任、邵力子率领全校学生到宋园,在宋教仁墓旁合影。于右任在训话中指出,上海大学学生应继承先烈遗志,挑起革命担子。给全体同学留下了深刻的印象,也为其指明了努力的方向。

就在学校逐渐走上正轨之时,前东南高等专科师范学校创办人王理

---

① 程永言:《回忆上海大学》,黄美其等编:《上海大学史料》,复旦大学出版社 1984 年版。

堂既气愤又眼红,他唆使一部分被"上大"开除了的学生登报造谣,挑起争端,企图夺取"上大"。于右任也感到很气愤,他丝毫不示弱,与这帮无赖进行了无畏的、有理有据的斗争,从而维护了这一新兴的革命学校。① 1924年秋,上海大学经济特别困难,以至于无法开学,于右任向吴季玉借了5000元才勉强维持了一个学期。

于右任担任上海大学校长时,正是国共两党酝酿合作之际。1922年12月,杨虎城派姚丹峰为代表赴沪谒于右任,之后,于右任与姚同谒孙中山,商讨西北革命事。1923年以后,因国民革命事业的需要,于右任奔波于广州、北京、河南、上海等地,无暇过问"上大"的校务,于是就请邵力子代理。虽说担任上海大学校长的时间不长,但于右任对这所学校及师生却有着很深的感情,这一点也影响到他的家人。例如,1925年6月,上海大学被封后,一部分学生即迁往于右任家中,席地而居,当时情形非常狼狈。于右任夫人黄纫艾筹集二百块大洋,以维持这些学生目前的生计,并致电于右任回上海商议对策。② 当上海大学遭遇困境时,于右任也是挺身而出,据理力争。例如1927年"四·一二事变"中,学校被蒋介石查封,国民政府教育部一直不承认"上大"学生的学籍,导致两千多名先后在"上大"求学的学生在就业、晋级、生活待遇等方面受到不公正的待遇。于右任闻讯非常气愤,多次与国民党有关部门交涉,直至1936年3月,国民党中央第八次常务委员会才通过追认上海大学学生的学籍并与其他国立大学学生享受同等待遇的决定。老"上大"学风严谨、革命气氛浓厚,虽然建校历史很短,但却为中国人民的解放事业和民族振兴输送了一大批仁人志士。在当时,就享有"武有黄埔,文有上大"的盛誉。

以下是于右任关于上海大学的一篇文字,回顾了自己与上海大学结缘及所作所为,谨录如下:

今之教育家盈天下,愚以不学之身,夫何敢言教育?虽然,为新

① 1923年1月7日至23日之间《民国日报》(上海)对这起纠纷进行了连续的报道。

② 《申报》1925年6月7日。

教育界之走卒，则窃有志焉。昔余从事报界者十年，自宋案起，国民

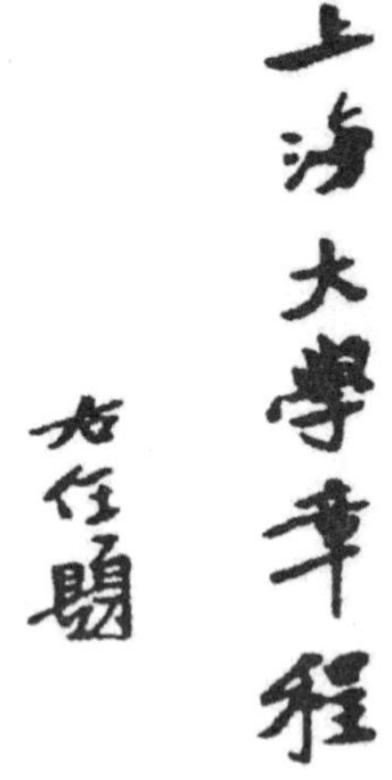

于右任题写的《上海大学章程》

上海大学旧址外景

党失败，而《民立报》与之俱尽；继走西北，驰骋疆场者五年，复以正义不张，舍而去之，只身出陇蜀，间道来沪。失败之后，回念生平，非敢言觉悟也，因思以兵救国，实志士仁人不得已而为之；以学救人，效虽迟而功则远。故曾宣言“欲建设新民国，当先建设新教育，欲建设新教育，当自小学教育始”。讵意莘莘学子，环而请业，拒之无方，而上海大学之名，遂涌现于中华民国之教育界中。此十一年十月廿三日事也。

本校初设“文学”与“美术”两科。文科分“国文”与“英文”两组。美术科分“图音”“图工”两组。并设“普通科”。十二年四月教职员全体会议，决定进行计划，并订暂行校则。九月秋季开学，根据暂行校则，改“国文组”为“中国文学系”，“英文组”为“英国文学系”。“美术科”仍旧，并新招“中国文学系”“英国文学系”“社会学系”各一班。附设之“普通科”，改为“中学部”。除“高级中学”一班外，并新招“高级中学”“初级中学”各一班。其时学生总数达三百一十二人。评议会亦于是时成立，为本校议事最高机关。

十二月,评议会见本校规模粗具,暂行校则不足以应需要,遂重新颁布正式章程,并标明宗旨为“养成建国人才,促进文化事业”,并改评议会为行政委员会。

十三年二月,因学生渐多,闸北民房颇不敷用,遂迁至西摩路(陕西北路)。中学部除事务仍总属于大学部之校务处外,其教务、训育,皆由该部独立主持。又添设“英数高等补习科”。现全校人数已达三百九十余人。

行政委员会见本校逐渐发达,有自行建筑校舍之必要,爰勘定闸北宋园(即先烈宋教仁先生之墓园)余地,为建筑校舍之用(计该地除宋公墓园占约四十余亩外,尚余六十亩)。一面延聘工程师制定图样,一面进行校舍建筑募捐。又察社会状况,有广开学系之必要,决议下学期起,拟添设“政治学系”“经济学系”“法律学系”“商学系”“教育学系”五班,举定筹备员负责筹备。

以已往成绩计之,校史虽短,进步则速,此皆前评议会与今行政委员会暨职教员诸君子之努力之所致也。至将来能达到建学之目的与否,固视同人之继续努力如何,而尤赖社会先知先觉之匡助。“合抱之木,生于毫末。千里之行,始于足下。”右任不自量,愿随诸君子后,竭毕生之力以赴之,倘贤哲不弃,进而教之,使有遵循,则尤幸之幸矣![1]

四、西北农林的民生情怀

关于西北农林专科学校的创建以及关键人物的功绩,目前主要有三种观点:其一,认为是于右任一手创办;其二,认为是杨虎城和于右任长达十余年之谋划;[2]其三,认为真正发起创校、领导创校的是戴季陶。[3] 我

① 黄美真等编:《上海大学史料》,复旦大学出版社 1984 年版,第 18—20 页。

② 马文彦:《西北农学院的创建和陕西水利的兴起》(贺志云整理),中国人民政治协商会议陕西省西安市委员会文史资料研究委员会编:《西安文史资料》第五辑,1984 年,第 166—171 页。该文称:“这件事是在陕西坚持孙中山所领导的民主革命、并注意农业和教育的于右任先生和杨虎城将军为了实现他们多年前的诺言,经过尽最大的努力争取,始克达到的。”

③ 王民权:《于右任与陕西教育》,《炎黄春秋》2017 年第 1 期,第 59—61 页。

们知道,一所学校尤其是高等学府的创建,是多种因素综合的结果,非一人之力可以造就,因此不宜夸大其词或掩人功绩。尤其是在战争年代,更是举步维艰。因此,如实反映在西北农林专科学校创建过程中各种重要人物所发挥的作用,是非常有必要的,这既是对事实的澄清,也是对相关参与人员的尊重。

经梳理各种文献资料,试将创建该校各环节的基本情况叙述如下:

1. 战后闲聊,萌生建立农校之意

据三原人马文彦回忆文章称,①在武功建立农校的提议,是杨虎城、于右任和当地群众一起闲话家常中提起之事。详情是:1921 年冬春之际,第三路司令杨虎城将军驻军武功,在乾县迤北的铁佛寺歼灭了一个较大的护运队,接着又夜踏马嵬,捷报频传。当地群众闻讯前来庆贺,在闲聊中提到武功塬是我国夏商周三代以前,后稷教民稼穑的农业发祥地,但是近代以来,战事频仍,导致农业凋敝,人民饥苦,应振兴农业以济民生,才能更好地支持革命战争。此时,于右任也在场。于右任和杨虎城听后觉得有道理,经商议后均答应只要局势比较稳定了,力所能及的时候,一定会在武功办一所农业学校,专门研究农业问题和培养专业人员,帮助群众,发展农业。由于当时情况尚不允许,故此事暂时搁置。

2. 自然灾害是催化剂

1927 年,陕西遭受特大干旱,加之蝗虫肆虐,“武功、兴平、咸阳、礼泉、乾县、扶风、眉县等县,禾苗被吃精尽,或成秃株,或成赤地。②”1928 年,全国各地也遭遇各种自然灾害,依照当时灾情轻重分为四级,陕西为一级。③ 据统计,“全陕逃亡灾民总数为 781347 人,饿毙灾民总数……自

① 马文彦:三原县西关人。幼读私塾,后入渭北中学,1923 年考入上海大学,同年加入中国共产党。1926 年 5 月,受李大钊委派,担任于右任的俄文翻译。西安事变前后,马文彦作为杨虎城的参议,负责联络工作。抗战爆发后,马文彦积极在共产党和于右任之间传递国共合作的相关信息,后来作为于右任的秘书一同撤至重庆。按,此处对马文彦的介绍,只简述其与杨虎城和于右任之间的关系,其余不涉。

② 《陕西秋收又告绝望 蝗吃秋稼仅剩秃株》,《天津大公报》1927 年 9 月 24 日。

③ 《全国五千万灾民待赈》,《天津大公报》1929 年 4 月 25 日。

遭旱灾至（1929 年）4 月底截止，共饿毙灾民 206037 人。而灾重之县，甚至有每村每日饿毙数十人”①。《天津大公报》及时报道了灾情，并特地于 1930 年 5 月 12 日—18 日发起“陕赈周”，为陕西筹集救灾资金。② 复兴农业生产，培养专门的农业人才，成为形势所迫。

陝救命

救人一命勝造七級浮屠

為救陝西災民敬訴于本報讀者之前

特別報告

一募捐期間

二收款地點

三徵信辦法

注意

《大公报》头版公益广告《为救陕西灾民敬诉于本报读者之前》

1931 年春，杨虎城担任了陕西省政府主席，这一年，于右任回陕，杨虎城招待于右任住在当时设备最好、位于梁家牌楼的陕西省银行。有一天，杨虎城去探望于右任，谈话之间，于右任想起当年在武功答应设立农校的事情，便笑着问杨虎城：“咱们当年在武功曾对人民答应设立农校那件事，现在怎么办？”杨虎城随口回应道：“现在咱给人民还愿。”于右任笑着说：“那今天的话，文彦可是个见证人。”③

① 《惨哉陕灾》，《天津大公报》1929 年 6 月 25 日。

② 朱陶：《可贵的同情心：1930 年陕西旱灾与“陕赈周”——〈大公报〉公益活动初探》，蒋含平、李明发主编：《人·社会·技术：新传播革命与当下中国——安徽省第五届新闻传播学科研究生论坛论文集》，合肥工业大学出版社 2014 年版，第 122 页。

③ 马文彦：《西北农学院的创建和陕西水利的兴起》（贺志云整理），中国人民政治协商会议陕西省西安市委员会文史资料研究委员会编：《西安文史资料》第五辑，1984 年，第 167 页。

3. 戴季陶应时之需,首先正式提出创建农校

当时的西北农业教育状况堪忧,“便是有几个较为专门化的农业和工业学校,弄得简直没有学生去入”。开发西北,只有从建设西北专门的教育机构来解决。吸收西北优秀分子到这个伟大的学校里来,使他们接受专业的教育,将来作为开发西北的先锋队。① 社会上兴起一股开发大西北的舆论热潮,报刊纷纷刊载此类文章。不过,这些文章大多限于空谈而已,“过去几年间所谓的开发西北,一言以蔽之,自然逃不出我们前边所说的那两种开发——口头和笔杆。②”但是有一个人不一样,他就是戴季陶。1932 年春,国民党中央政治会议通过了戴季陶提出的“筹备建设西北专门教育初期计划”议案。聘于右任、戴传贤等十三人为筹备委员,同时由教育部负责计划进行。在紧接着召开的建设西北专门教育筹备委员会首次大会时,又推举于右任、戴传贤、张继为常委。③ 在戴季陶的计划中,第一条就是“先办国立西北农林专科学校”,而且在开办二年或三年之后,“可扩充为农学院”。还对学校的性质、经费配置、课程开设、校风建设等具体问题进行了规定。④ 在《关于经营西北农林专校办法之意见书》中,戴季陶说明自己主张建设西北农林专校“蓄意已久”,源于眼见陕西灾害严重,目击心伤,推本溯源(森林缺乏→土质粗松及气候干燥→水利问题→亢旱成灾),认为要解决这一系列的问题,必须设立农林专校以培养人才。对于建校,戴季陶还提出了四点注意事项:当革新校内教育之精神,当讲求校外合作之方法,当通筹垦殖之计划,当扩大农场作物之范围。⑤ 对于农校用人方面应注意的问题,戴季陶在《与子元先生论本校

---

① 天兀:《建设西北专门教育之必要》,《西北言论》1932 年第 1 卷第 2—3 期,第 10 页。

② 天兀:《建设西北专门教育之必要》,《西北言论》1932 年第 1 卷第 2—3 期,第 9 页。

③ 《建设西北专门教育筹委会成立》,《中国出版》1933 年第 3—4 期合刊,第 118 页。

④ 天兀:《建设西北专门教育之必要》,《西北言论》1932 年第 1 卷第 2—3 期,第 12—13 页。

⑤ 戴季陶:《关于经营西北农林专校办法之意见书》,《西北农林》1936 年创刊号,第 1—3 页。

用人施教方针书》中也有详尽的说明。① 从中可见戴季陶对建立这所示范性农校用心之深切。②

1932 年，上海国立劳动大学因“适在战区，校产又遭摧毁”，加之“国库支绌，办学力量允宜集中”、人员任免等复杂原因，国民党教育部于 6 月 11 日通令停办。③ 此后，劳动大学有内迁之意，各个地方竞争激烈。杨虎城闻讯，立即赶往南京和于右任商量，希望于右任能够想办法促使劳动大学迁到陕西境内去，这样就可以兑现当年的承诺了。于右任觉得有道理，于是动用各种关系，再加上自己在国内国际的影响和知名度，将该校的农学院（设宝山县大场镇）全部迁到武功的提议终于被通过了。④

4. 农校选址武功县张家岗

1933 年 1 月，于右任率领建校筹备人员，亲自前往勘测校址。于右任这次回陕视察，会同杨虎城和几位知名人士前往宝鸡、武功，视察宝鸡峡和西农的筹建情况。那时宝鸡峡水利工程还在酝酿阶段，于右任提出要请水利专家设计筑坝引水灌田，以防荒年。由宝鸡返回至武功西农筹建处，当时只有几孔新挖的窑洞以供筹备人员居住。十几个人围着一张方桌吃饭，条件虽然很简陋，但大家吃得很高兴，一边吃一边聊。于右任说：“武功是周武王用武成功而命名的。《诗经》上说：‘周原月无月无，堇荼如饴。’武功这个地方土地肥沃，野菜如糖。周的先人后稷，就是在这个地方教民稼穑的。武功塬上有个后稷庙，来纪念这位农业的创始人本是有意义的。我们在这里创办一所农学院，以纪念这位农业专家，就更有

① 戴季陶：《与子元先生论本校用人施教方针书》，《西北农林》1936 年创刊号，第 3—6 页。

② 按，戴季陶云：“此校不特当为西北造林垦荒事业之中心，兼当为全国新农林大学之起点。”见《关于经营西北农林专校办法之意见书》第 1 页。

③ 严海建：《蒋介石、党国元老与国立劳动大学的存废之争》，《史学月刊》2018 年第 11 期，第 70 页。

④ 马文彦：《西北农学院的创建和陕西水利的兴起》（贺志云整理），中国人民政治协商会议陕西省西安市委员会文史资料研究委员会编：《西安文史资料》第五辑，1984 年，第 168 页。

意义了。韩城是太史公司马迁的出生地,将来在那里创建一所历史学院,以纪念史学家司马迁,不是也有意义嘛。”在座者对于右任渊博的知识非常佩服。饭后,于右任、杨虎城等人看了工程师所设计的图纸,又亲自勘测了校址。①

1933 年,为西北农林专科学校勘址途中于右任与杨虎城等人合影

1933 年 4 月,西北农林专科学校筹备委员会聘请德国农林专家芬次尔(Fenzel)为教授兼林场主任。关于西北农林专科学校校址的选择,芬次尔也曾进行过专门的调研,在他的《西北农林研究所暨西北农林专门学校计划书》第三部分“西北农林研究所西北农林研究所农场林场暨西北农林专门学校地址之选择”中指出:“欲奠西北农林研究所及农林专科学校之基础使固,……研究所用之高台地以武功境属者最佳,咸阳次之,

① 屈新儒著:《关西儒魂:于右任别传》,人民文学出版社 2002 年版,第 181 页。

扶风殿焉;次就地价言,亦以武功为最低。”[①]在芬次尔的计划书里,还对农林研究所及学校的任务、工作及组织、人事安排等具体问题进行了阐述,这是对戴季陶“筹备建设西北专门教育初期计划”议案的进一步具体化。

经过多方实地勘测和周详的论证,最终决定将西北农林专科学校的校址确立在张家岗后稷教稼穑之区。对此,于右任非常满意,给予高度评价:“气势雄伟,风景绝佳。且临马融扶风之绛帐镇,张横渠之绿野亭,周至李颙,眉县李柏,诸儒故里,亦相接近,学术环境,允称美善。而隋文帝之泰陵,唐太宗之悬弧处,均毗连左右,创业君主之遗迹昭然可考,尤足激发青年崇高伟大之思想。”[②]

1933年,于右任与杨虎城、戴季陶、焦易堂等人勘查西北农林专科学校校址

学校开始兴建时,所用的青砖上题有“农专”二字,砖的左下角题款

---

① [德]芬次尔作:《西北农林研究所暨西北农林专门学校计划书》,石声汉译,《农村复兴委员会会报》1933年第2期,第144页。

② 西北农林科技大学编著:《西北农林科技大学》,重庆大学出版社2009年版,第14页。

“右任”，由于右任亲笔题写。由此可见于右任对这所学校所寄予的厚望。

于右任题写的“农专”旧砖

5. 于右任被推举为西北农林专科学校首任校长

1934 年 4 月 3 日《国民政府训令》（第 176 号）宣布了国民党中央政治会议（第 353 次）的决议、建设西北农林专科学校筹备委员会（第 6 次）会议决定，任命于右任为西北农林专科学校校长。① 于右任虽然答应担任此职，不过由于事务繁忙，不能亲临主持校务，故请王子元代理校长之职。但一应工作计划，仍以常务委员名义指挥进行。例如 3 月 23 日，于右任给张继、戴季陶写了一封信，说道：“病虽小愈，因医治便利计，目前未能入京，大会开会特嘱王子元同志代表参加。”②会后，王子元给于右任

① 林森、汪兆铭：《国民政府训令》，《国民政府公报》1934 年第 1402 期。按，筹备委员会这次在北京召开的会议，由常委之一戴传贤主持，委员王世杰、焦易堂、吴敬恒等出席，会议推举于右任为农林专校校长。于右任慨然答应任职。中央农业实验所编印：《西北农林专校推于右任为校长今夏开始招生》，《农报》1934 年 4 月 10 日第 1 卷第 3 期，第 59 页。

② 中国人民政治协商会议陕西省委员会、咸阳市委员会、三原县委员会文史资料委员会编：《于右任先生》，陕西人民出版社 1991 年版，第 205 页。

汇报了会议精神,据此研究了农林专科学校的具体施教方针。受于右任重托的王子元在筹建西北农林专科学校的过程中尽心竭力,认真负责。4月20日,在张家岗校址举行了大楼奠基典礼,西北农林专科学校宣布成立。1934年,王子元建议通过校刊介绍,使外界了解西北农林专科学校的筹备情况,于右任慨然应允,并为创刊号题写了“西北农林”几个字。1936年7月10日,《西北农林》创刊号出版。

陕西武功国立西北农林专科学校之校舍 查功伟摄①

1935年2月18日,于右任来该校视察工作,住了四天,对学校各个方面的工作较为满意。于右任对文物保护非常重视,他指示王子元:“本校所属地方,经掘出之古物,一律交庶务组妥存,待后处理。”西北农林专科学校建设初期,未建系、组,未开课程,先办场站、抓科研。在修建校舍时,同时制订计划,聘请教师,设置专业,开始招生,最终使建校招生一并完成。对此,于右任颇为赞赏。为了鼓励王子元继续努力,于右任在1935年8月1日写信给王子元,希望王子元以筹备主任的身份主持校

① 查功伟:《陕西武功国立西北农林专科学校之校舍(照片)》,《学校新闻》1937年第51期,第12页。

政,原文为:“子元弟:‘我决不能就职。望弟以筹备主任维持。至要!至要!’”①西北农林专科学校基本建成之后,于右任原本想让王子元继续主持校政,但由于种种原因,王子元被迫辞职,以致一度精神失常,于1937年年底举家返回故乡三原。1938年,《教部办西北农林大学》载:“教育部为培植农业人才及开发西北利源起见,特将国立农业专科学校暨国立北平大学农学院合并,改组为国立西北农林大学。校址设于陕西武功。……派辛树帜、周建侯、曾济宽等三人为筹备委员,筹办合并改组事宜。”②

综上所述,于右任在西北农林专科学校建立过程中的作用显而易见,这与他心系桑梓、关注民生疾苦的情怀是一以贯之的。戴季陶应时之需,正式提出建校并拟定校名、设定详细规划、负责具体事宜、题写校名等功绩,也应如实对待。不过,不能因为于右任没有正式提出像戴季陶那样详细的规划,而轻视他对于农校建立的功劳,在措辞中一定注意不能失之偏颇。③

五、陕西大学筹划始末

陕西大学仅有其名而无其实,但因为和于右任关系密切,故最终虽未创立但作为当时对陕西教育界影响较大的一件事,很有必要厘清其前因后果,以免代远年湮,史实不清。

于右任倡议在陕西创建一所新的大学,有两个目的,一是为纪念“西安事变”,二是为解决陕西学生接受高等教育的困境。这所大学,于右任等人初步计划命名为“中正大学”,地址设在临潼县(今西安市临潼区),经费由旅川同乡会筹措一部分,其余由陕西自行募集。从校名的选定及校址的选择来看,的确是为了纪念所谓在“西安事变”中“蒙难”的蒋总

---

① 中国人民政治协商会议陕西省委员会、咸阳市委员会、三原县委员会文史资料委员会编:《于右任先生》,陕西人民出版社1991年版,第205页。

② 《农林新报》1938年第15卷第30—31期,第37页。

③ 王民权:《于右任与陕西教育》,《炎黄春秋》2017年第1期,第61页。

裁。下文这则电报具有滞后性，是针对此前社会上尤其是陕西已经沸沸扬扬的各种传闻而作出的解释性回应。以下转录 1944 年 4 月 16 日于右任发给祝绍周、胡宗南的电报原文：

祝主席、胡副长官勋鉴：

前多日与渝、蓉诸友洽商，拟在临潼创设中正大学，以为总裁蒙难纪念并应地方需要。刻经费一部，由旅川同乡会筹措，余由陕西募集，正拟与兄电商办法，不意各报未明事实，先期发表，名称亦误。兹特详陈经过，用备卓裁，即恳共同发起，以策进行。鄙见如有未周，切望随时赐教为幸。于右任铣。①

电文中所说的"各报未明事实"，据说是缘起于于右任的女婿屈武。在上述电报发出之前约一周时间，屈武回到陕西，透露了这个消息。至于当时是如何透漏，又是向谁透漏的，说错学校名字是故意为之还是另有隐情，则不得其详。但可以肯定的是，这件事如一石激起千层浪，在陕西乃至中国报业界、教育界等领域引起了较大的反响。《秦风日报工商日报联合版》（以下简称《秦风日报》）是较早刊登这则消息的报纸，其 4 月 8 日首次报道如下：

（本报讯）据关系方面消息，于右任院长鉴于吾陕文化落后，近颇注意于地方教育之设施。其主张分为两点：第一，增加高级中学；第二，筹办"陕西大学"。于院长认为吾陕自抗战以来，初级中学固已有相当发展，然因高级中学为数有限，不能尽量容纳多数的初中毕业之升学学生，致彼等颇失上进之门径，殊属可惜，故补救之道理，惟有增加高中。但高级中学毕业生一旦增加之后，本省若无适当之大学以适应其上进之要求，则彼能除少数有资力者得负笈他省外，多数仍将辍学而失深造之机会，亦将影响地方文化之发治（展）。故于院长又倡议及时筹办"陕西大学"，以资补救。至大学校址，于院长认

---

① 王民权、王广利：《于右任创办"陕西大学"始末》，《陕西档案》2004 年第 2 期，第 40 页。

为最理想者为临潼县华清池附近。经费一层,于院长谓四川各地陕西会馆产业颇多,一部分或可变卖,至少当能由此筹措一千万元。于院长且允负责进行此事。闻祝主席对筹办"陕西大学"极表赞同,且允积极进行云。①

4月9日,《秦风日报》又刊登了题为《响应于右任先生筹办"陕大"主张》的社论。对于右任的这一主张给予了高度赞誉,择其要者,转录如下:

我们认为于先生之倡导筹办陕大,便是发展陕西文化教育的重要步骤之一。

故"陕大"之设立,并非多余。……我们认为"陕大"之设,诚有必要。

我们认为于先生于今日倡导筹办"陕大",尤深合时宜,凡我陕人均应力加赞助,促其实现!

我们主张"陕大"首任校长,应由于先生担任。于先生外为党国元老,在中央固有其重大责任,其对国家之贡献自高于其任"陕大"校长,然为"陕大"之前途着想,为于先生对桑梓之文化建树着想,于先生若能利用其崇高的地位与宝贵的余年而经营"陕大",则其意义之重大或亦不减于其任职中央。吾人甚盼于先生将来予以考虑,尤望各方面将来共同主张。

吾人殊乐观其成,凡我陕人均应共襄盛举!

以这两则报道为源头,其他报刊纷纷争相报道。例如《中央日报》4月10日《于右任倡办陕西大学》报道:"(中央社)西安九日电:于院长右任,近鉴于陕省高中毕业生日增,省境以内,苦无适当大学可以继续攻读,对于陕省青年之培育,实为重大障碍,特倡办陕西大学一所,籍收补救之效,地址经费等问题,俱有具体决定。祝主席绍周对此极表赞成。"同日,《扫荡报》原文转载。11日,《青海民国日报》刊登了《于院长倡办陕西大学　祝主席

① 王民权、王广利:《于右任创办"陕西大学"始末》,《陕西档案》2004年第2期,第39页。

极表赞同》，《徽州日报》发表了题为《于院长右任倡办陕大》的简讯。

这些报道引起了一系列相关的讨论，例如关于校址选择问题，健牲撰写了《为“陕大”地址向于先生暨当局进一言》，4 月 14 日刊登于《秦风日报》。建议于右任将陕西大学校址设在宝鸡市眉县汤峪口，并从多个角度阐明了理由。[①] 4 月 22 日，《秦风日报》又刊载了张迺斐所撰写的批驳健牲观点的文章，赞同于右任将校址选在临潼的想法。[②] 暂不论这些观点合理与否，但他们对于建立陕西大学这件事的热切及认真程度，从中可见一斑。4 月 28 日，《秦风日报》《扫荡报》等均发表声明，对报道失实一事进行了澄清。

其实，在 4 月 16 日，于右任已经就社会上误传的“陕西大学”之事进行了澄清，但在各类报道中，仍少见“中正大学”之称。究竟是屈武“传错话”、陕西“会错意”，还是另有原委，不得而知。不过，早在此前一年，即 1943 年 12 月 23 日，《秦风日报》刊登了题为《十二次会提案续志　筹设国立陕西大学》的一则报道，称王参议员德崇等八人提出第三十条提案，建议在西安筹设“国立陕西大学”，以解决西北建设人才匮乏的困境。当时已经形成决议：“咨请省政府转咨教育部，从速照案办理。”[③]于右任等人提出在临潼创建“中正大学”，本应与此事不相关，但不知为何会在所谓

① 按，该文认为：“汤峪口旁多土山，遍栽松柏，冬青常绿，风景尤佳；一水泻出，直通渭河；山口熟荒，一望无际；背倚太白山，面对张家岗，与国立农院遥峙，相隔不足念里。土山可修筑窑洞之楼，熟荒可供学生垦耘。温泉不亚临潼，山高且超过之。兴建校址，土石木料，采购称便。学生食粮，可由鄠、盩、郿、岐所产米麦供给。冬可观松柏雄姿，夏可濯足游泳，学生心胸不至养成优柔都市之烟火气。如能遍山植种果树，周围灌养菜蔬，则更可致学生于健康。”

② 按，该文认为：“临潼接近西安，交通便利，而西安复为人才荟萃之地，教界名流聘请执教，当不成问题，此其一也。‘骊山晚照’为长安八景之一，华清池温泉又至有益于卫生，均为‘陕大’不可多得之天然环境，此其二也。登山北望，沃野千里，可开心胸，可清脑力，你若是个骚人，既可登高以舒啸，又可临流而赋诗，殊有益于修养，此其三也。倘以临潼、郿县汤峪口相较，将判若霄壤，焉能相提并论？”

③ 按，当时的陕西，高等教育资源比较匮乏，其实早在 1937 年，就有在西安设立大学的计划：“中央社西安六日电，教育部在陕西设临时大学。校舍已觅定前第三中学旧址，埃部派人员到陕，即开始布置，筹备开学。”（《边疆教育：陕西临时大学校址已觅定》，《边疆》1937 年第 3 卷第 4 期，第 46 页）北平大学、国立北平师范大学（今北京师范大学）、国立北洋工学院（今天津大学）三所院校于 1937 年 9 月 10 日迁至西安，组成西安临时大学。

的"以讹传讹"过程中被合二为一,尚有待考证。但据此可知,当时关注陕西大学教育的社会贤达不在少数,是情境使然、民心所向之举,这就无怪乎于右任提议建设"中正大学"的事会被传得街知巷闻。还有一点推测,于右任阐述创建大学是为了纪念所谓总裁"蒙难",又拟将校址设在临潼,关涉到当时社会大众对"西安事变"的情感认同问题。屈武作为于右任的女婿,对于右任创建大学的事应该比较了解,应该不会在大学校名如此关键的问题上弄错。所以,这件教育界的憾事,不应归因于简单的"口误"。

于右任在电文中所说的建立这所大学的目的之一,是为了纪念所谓在西安事变中"蒙难"的蒋总裁,究竟是对这一重大历史事件的态度倾向使然,还是"明修栈道,暗度陈仓"之良苦用心,或二者兼而有之,亦难以断然述说。但于右任情系桑梓、为陕西教育费心劳力的赤子情怀,毋庸置疑。

前期的舆论造势,使得人们认为此事已属十拿九稳,而且已经被列入了 1945 年的陕西省施政计划之中。1944 年 12 月 3 日《西北文化日报》刊载《陕省明年施政计划　筹建陕西大学》一文称:"陕西省政府设计考核委员会,顷拟定三十四年度工作计划草案,经第四十四次委员会议决定通过,并就原计划确定七项要点,根据要点确定中心工作,其要点如下:……充实师范及高等教育培育人才,并筹建陕西大学。"1945 年年初的各种关于此事的报道,也是令人振奋的。《国风日报》1945 年 1 月 20 日刊载《陕教育动态　陕西大学筹设有期》称:"酝酿已久之陕西大学设立问题,闻本省当局,刻已列为本年度教育计划之一,并经行政会议议决,积极筹备。顷悉,教育厅已准备组织建校委员会及筹备保管委员会,该两会组织及工作草案,已经由教育厅造呈政府,俟省府核准后,即行组织,并由省府转呈中央核示。"1 月 22 日,《西北文化日报》刊载《陕西大学明春可成立》一文称:"陕教育厅长王友直顷语记者,陕西大学短期内即可着手准备。(中央社)"2 月 20 日,《新生晚报》之《陕省本年教育计划　设立陕西大学》亦刊载了这则讯息。陕西省为积极促成陕西大学的创建,还成立了以省主席祝绍周为主任委员、教育厅长王友直及"陕西省军政长官暨学者为委员"的"陕大筹备委员会",下设校务计划、经费保管、工程建设三组分头工作。为了筹措办学经费，省上又特别组织了由省主席及财政、建设、教育三厅厅长为委员的陕西大学基金筹募委员会，确定这一块经费由四个渠道解决：“（一）以省原有有价证券及其他公有财产划拨之，（二）呈请中央拨款补助，（三）划拨省银行红息及企业公司盈利，（四）由各区专员督饬各县负责筹募。”①一切看似都在有条不紊地进行着，但是5月份的时候，情况发生了改变。1945年5月22日《西北文化日报》刊载《陕西大学暂缓成立　促请西北大学迁省》称：“陕西省政府委员会于十八日举行第六十五次会议，各厅委均出席，决议要案择载如下：……（二）主席提议，据教育厅签呈之奉交行政院指令，以据本省呈请设立陕西大学一案，就目前及战后言，皆无筹设大学之必要。省经费如有余款，似应用以充实中等及国民教育等因，拟具意见，请鉴核等情，如何之处，请公决案。决议指定基金□建校址，以为充实并扩展各专科学校之用。咨请教育部及早筹划西北大学迁设西安事宜。”已经近乎铁板钉钉的事儿，突然间急转直下，“急需”变成了“无必要”，的确令人费解。但于右任和陕西当局并未放弃努力，11月下旬时情况有所转机。11月22日，于右任来西安，西安各界在西京招待所举办欢迎宴会，于右任发表即兴演讲，说自己“来陕时曾晋谒蒋主席，请准开办陕西大学，并请罗斯福图书馆移设西安。当经主席面允，并嘱转告，希地方各县今后加紧努力建设……完成建国大业”。这一席话，无异于绝望之中的希望之光，与会者闻之，非常振奋。随后，省立商专、医专、师专各出代表若干人，成立了“陕西省立和专科学校学生响应成立陕大暨罗斯福图书馆设立西安联合会大会组织”，决议：“（一）派遣代表晋谒祝主席、王厅长，请其介绍面谒于院长，表示谢意，并望即日促其实现；（二）向蒋主席及教育部致电，请求即予成立；（三）即发宣言公告社会人士，一致热烈拥护。”12月19日，于右任还亲自接见了石顺乾、纪职贤、杨超、谢泰来、杨世德等五位学生代

---

① 王民权、王广利：《于右任创办“陕西大学”始末》，《陕西档案》2004年第2期，第40页。

表,表示"愿以最大努力,完成同学之愿望",并宣称:"除少数枝节问题须待返抵重庆与政府研究外,陕大之成立绝无问题",希望转告各校同学"安心学习,努力读书"。然而,5月份提出的西北大学回迁之事,此时又被推至公众面前,而且大有不可阻挡之势。1946年1月5日至19日,陕西省议会召开第一届大会。关于创建陕西大学和西北大学迁移之事讨论得非常激烈,双方"各持己见,互不相让",甚至"大家瞪起眼睛,握紧拳头,撑硬了腰干(杆),挺直了脖子,闹得一片混乱"。①

历时近两年的创建"陕西大学"之事,最终未能如愿,政界、报界及大众的关注和热望也逐渐消退。停留于"议案"和人们心中的这所大学,以"蓝图""愿景"的形式,在中国教育史上留下了浅浅的印痕,知之者甚少,以至于大多研究于右任的论著失于记载。莫以成败论英雄。于右任在这件事中的努力以及他对陕西教育的殷切关注和倾力付出,不能被忘怀。

六、国立西北联合大学(城固)

1937年9月,国民政府教育部颁令:"以北平大学、北平师范大学、北洋工学院和北平研究院等院校为基干,设立西安临时大学。"10月18日,国立西安临时大学正式成立。1938年3月2日,由于山西失守,日寇占领风陵渡,潼关告急,西安临时大学从3月16日开始南迁汉中,四月初师生全部到达汉中。4月3日,国民政府教育部发布训令:"国立北平大学、国立北平师范大学及国立北洋工学院,原联合组成西安临时大学,现为发展西北高等教育,提高边省文化起见,拟令该校逐渐向西北陕甘一带移布,并改称国立西北联合大学。"校本部设在城固县。国立西北联合大学设有文学院、理学院、法商学院等4个学院12个系,培养了大批优秀人才。于右任曾去过该校两三次,但他很少作大报告,而是和学生讲故事、聊天,他在法商学院所讲的自己游览甘肃鸣沙山的故事,学生们听得津津

① 王民权、王广利:《于右任创办"陕西大学"始末》,《陕西档案》2004年第2期,第40页。

有味。[①] 抗日战争胜利之后,于右任和西北大学前校长刘季洪共同促成医学院校址的扩充,从而奠定了西北大学的永久基础。[②]

国立西北联合大学旧址

七、东北大学工学院西安分院

1923 年 4 月 26 日,张作霖创办的东北大学在沈阳正式宣告成立。办学宗旨为:“本大学以研究高深学术,培养专门人才,应社会之需要,谋文化之发展。”[③]1928 年 8 月,张学良出任第三任校长,随后将原有的四个学科改为文学院、法学院、理学院、工学院四个学院。1931 年“九·一八事变”后,东北大学师生开始了颠沛流离的生活。1933 年 10 月,东北大学恢复大学委员会。经国民政府教育部教字第八九二九号指令备案的东北

① 政协汉中委员会民族宗教文史学习委员会编:《天汉回眸》第五辑,陕内资图批字(2015)JH03 号,第 97—99 页。

② 刘季洪:《为西北建立高等教育基础》,杨德生主编:《西北大学教育理念文选》,西北大学出版社 2004 年版,第 55 页(页下注)。

③ 王鸿宾等主编:《东北教育通史》,辽宁教育出版社 1992 年版,第 482 页。

大学委员会成员名单，于右任在委员之列。①

1936 年 2 月，“西北剿匪总司令部”副总司令张学良深感形势日益严峻，慨叹“华北之大，已安放不得一张平静的书桌了”②，加之他想在西北掀起学生爱国运动，便拟将东北大学工学院、补习班先行从北平迁移至陕西。张学良根据于右任的提议，拟选择三原县宏道书院为校址，并指示卢广绩前往考察。当时的宏道书院，虽有三百多间房屋，但破旧不堪，而且场地面积也有限，不适宜做大学校址。张学良亲自察看后，也认为不合适，于是最后选定西安郊区的一所农校（即陕西省立西安初级农业职业学校，后改为陕西省农林职业学校）作为校舍。师生于 2 月 17 日、3 月 11 日分两批抵达西安，至此，东北大学西安分校成立，成为当时西安唯一一所高等学校。③ 抗日战争时期，此地被胡宗南所部占据，称为战时干部训练团第四团。据第五期学员和留团区队指导员薛玉回忆，在此期间，蒋介石、宋美龄、何应钦、于右任等人曾来校给军官训话。历经磨难的东北大学只在此地待了两年零一个月时间，便再次南迁。东北大学在西北大学旧址上留下了不少建筑，还扩大了几百亩地盘。④

第三节　军事及职业教育

一、军事教育以培养革命人才

1927 年 1 月，于右任正式就任国民军联军驻陕总司令部⑤司令，军务之暇，他依旧不忘教育事业，整顿教育厅及各级教育机关，“集诸学人，议

① 东北大学史志编研室编：《东北大学校志》（第 1 卷下册）（1923. 4—1949. 2），东北大学出版社 2008 年版，第 1381 页。

② 张在军著：《东北大学往事》（1931—1949），九州出版社 2018 年版，第 107 页。

③ 张在军著：《西北联大：抗战烽火中的一段传奇》，金城出版社 2017 年版，第 264—266 页。

④ 姚远等撰：《图说西北大学百十年历史》，西北大学出版社 2017 年版，第 116 页。

⑤ 按，1927 年 5 月，国民军联军驻陕总司令部改名为“国民革命军驻陕总司令部”。

定教育宗旨”,制定了“教育以培养国民革命实际斗争人材,实现民族、民权、民生主义,达到世界革命为宗旨”的“陕西革命教育宗旨”,并将 1927 年 4 月 3 日定为“陕西革命教育日”。颁布了一系列改革教育的法令,涉及改革旧教育的制度、普及民众教育、宣传执行平民教育、严禁军队挪用或截留教育专款等方面,“为要在短期中造成适应初期工作的人才”,实行强迫的革命教育。[①] 与共产党合作创办“西安中山军事学校”,就是这一主旨的实践结果。

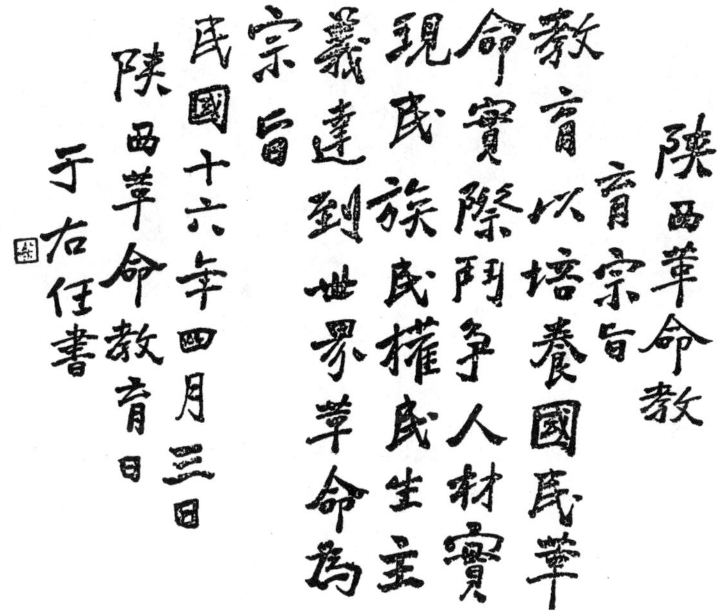

于右任先生题词,陕西革命教育宗旨

国共两党为从速提高部队基层指战员的战斗素质和政工人员的业务水平,从上至下转变官兵的政治态度,加强中国共产党和左派势力在国民军中的力量和影响,以适应迅速发展的革命斗争形势,在中共陕甘区委的

① 张开颜:《于右任与陕西地方教育》,《陕西档案》2004 年第 6 期,第 44 页。

大力支持下，国民军联军总部和驻陕总部决定在西安筹建一所军事学校。① 经商议，定校名为“西安中山军事学校”，校址选在西安北院门。

西安中山军事学校旧址

1927 年 2 月，西安中山军事学校筹备处成立。3 月 31 日，西安中山军事学校举行开学典礼。国民联军驻陕总司令于右任、副总司令邓宝珊、苏联顾问伊诺夫及冯玉祥等许多官佐参加了典礼。由中共党员史可轩任校长，李林任副校长兼教务主任，邓希贤（邓小平）任该校政治处处长兼政治教官。苏联顾问乌斯曼诺夫、赛夫林等也担任了教学工作，学校中的革命气氛十分浓厚。5 月 12 日，西安中山军事学校正式开学。关于这所军事院校，邓小平曾在回忆中提到：“这个学校是当时担任国民革命军驻陕总司令的于右任办的，于当时属于国民党左派，这个学校的主要职务都是由共产党派人担任的。……我担任学校党的书记。学校经过短期筹

① 白明高：《略述西北中山学院和中山军事学校始末》，《军事历史研究》1990 年第 4 期，第 129 页。

备,很快办起来了,学生不少是党团员,除了军事训练外,主要是政治教育,健全和发展党团等项工作。政治教育主要讲革命,公开讲马列主义。在西安,是一个红色的学校。"①这所军事院校的教育宗旨是:"培养国民革命实际斗争人才,实现民族、民权、民生主义,发展世界革命。"②学校按照黄埔军校的做法,在课程设置上采取军事与政治并重的原则,以讲授中国革命、世界革命的理论为主,同时讲授军事知识。开设社会主义概论、国家与革命及新三民主义、劳工神圣等政治理论课。主要培训国民军营以下初级军官,共招收两期学员。冯玉祥、于右任等人曾多次去学校视察,他们对国共两党合作办学所取得的成效,大为赞赏。武汉国民革命政府主办的汉口《民国日报》更是给予该校以"西北之黄埔""第二黄埔"的荣誉称号。

6月12日至21日,蒋介石、冯玉祥举行"徐州会议",会上,蒋介石答应从7月起接济冯部军饷250万元,冯即答应与蒋联合作战,进行北伐,并就"清党"问题达成密约。7月中旬,冯玉祥为了解散中山军事学校,命令该校与国民联军驻陕总部保卫队合并为一个旅,由史可轩率领,东出潼关,开赴河南"整训",该校因此宣告结束。③

西安中山军事学校是国共合作在西北创办的一所培养革命军事人才的学校,虽然从建立到解散仅有短短几个月的时间,但所起到的作用和产生的影响是比较大的。在西安中山军事学校的影响和带动下,当时西北地区一度出现了军校热。国民军在包头、银川、兰州等地,先后开办了16所军事学校,培养了8000多名各类军事人才,其中有不少人成为共产党和工农运动的骨干人物。在西安中山军事学校创办过程中,于右任表现得非常积极,提供一切便利条件,例如解决学校训练所需枪支,还亲自为

---

① 李新芝主编:《邓小平实录1》(1904—1945　改革开放40周年纪念版),北京联合出版公司2018年版,第43页。

② 《邓小平大辞典》编委会主编:《邓小平大辞典》,红旗出版社1994年版,第69页。

③ 张树军主编:《图文中国共产党纪事1》(1919—1931),河北人民出版社2011年版,第266页。

该校题写校牌。[①] 与此同时，在西安还成立了“西安中山学院”，这所学校是国民军联军总部在“收束”西北大学（今西安东厅门西安高中校址）的基础上创办的军政干部学校，目的也是为了培养革命人才，于右任与此校亦有关联。[②] 西安中山军事学校和西安中山学院为陕西革命事业培养了大批的优秀人才，作出了突出的贡献，被誉为“姊妹学校”[③]。

二、职业教育以培养专门人才

1. 国立西北农林专科学校附设高级职业学校

1934年2月，国立西北农林专科学校筹备委员会决议在本年度第一学期创设“国立西北农林专科学校附设高级职业学校”，校址设在国立西北农林专科学校内。[④] 作为筹委会三大常委之一的于右任，在建立这所高职学校的决议中，亦应有所贡献。同年4月，于右任被正式委任为农专的校长，对于该校附设的高职学校，自有源于职务之管理与支持，至于具体校务的开展，则因于右任忙于政务，亲临理政的机会并不多。

2. 斗口村农事试验场与农业技术培训班[⑤]

泾阳县斗口村是于右任祖籍所在，于氏世代居住在这片土地之上，以农耕为主。清代将重心放在对黄河的治理上，对陕西的泾渭水利则并未予以特别的注意，因此，西北旱荒特别多。1929年陕西遭受特大旱灾，情

---

① 张慈农著：《山丹丹花开》，三秦出版社2015年版，第25、22页。

② 按，1927年2月16日，国民军联军总司令冯玉祥致电于右任等，要求西安中山学院尽早开课，电文略为：“本军党务及政治工作人才缺乏”，“各方均向总部请求派人，无法应派”，“中山学院应定日开学，赶速训练大批人才，以应急需”。杨范清主编，中共西安市委党史研究室著：《中国共产党西安历史》（第1卷1921—1949），中共党史出版社2005年版，第87页。

③ 康民著：《冯玉祥在西北》，甘肃人民出版社2009年版，第109页。

④ 《本校附设高级职业学校概况》，《西北农林》1936年创刊号，第1页。

⑤ 按，1934年冬季，赴法留学硕士安汉（1897—1943）曾亲赴斗口农场视察，并就农场名称（建议改为“斗口村模范农场”“斗口新农村”）、目的、具体工作（园艺、农村改进、农艺）、土地分配、组织、职工、牲畜及农具、经费分配等方面提出了较为详尽的建议。具体参见安汉：《对于于右任先生创办之三原斗口村农业试验场改进意见》，《西北问题》1935年第2卷第9/10期，第6—8页。

1930 年,于右任视察泾惠渠工地

势危急。家乡人民遭受大灾的场景深深地刺痛了于右任的心,他多年投身革命,涉足经济比较发达的东南各省,深刻体察到家乡农业落后。于是,他萌发了走科学务农之道,改良农业,增加生产,以解民倒悬之苦。斗口旧为白公渠分水处,①为了解决农业灌溉问题,于右任多次进行实地考察。

兴办农场,土地是首先需要解决的问题。当时的斗口村一带,由于饥荒,原住民无力耕种,于是将土地转卖给豫、鄂等外省人。目睹此情此景,于右任心如刀绞,他委托张文生、辛泉逸等人,以公平价回购了千余亩这一类土地,还将自己祖遗和本户族人的 300 亩土地并入其中。1930 年,斗口村农事试验场正式建成。办公地点在坡梁以东,院中坐北向南有一

---

① 按,公元前 111 年,在秦郑国渠北岸开六小渠,公元前 95 年又在其南面修白公渠,与郑国渠合称郑白渠,是现在泾惠渠的前身。

座中式楼房，共五间屋子，门额上镶着于右任亲笔所书“博爱”二字。办公室背后左右两边各修建鱼池一个，中间建有玻璃温室七间，用于栽植名贵花卉。办公室南边西侧建有鞍架式仓库五间，东侧厦房十间为职工灶房和农具室。员工宿舍和厩舍在办公室的西北方向，人称“第一办公室”，系以于右任的祖宅地基所扩充，后因水位逐年上升而废弃为耕地。1934 年，于右任请上海建筑公司来斗口农场，在北坡梁上重新建造了一栋建筑面积为 487 平方米的小楼房，主要作为园艺部、农艺部的办公室及负责人的住宿处，被称为“第二办公室”。于右任此后回农场，大多在这里休息。①

由于常住南京负责监察院事务，为了与农场更好地沟通信息，于右任特设了农场董事会，由张文生、马文彦、刘鲁堂、吴伯坚、杨蕴章任常务董事，主持日常工作，并定期汇报工作。农场共有员工 60 多人，设农艺、园艺、总务三组，聘请翁心桐、崔致学、杨好经、学士钊分管业务。② 此外，“雇工经常在百人以上，在西北各省的私人农场中，可算是最大的一个。”③

于右任邀请了西农园艺教师杨蕴章担任场长，全面负责物种的选择和栽种工作。农场各种作物层次丰富，其中果木占地面积约 400 亩，粮棉等农作物约 700 亩，花卉约 30 亩，蔬菜约 10 亩，这些土地上所栽植的大多是从各地引进的优良品种，例如当时出自农场的苹果因品质优良而被誉为“斗口苹果”。斗口农场里除大部分土地为粮食、经济作物试验耕地以外，还购进了许多名贵花木，豢养了一些飞禽走兽如孔雀、狗熊之类。

---

① 马志勤:《于右任创办斗口农场》，中国人民政治协商会议陕西省三原县委员会文史资料研究委员会编:《三原文史资料》第四辑，内部发行 1987 年，第 103—104 页。

② 马志勤:《于右任创办斗口农场》，中国人民政治协商会议陕西省三原县委员会文史资料研究委员会编:《三原文史资料》第四辑，内部发行 1987 年，第 106 页。按，张云家所著《于右任传》第十二章《斗口村的农庄》(第 140 页)记载:“在农场里面，设有森林部、花卉部、蔬菜部、果木部和农艺部等。”

③ 张云家著:《于右任传》第十二章《斗口村的农庄》，第 140 页。

每逢节日或农闲时，游人不断，人们每以“斗口花园”称之。[①] 1939 年，于右任返回陕西，前往农场，临别时，恋恋不舍，作《斗口农场》诗云：“万木参天起箭杨，玉屏飞翠护农场。余生誓墓知无日，白首依依去故乡。”[②]

虽然这座“花园”现已不存，但据资料记载，可了解其当时的样貌。1947 年 5 月 10 日，上海《益世报》第八版刊登了一篇题为《于右任先生斗口农事试验场》的报道，作者刘延涛曾 1938 年、1942 年、1944 年、1946 年多次前往农场，而且因病在农场休养过三个多月，故其所闻所见，当可采信，择其要者罗列如下，以飨读者。

> 场广一千二百余亩，农、园艺各半。……十余年之经营，万木参天，嘉禾蔽野，四时花香袭人，到处禽语留坐。除农场本身对于社会之伟大贡献外，已成为著名之风景区域。……凡到此者，于其去，无不依依也。……场中间横过一渠（即泾惠渠），为工作及称呼之便利，分为渠东渠西。第一办公室在渠东的极东处，是农场的大门。第一办公室后面，是菜园。与菜园为芳邻的，是花园。花园的南头隔一条路是荷塘，其西隔一条路是果园，果园南为苗圃，西为牡丹及芍药畦，再西为坡梁。坡上第二办公室在焉，室北为榆树林，室南为花园之分部，再南为杏林，余地为农田。坡西临渠，渠西更以一路中分，路南为果园，北为农田，再西则为果园之本部。此其分部之位置。
>
> ……随在都有异趣。即以场中各部区的分界方法与行道树木而论，如菜圃与花圃中间隔一道苹果墙，是用苹果树加以人工的修剪，成了屏风式，一株一株的排列在那里。花圃的南边，又密轧轧的种一道木槿，工人把它剪的像南方花园的冬青篱笆，但是在春夏之交，多了烂漫的花朵；苗圃的周围，又种一圈子梅花。渠东果园的西边，种了一里来长的蔷薇，在果木花谢后，蔷薇有的爬在上面，开放着不同

① 佚名：《于右任先生在故里的二三事》，陕西省三原县《于右任纪念集》编辑组：《于右任纪念集》，1984 年，第 26 页。

② 杨中州选注：《于右任诗词选》，河南人民出版社 2019 年版，第 260 页。

> 的颜色，因风欹侧，像在美人钗头颤袅。果园的北边，种了一道很长的石榴，也剪的像花圃的槿一样，在果园与花园中间的道上，两边种的都是箭杨，一株一株的紧挨着，竞争者上长，都是同样的粗细，同样的高低。风起时，雪白的身子在舞动着，翠绿的叶子又好似在歌唱。这是场中最美丽的风景之一，即先生诗中所谓“玉屏飞翠”也。坡梁的东边，种了一道栎树，到了秋天，各种木叶脱落的时候，他开着宝塔式的黄花，渐渐变成红色而下垂，远远看来，像是挂了一树灯笼。坡梁的西边，沿渠岸种的是龙爪柳，西（夕）阳欲坠时，由这湾湾（弯弯）曲曲的柳丝中望过去，把那辐射的光芒，变成了金色的曲线，在盈动，这是最美的诗的境界。第二办公室的东西北三面，种的是拐枣，树枝紧靠着窗子，枣熟时，由窗子内一伸手，就可摘食。……由坡梁直到渠西果园尽处，约有三里长的路旁，现在种的行道树是银杏，“枝条直上公孙树”，一望无际，这是多么美丽的画境！农场门口往三原去的路上，又以杏树为行道树，这不独花开时，给予行人以芳香的慰藉，而在杏熟时，又是天赐的恩果！
>
> ……先生的农场，无围墙，无守卫，不但任人参观，而且真是“刍荛者往焉，雉兔者往焉”。
>
> ……到了春天，富者贫者，学人雅士与村媪田夫，徘徊花下林间，各乐其乐，不知人间尚有阶级之斗争也。这一代伟人的故乡斗口村将永为西北大众的乐园，农业革命的中心。

从以上文字记载，我们可以约略窥知农场当年的盛况。这样一座美丽的农庄，虽为私人创建，但并不设围墙，对此，于右任解释说：“芘芾甘棠，无剪无伐。难道说还有人来看守保护吗？我办农场是为了大众谋利益的，不是为个人谋享受的。做得好，人民不惟不肯毁坏，一定还要替我来保护；做得不好，国防还能被人攻入，何况是薄薄的一道墙！而且若是不好，便是地方之害，留它何用？西北的人民，实在太苦了，他们买不起果子，果子树也不许他们看看吗？他们纵然摘一半个果子吃，难道果子就不许没有钱的人吃吗？”

为了在节省开支的情况下改善职工生活，农场开办了副业经营，附设油坊、粉房、醋房、豆腐房。通过杂粮加工后的副产品，饲养鸡、猪等家畜，然后以内部价供应给农场职工食堂，从而形成了一个良性循环。当时的职工对此非常满意，说“在农场干事，吃的好，虽挣钱不多，但省钱不少。[①]”

创建农场的初衷，不仅仅是在农场内部形成自给自足的小环境，最终的目的还是为了造福一方百姓。基于此，农场免费向农民传授技术，低价供应良种。当时泾阳、三原一带很多人家都有几株果树，亲友之间时常以新鲜的水果相互馈赠，这些水果就是种植户从农场获取的世界著名品种的果树所产。这在内地各省是很少有的情形。为了改换当地群众家中所饲养的马、牛、羊等家畜的繁育品质，农场还特地选购了各地的优良种畜，开展配种业务。

农场还非常注意对农业人才的培养，长期招收练习生，学理方面，由场内专门学者来讲授；技术方面，以场中果木的修剪栽培等进行实战练习。训练的时间，一般为两年。此外，农场先后开办了三期农技培训班，招收范围为具有高小以上文化程度的学员，实行半工半读，先后培养了百余名农业技术人员。这些人才，有的就地安排在农场工作，有的则回到家乡，成了地方园艺的指导者。还有的继续深造，例如有农艺职称的为段逢显、孙升云、罗碧吾、牛百寅等，考入大学深造的有李济南、孙恒荣等。[②]

为了扩大农场对周边村镇的影响，促使农民重视农业科技在农业活动中的重要作用，提高他们的积极性，1933 年 10 月 10 日，于右任电令农场组织了“秋禾比赛会”，取得了非常好的效果，新闻媒介争相报道，以下节选《新闻报》10 月 27 日、28 日两日连载《泾阳斗口村农场秋禾比赛会记》的报道，来了解这场赛事的前因后果及比赛盛况。

---

① 马志勤：《于右任创办斗口农场》，中国人民政治协商会议陕西省三原县委员会文史资料研究委员会编：《三原文史资料》第四辑，内部发行 1987 年，第 105 页。

② 佚名：《于右任先生在故里的二三事》，陕西省三原县《于右任纪念集》编辑组：《于右任纪念集》，1984 年，第 26 页。

参加农民达千余人，品评产品。

警惰感愚，为促进农业之先锋。

泾阳斗口村农事试验场，系于右任先生所创办。此次举行秋禾竞赛会，建厅厅长赵璧前往参加。现比赛已毕，赵亦□□，兹特将赵氏所述之感想一文录后。斗口村，系于右任先生之家乡，位于三原县县城迤西，距县约七八华里，归泾阳管辖。于先生于去岁四五月间，在该村创办了农事试验场，委辛君泉逸为场长。农场有试验等区，区划清晰，试验得法。该场奉于先生之命，于本年十月十日，举行农民秋禾竞赛会，建设厅赵厅长派余代表参加，并携带奖品大镜匾四面，一面奖给农场，文曰“功媲教稼”，余三面奖给棉谷产量最好之第一、二、三等农民，文曰“示范一方”“业精于勤”“粒粒珠玉”。同时，西安杨主任亦派施参谋□有奖给该场旗帜一面，文曰“促进农业”，银质牌一面，文曰“农业先锋”，暨奖给农友之铧、犁、镘、杈、扫帚、毛巾等数百件。邵主席派泾阳县田县长带有奖给该等大镜匾一面，“农民示范”奖给农友镜匾四面，洋百元。农场又准备奖给第一等耕牛一头，暨其余各等之耱、鐖、锹、镐并各色土布多种，俱陈设于会场。轰轰烈烈，极一时之盛观。

筹备经过

该场自奉到于先生电令后，即招集相距该场东西南北十里路以内之村长并三原县西南两关巷长，开一筹备会，决议在指定范围以内之村庄选择耕种秋禾棉谷类，先征集货物，然后履亩查勘，再从一千家中挑选一百家，由一百家中，获一等奖者只一家，二等奖者二家，三等奖者三家，十等奖者十家，余名曰尾等奖。精选之后，复聘最富经验之老农十二名，详细品评，以防弊窦。用意周至，筹备完善，可谓煞劳苦心矣。

会场设备

秋禾竞赛会设于该场楼上，如谷子分单穗竞赛、谷粉竞赛、禾干竞赛。内中最堪令人注意者，勤农庄稼与惰农庄稼之比赛，勤农谷子干高、穗长、颗粒肥大，惰农谷子干低、穗短、颗粒瘦小。勤农棉花枝干魁伟、核大而多，开绽又早；惰农棉花枝干魁短、核小而少，开绽又迟。布置井井有条，虽愚夫愚妇，目击之而无不警惕也，足使顽夫见而颖悟，懦夫见而志立。

参加农民

是日参加该会者，计有斗口村、西秦家暨三原县西南两关等约三十余村农民，计数约千名。迨至品评结束后，获奖者欢欣鼓舞，兴高采烈；落第者垂头丧气，悻悻而返。自此次始，获奖者将精益求精，落第者亦自相勉励，对于耕耘锄获力求改进，农业前途将渐臻完美之域。斯会之举，无异晨钟暮鼓，足以启聩发聋，比之宣传、演讲等之收益，其大矣哉！

10 月 28 日（第贰张）同题续报：

礼场设备

开会典礼设于该场后边，如议开会后，首由该场董事张君文生报告筹备经过情形后，继由场主□代表施参谋训话，大意谓民众宜注意庄稼，力避懒惰，继由邵主席代表泾阳县田县长训话，略谓自古亡人国者，多以兵力亡之，近代亡国，不用兵力，直以经济力量亡之，譬如我吃的洋烟、穿的洋布，吃穿完全操诸外人掌握之中，其金钱之输出，难以数计，现金缺乏，不能不借外债，债台愈筑愈高，国家不亡何待？盼望大家注重培植棉麦，以免我们生命系于外人之手。后由余恳告农友习俭，避烟避赌数端。闭会后，有三原民治小学学生演新剧，剧名“无名小卒”“讨租”。表演如情如理，大家鼓掌赞赏不已。

所得感想

前多年余往三原时，经永乐镇，长叹有如此广大面积之土地，而人民忍饥受饿，只以缺水之故，挽救不易，此次经过该镇，目视地中秋禾干高四五尺，谷穗足有尺许，每亩产量至少不下一石。棉花一株至少结核二三十个，开绽者约过半数。泾惠渠纵横可以灌注。思想为之不变，意以为不出数载，该镇附近岂止丰衣足食，并且可以致富矣。

综上所述,斗口农场在当时而言,是一种全新的农业综合体尝试,并取得了良好的成效。无论从土地获取、建筑布局、人员构成、物种培育还是教育培训等方面而言,都具有示范性。于右任在建设农场过程中,可谓倾力付出,居功甚伟。然而,一心为公、造福乡里的于右任并未存有半点私心。早在1934年建场之初,于右任为了表明自己办场为公为民的宗旨,在第二办公室南面墙上刻石镶壁以铭志,他亲自书写,预留遗嘱,文曰:

> 余为改良农业、增加生产起见,因设斗口村农事试验场。所有田地,除祖遗外,皆用公平价钱购进。我去世后,本场无论有利无利,即行奉归公家。国有省有,临时定之,庶能发展为地方永远利益。以后于氏子孙有愿归耕者,每家给以水地六亩、旱地十四亩。不自耕者勿与。

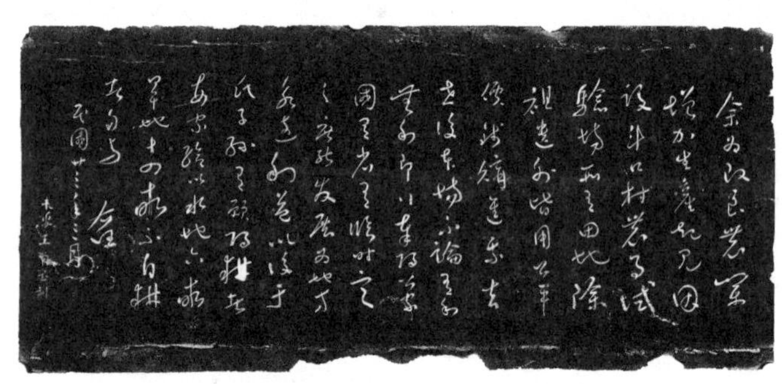

1934年,于右任撰书《斗口村农事试验场遗规》

同时在南院另竖八棱石幢一座,①文意与以上引文相同。1981年夏天,于右任的孙子于子乔(于望德之子)由美国回来省亲,看了碑文之后,风趣地说:“谨遵祖训,我不能回来自耕,没我的份。”②

于右任一心为民,不求回报,自己终生衣着简朴,生活朴素,为人和蔼可亲,农场里的老工人回忆说:“你看人家那样大的官,穿得多么平常,对

① 按,原石幢在“文革”中遭到毁坏,1986年请西安玉石雕刻厂修复。

② 于辉编:《民国奇才怪人秘录》,团结出版社1995年版,第51页。

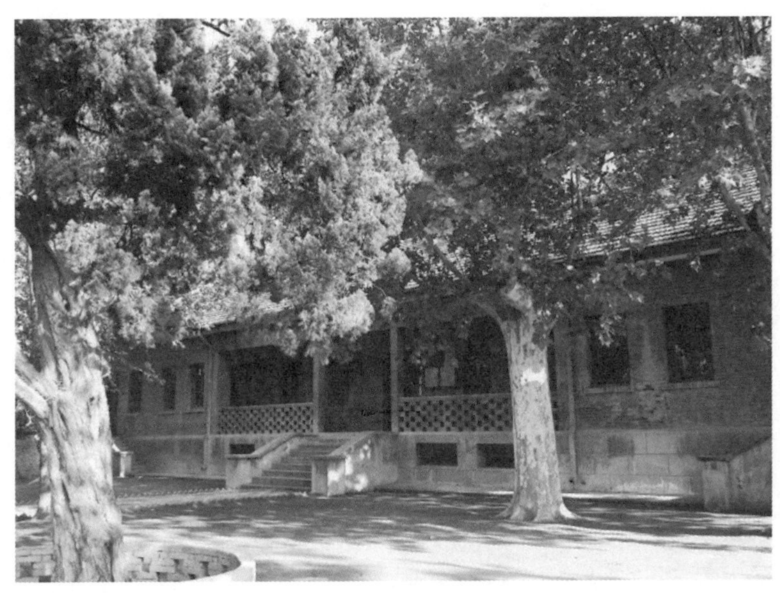

斗口村农事试验场小楼

人不摆架子,看得起咱们工人。办农场他自己不图一分一文,还每年把出产的粮食,要给民治学校几百石做经费呢!你说,他办农场图了个啥?”①为了兴办这个农场,于右任付出了相当高的代价,“除了开办费银洋三千元外,由民国二十一年到民国三十四年,这十多年中,多次汇钱到农场。他在政府做官,自己经济,无论怎么拮据,农场要钱,他总要设法汇去。②”

于右任办农场并非为私人赚钱,而是为民众谋福利,因此农场的经济效益并不好。“人家的农场,都是赚钱的,而先生这样大的农场,直到如今,没有一年不赔钱,而先生恬然自甘。”③

抗日战争时期,胡乔木、黄华等同志曾在斗口村农事试验场开办青年

① 马志勤:《于右任创办斗口农场》,中国人民政治协商会议陕西省三原县委员会文史资料研究委员会编:《三原文史资料》第四辑,内部发行 1987 年,第 107 页。

② 张云家著:《于右任传》第十二章《斗口村的农庄》,第 140 页。

③ 刘延涛:《于右任先生斗口农事试验场》,上海《益世报》1947 年 5 月 10 日第 8 版。

斗口村农事试验场石幢

训练班，为革命培养了不少新生力量。解放后，农事试验场在党和人民政府的领导下，机构不断扩大，曾先后易名为“咸阳专区繁殖农场”“陕西省农场”“陕西省农业综合试验场”“陕西省棉花研究所”等，现在属于西北农林科技大学场站管理。① 总之，斗口农场的兴办，为西北农业的发展作出了不可磨灭的贡献。

3. 咸阳国立西北工学院

1938 年 7 月，教育部下令将国立西北联合大学原有之北洋工学院、北平大学工学院与东北大学工学院、私立焦作工学院，合并改组为国立西北工学院。八月，勘定陕西城固古路坝为院址。分设土木、矿冶、机械、电机、化学、纺织、水利、航空工程八系。1946 年，国立西北工学院迁至咸阳县（今咸阳市东北），和于右任的积极争取密不可分。② 该院占地 500 余亩，教室、宿舍都是土木结构的平房，这是咸阳最早的一所高等学府。③

4. 渭北师范学校

靖国军期间，靖国军总司令部特设教育处，各路军普遍设立军事教育和普通教育机构，大兴办学之风。1919 年夏，战事稍停顿之后，于右任更加以教育为急务。过去军队驻扎时，多征用地方校舍，为了解决这种状况，于右任到处演讲，反复规劝，促使众将领相诫不再占驻任何学

① 杨航：《于右任职业教育思想研究》，西北农林科技大学硕士学位论文，2016 年。

② 朱凯著：《无悔担当：于右任传》，陕西人民出版社 2016 年版，第 204 页。

③ 《咸阳市房地产志》编纂委员会编：《咸阳市房地产志》，三秦出版社 2001 年版，第 93 页。

校了。[1] 在于右任的号召与敦促下,这些将领纷纷带头创办学校,发展教育事业。继三原筹办靖国军管辖区域内的渭北最高学府——渭北中学之后,在于右任的主持下,又创办了渭北师范学校。[2] 于右任还时常关注该校的发展,1920 年 10 月 3 日,三原、耀县、富平、同官四县多所小学联合召开运动会,会址设在富平县迤山庙操场。靖国军总司令于右任为此专门写了祝贺词,由于事务繁忙,由富平县长张建寅(虎山)代为宣读。[3]

渭北中学旧址

5. 三原甲种工业学校

三原甲种工业学校(现北城中学东南角),是在前宏道书院基础上兴办起来的。三原宏道高等学堂前身为宏道书院,宣统二年(1910)改名为

① 朱凯著:《无悔担当:于右任传》,陕西人民出版社 2016 年版,第 112 页。

② 中共三原县委党史研究室编著:《中国共产党三原县简史》(第 1 卷　1925—1949),陕西人民出版社 2012 年版,第 10 页。

③ 中共陕西省委党史资料征集研究委员会编:《陕西靖国军》,陕西人民出版社 1987 年版,第 483—484 页。

"陕西工业学堂"。当时,学校派员东渡日本,请教习、购买机器,并由日本人设计,建造西式教学楼、工厂,设置染织、窑业两科。修业期限为五年,后因政局动荡,经费不济,1912 年暂办染织传习所。1913 年改名为"陕西省第一甲种工业学校",修业期限改为四年,停办窑业,仅存染织科。于右任主持靖国军时期,学校濒临停顿。于右任得知后,决定在该校的基础上,创办一所工业职业院校,定校名为"三原甲种工业学校"。于右任亲自主持了该校的改革工作,例如改革学制及课程设置,更加注重实践性。① 此后,尽管该校数易其名,②几经改革,但依旧为陕西乃至西北地区培养了大批纺织和轻工业人才,于右任的恢复创办之功,举足轻重。③

6. 上海志诚女职中

志诚女职中是吴静如女士等人于 1936 年所创办的女子职业学校,位于上海福煦路古拔路 45 号。为了扩大影响力,这所学校所聘任的校董均为当时知名人士与热心职业教育者。1936 年 11 月 14 日,召开了第一次校董会,会议决定"添聘于右任先生为校董"④。

7. 国立敦煌艺术研究所

1941 年 9 月 18 日,于右任奉命赴西北安抚马步芳,由重庆飞抵兰州。10 月 5 日,在高一涵等人的陪同下,于右任来到了敦煌莫高窟。张大千当时在莫高窟临摹壁画,于是亲自陪同参观。当晚适值中秋佳节,张大千和于右任把酒赏月,话题围绕着莫高窟展开。张大千向于右任详细介绍了莫高窟的历史、文物及艺术等价值,并痛心疾首地说起了莫高窟面临的保护困境等问题,建议国家把莫高窟收归国有,建立专门机构加以管

---

① 杨航:《于右任职业教育思想研究》,西北农林科技大学硕士学位论文,2016 年。

② 按,1924 年,三原甲种工业学校改名为陕西省立第三职业学校,1934 年改为陕西省三原初级职业学校,1940 年改为陕西省立三原工业职业学校,1951 年改为陕西省三原水利学校。见梁思法主编,三原县志编纂委员会编:《三原县志》,陕西人民出版社 2000 年版,第 812 页。

③ 杨航:《于右任职业教育思想研究》,西北农林科技大学硕士学位论文,2016 年。

④ 《志诚女职中聘于右任为校董》,《新闻报》1936 年 11 月 22 日。

理、保护、研究。于右任对此表示赞同，提出创建“敦煌艺术学院”，专门就敦煌的书法、绘画等艺术进行全面整理、研究、传扬，还可培养一批专业人才，并允诺推举张大千担任学院院长，张大千力辞。于右任有《敦煌纪事诗》，记录了在莫高窟的所见、所思、所想：

仆仆髯翁说此行，西陲重镇一名城。
更为文物千年计，草圣家山石窟经。
敦煌文物散全球，画塑精奇美并收。
同拂残龛同赞赏，莫高窟下作中秋。
月仪墨迹瞻残字，西夏遗文见草书。
踏破沙场君莫笑，白头才到一踌躇。
画壁三百八十洞，时代北朝唐宋元。
醰醰民族文艺海，我欲携汝还中原。
斯氏伯氏去多时，东窟西窟亦可悲。
敦煌学已名天下，中国学人知不知？
瓜美梨香十月天，胜游能复续今年？
岩堂壁殿无成毁，手拨寒灰检短篇。①

7 日，于右任前往安西榆林窟（又称万佛峡）视察，精美的壁画与破败荒凉的景象形成强烈的对比，于右任目睹心伤，作《万佛峡纪行诗》以抒怀，前三首表达了对榆林窟的赞美和惋惜，如下：

激水狂风互作声，高岩入夜倍分明。
三危山下榆林窟，写我高车访画行。
隋人墨迹唐人画，宋抹元涂复几层。
不解高僧何事去，独留道士守残灯。
层层佛画多完好，种种遗闻不忍听。
五步内亡两道士，十年前毁一经楼。②

① 杨博文辑录：《于右任诗词集》，湖南人民出版社 1984 年版，第 237—238 页。
② 杨博文辑录：《于右任诗词集》，湖南人民出版社 1984 年版，第 239—240 页。

10 月下旬，于右任回到兰州，向甘肃省的党政要员谈了自己敦煌之行的感受，又多次约见新闻记者，积极宣扬敦煌文物的珍贵价值，呼吁各界重视这一文化遗产。10 月 25 日，中央通讯社以《监察院长于右任在兰州公开倡议迅速建立敦煌艺术学院，由名画家张大千予以主持》为题，刊发了于右任的讲话内容。此日，重庆的《中央日报》《新华日报》，兰州的《西北日报》，成都的《新新新闻》等多家报纸，都在显著位置发布了这则消息。

11 月，于右任经西安返回重庆时，在西安也发表了类似的讲话，并指示陕西省政府尽快组织人员前往敦煌考察。而此时"西北艺术文物考察团"已经存在，由于和于右任的目的契合，故顺理成章接受了这项任务。组建这个考察团的建议，是王子云最早提出的。① 这个考察团正式成立于 1940 年 6 月，王子云担任团长。1935 年英国伦敦的"中国艺术品展览会"，王子云亲眼目睹祖国的文物流失海外并成为研究热点，就已经萌生了保护和传扬中国古代灿烂艺术的想法。作为艺术宝库的敦煌，自然也在其考察计划之中。1941 年 10 月，于右任的敦煌视察之行，再次将敦煌文化的保护和研究提上议程，加速了考察团对敦煌艺术的研究进程。这一点，在王子云所撰写的《中外美术考古游记》一文中已经明确提到："（于右任）曾于 1939 年去过一次敦煌，回重庆后即宣扬敦煌的壁画塑像如何好，并提出应该加以发扬和保存，这样，就为我们组织西北艺术文物考察团有一个很好的借口。因此，在考察计划中，敦煌列在首位。……我们考察团是于 1940 年 3 月到达甘肃省会

① 按，王子云呈献给国民政府教育部社会教育司的建议中提到："西北各省，为我四千年民族文化之发祥地，文物蕴藏至为丰富。……值此战时，甚易毁灭，吾人亟应致力于此种宝藏之阐发工作，以期普遍介绍于国人。……利用艺专毕业无法分配工作的一部分学生，组成一个西北艺术文物考察团，赴陕、甘、青等省区，从事调查古文物艺术，并以复制、临绘等手段进行收集保存工作。"（王子云：《从长安到雅典——中外美术考古游记》，岳麓书社 2005 年版，第 21 页）转引自刘朝霞：《西北艺术文物考察团史事考证》，南京师范大学硕士学位论文，2013 年，第 7 页。

兰州的。”①尽管这段回忆文字有多处偏差，但是于右任与敦煌考察团之间的关系，显而易见。1942 年 5 月底 6 月初，考察团首次到达敦煌，团员只有王子云、雷震、邹道龙。考察团成立之初，成员多为出身艺专的毕业生，另有少数负责测绘、拓印的技术人员。

1941 年 12 月 14 日，于右任返回重庆，正式向国民政府呈交了一份题为《建议设立“敦煌艺术学院”案》的提案，全文如下：

建议设立“敦煌艺术学院”案

为提议设立敦煌艺术学院，以期保存东方各民族文化而资发扬事。右任前次视察西北，因往敦煌县参观莫高窟之千佛洞，洞距敦煌县四十里，依崖筑凿，绵亘里许。志称有千余洞，除倾地沙埋者外，尚有五百余。有壁画者计三百八十，其中壁画完整者亦二百余，包括南北朝及唐、宋、元各时代之绘画泥塑，胥为佛经有名故事。其设计之谨严，线条之柔美，花边之富丽，绝非寻常匠画，大半出自名手。今观其作风，六朝以上无考，自唐以下率类阎立本派。唐塑分西番塑、中国塑两种。衣纹神态，大者五六丈，小者尺余，无不奕奕如生。就所见之文字，有梵文、西夏文等五六种之多。而各时代供养人之衣冠饰物用具，亦可考见当时风俗习尚。洞外残余走廊，犹是宋时建筑，惜在过去未加注存，经斯坦因、伯希和诱取洞中藏经及写本书籍，又用药布拓去佛画，将及千数，复经白俄摧残，王道士涂改，实为可惜。沙埋之洞不知更存何物。且闻敦煌西部尚有西千佛洞，数仅二十余，壁画尚存。而安西万佛峡之榆林窟洞画完好者凡四十六，曾往亲自察看，壁画之精美皆可与千佛洞莫高窟匹敌。似此东方民族之文艺渊海，若再不积极设法保存，世称敦煌文物，遂恐湮销，

① 按，引文是王子云所著《从长安到雅典——中外美术考古游记》第 79 页的一篇文字，据《西北艺术文物考察团史事考证》（第 33 页）作者考证，其关于于右任到敦煌的时间以及考察团到敦煌的时间，均与史实不符。

> 非特为考古家所叹息，实是民族最大之损失。因此提议设立敦煌艺术学院，招容大学艺术学生，就地研习，寓保管于研究之中，费用不多，成功将大，拟请交教育部负责筹划办理。是否可行，理合具文，提请公决。①

为了尽早促成“敦煌艺术学院”的建立，于右任继续奔走呼吁，积极筹措，为了扩大影响，他将上述提案全文发表于 1942 年 2 月重庆出版的《文史杂志》(第 2 卷第 4 辑)上。1943 年 1 月 18 日，国民政府行政院通过决议，正式设立“国立敦煌艺术研究所”，隶属于教育部，并成立“国立敦煌艺术研究所筹备委员会”，但“因为教育部体制等原因，不便成立敦煌艺术学院而改设敦煌艺术研究所”②。

不久，教育部发文，决定聘请高一涵为筹备委员会主任委员，常书鸿任副主任委员，王子云任秘书兼委员，张维、张大千、郑西谷、张赓由等人为委员。国立敦煌艺术研究所的所址，设在敦煌莫高窟的中寺(又名皇庆寺)。1944 年 1 月 1 日，国立敦煌艺术研究所正式成立，常书鸿任所长。从此，敦煌这座世界闻名的文化宝库被正式收归国有，在得到更为妥善的保护的基础之上，各方面的研究也逐步展开。

其实，除了于右任建议成立“敦煌艺术学院”外，王子云曾建议成立“西北文化研究所”，向达建议设立“千佛洞管理所”。于右任的提案之所以能够顺利通过，除了他本人的社会影响力之外，还与当时的社会舆论不无关联。据常书鸿所述，教育部筹备成立敦煌艺术研究所实属“被迫”。当时，围绕河南洛阳龙门浮雕《皇后礼佛图》被奸商盗卖的事件，各进步报刊纷纷发文指斥，并针对敦煌石窟历次所遭到的大肆劫掠和破坏，对国民党政府提出了批判和建议。于右任的提案，契合了这种形势，故此得以

---

① 丘桑主编:《民国奇才奇文:黄帝子孙之元气(于右任卷)》，东方出版社 1998 年版，第 196 页。

② 刘朝霞:《西北艺术文物考察团史事考证》，南京师范大学硕士学位论文，2013 年，第 47 页。

顺利通过。① 但是,鉴于当时的社会形势,最终成立了“国立敦煌艺术研究所”,于右任当初承诺力荐张大千担任敦煌艺术院院长的想法,也未能如愿。不过,三个机构虽名称有异,但对于敦煌壁画等艺术文物的保护、研究目的是一致的。王子云、向达、张大千、于右任、常书鸿等人的艺术爱国情怀与积极营建,功不可没,必将留名青史。②

8. 台北育达高职

在台湾,检察院审计部公务员王广亚想创办一所高级职业学校(后定名为“育达高职”),于右任告诉他:教育是一项非常重要的工作,需要全心全意地投入……所以要做,一定要全力以赴。在后来的学校创办过程中,于右任也予以积极的关注和鼓励。王广亚曾在学校的怀旧迎新大会上致辞说:“台北育达高职更可说是我踏入教育工作的起点,它也是育达教育体系的发祥地。”③他后来又先后创办了几所大学,但对于初涉教育领域时扶助他的那些人,都铭记在心。

1982 年,由台北育达商业职业学校及该校师生共捐款新台币约 30 万元,对玉山主峰上的于右任纪念铜像进行整修④,加筑了台阶。在水泥基座的正面,题刻了“于右任先生纪念铜像”九个大字,校长王广亚还发表了热情洋溢的讲话。⑤

9. 台湾明新专科技术学校

1962 年,李鸿超想创办一所工业专科技术学校,以响应台湾推行的出口导向型工业化道路的号召,为经济建设培养合格的工业技术人

---

① 刘朝霞:《西北艺术文物考察团史事考证》,南京师范大学硕士学位论文,2013 年,第 50 页。

② 李永翘:《国立敦煌艺术研究所成立始末》,《丝绸之路》2000 年 4 期,第 27—31 页。

③ 王广亚著:《杏坛珠玑》,台北育达高级商业家事职业学校出版社 2014 年版,第 117 页。

④ 按,于右任先生的雕像 1967 年 8 月 8 日落成,由台湾普通民众及大专院校师生发起捐资活动、台湾著名青年雕塑家陈一帆精雕细刻。经历十余年风吹日晒,已经出现破损之状,故育达高职有整修之举。

⑤ 李秀谭、朱凯著:《于右任传》,陕西人民出版社 1989 年版,第 291—292 页。

才。为此,他专门去拜访了于右任,请教办学事宜。于右任了解情况之后,表示非常支持,并提笔写了“以三省思过,以百忍容人,以万夫不当之勇创业”的条幅,[①]以资鼓励。经过近三年的筹建,1965 年,台湾明新职业技术学校成立。校名“明新”取自《大学》“在明明德,在新民,在止于至善”。为了感谢于右任在办学过程中的支持和鼓励,1985 年,台湾新竹县明新工业专科技术学校内建成一座图书馆,取名为“右任纪念图书馆”[②]。

---

① 《一位具有伟大人格的书法大师》,见 https://www.fx361.com/page/2019/1202/6080712.shtml。

② 杨航:《于右任职业教育思想研究》,西北农林科技大学硕士学位论文,2016 年,第 29—30 页;马洪武主编:《世纪沧桑——华夏百年胜迹》,方志出版社 2003 年版,第 452 页。

第三章　顾瞻周道，有教无类：于右任的社会教育实践

除了各级各类在校学生之外，对于社会民众的教育，于右任也非常关注。他采取了创办报刊、创作爱国诗文及楹联、革新汉字书写方式、请富有新思想的代表人物作演讲、筹办民立图书公司、兴办地方自治讲习所、开办农民技术培训班、成立“强迫平民教育筹备会”等形式进行教育，取得了非常好的教育效果。

第一节　新闻界的斗士：于右任在新闻出版业的作为

“在中国报业史上，艰苦创业、再接再厉、锲而不舍的，于右任先生应是第一人”，“这位于先生真不愧是当时新闻界的斗士”。①

① 徐铸成著：《报人张季鸾先生传》（修订版），生活 · 读书 · 新知三联书店 2018 年版，第 41、44 页。

一、创办报刊

清末民初，各种报刊如雨后春笋般竞相创办，对当时的社会产生了较大的影响。于右任创办《神州日报》《民呼日报》《民吁日报》《民立报》等报纸，正是在这种新兴的舆情传播背景之下的产物。作为一名关心社会发展和民生疾苦的西北热血青年，于右任如饥似渴地阅读报刊中所刊载的各类重要报道，而他最终立志自己创办一份报纸，与此有着密切的关系。

于右任创办的四种报纸

1. 小试牛刀：《新民丛报》的政论互驳

复旦公学筹办期间，于右任无意中看到由梁启超主办的《新民丛报》第16—19号上刊登的一篇由江苏人钱基博所写的《中国舆地大势论》①，对于该文提出的所谓“长江流域民族处置大河流域民族”的论述非常不

① 钱基博：《中国舆地大势论(续第六十四号)》(附表)，《新民丛报》1905年第3卷第17期，第67—83页。

满，“始而惊，继而怒，终亦不知夫泣之何从也。”①激愤之余，提笔写下了一篇驳斥文字，痛斥钱基博的“处置”论，并将此文寄往《新民丛报》。这是于右任首次撰写长篇政论文章，并获得刊载。《新民丛报》还特意撰文公开致歉，承认有失监察之责。于右任的这篇文章一经发表，立即在上海舆论界引起强烈的反响。这件事也使于右任开始正视报纸在舆论宣传中的重要地位。关于报纸应该坚持的操守，于右任在文章开篇即有旗帜鲜明的论述：“凡文明国之报纸，莫不操一国最上之权，为民党之机关，作政界之方针，故其造论，无不审慎。不造则已，造一因必有一果。……吾国报界之发达，大报巍然祭酒，年来声价物望，俨有操纵言论之资格，故立言纪事，全国人尤属耳目焉。……既伤同种亲爱相维之感情……转失大报天下为公之名誉。……今日见之于学界者，一笔一舌；他日见之于政界者，一铁一血，又岂祖国之幸福而前途之佳征哉！”②小试牛刀即获得如此大的影响，于右任非常振奋，他愈加关注当时一些重要报纸的报道。

2. 创办《神州日报》与“竖三民”报③

（1）办报意识的萌发与筹备

有一次，于右任阅读了上海某报社的一篇社论，该社论将革命视为叛逆，公然替清王朝辩护，怒不可遏的于右任立即提笔写了一篇针对此社论的文章投寄给该报社，明确地阐述了自己的立场观点。因为有了上一次的经验，于右任相信报纸的时效性，以为很快就会刊登出来，谁知寄出去的文章就如同飞去的黄鹤、入海的泥牛，杳无音讯。郁闷之中的于右任这时才深切地感到报刊如果不掌握在革命者手中，就可能“任意传递歪曲之主张与不确之报告，以蛊惑人民之视听”④。

---

① 《于君右任寄本社书》，《新民丛报》1905 年第 3 卷第 21 期，第 105 页。

② 《于君右任寄本社书》，《新民丛报》1905 年第 3 卷第 21 期，第 105 页。

③ 按，指于右任创办的《民呼日报》《民吁日报》《民立报》三种报纸，因三报报名均含“民”字，且竖行书写，一脉相承，故称。参见《竖三民　横三民》，《正报》1939 年 5 月 30 日。

④ 于右任：《新闻自由万岁　中华自由万岁》，1945 年 4 月 5 日在重庆北碚复旦大学新闻馆落成时的书面讲话。

105 寄書

寄書

于君右任寄本社書

本社識

于君右任寄本社書

《新民丛报》刊载《于君右任寄本社书》

为了更好地宣传民主革命思想，唤起国人的反抗意识，于右任的心中开始酝酿着一个计划，他想自己创办一份报纸。促使他这样想的原因是多方面的，可以归结为以下几点：其一，不安于现状的苦闷。起初，结束流亡生活的于右任对自己能在复旦学院追随马相伯先生学习是非常满意的，可是时间久了，他的内心开始感到苦闷，心想：“我在复旦入法文班，苦闷已极！因想我来上海，是革命，不是求学。马先生说国家改革，须要学问。但我如此读法，读至何时才成？学成何用？”其二，自己投递给上海某家报社的文章迟迟不见回音，总感觉心中的怒气没有得到消解，同时也深切地认识到掌握舆论阵地的重要性。其三，当时“苏报案”已发，《国民日报》和《警钟日报》又相继被封，政象黑暗，民气消沉。其四，陈天华曾任同盟会机关报《民报》编辑，发表《最近政见之评决》《中国革命史论》《狮子吼》等政论和作品，引起强烈反响，又以结束自己的生命来警示国人，这一切都令同样热血沸腾的于右任感到自愧不如，他也想像陈天华那样畅快淋漓、快意恩仇地活着。正是以上四个方面的主要因素，激励着于右任找寻新的出路，而这条路就是自己办一份报纸。于是他自拟招股章程，奔走于各个报刊之间。1906 年 4 月，为考察新闻及筹办报纸筹集经费，于右任与邵力子赴日本东京求取真经。

（2）首创《神州日报》

对于赴日本考察，于右任在一次讲演中回忆道："在我初办《神州日报》时，中国新闻界的内容，实在贫乏得很，我们想要参观的，也没有地方可以一观的，设备则一切条件都是简陋，百无办法时，同邵先生往日本去调查。"①在日本东京，于右任在留日陕籍学生、同盟会会员康心孚、井勿幕的带领下，参观了《朝日新闻》《每日新闻》等报社，了解了一些办报的经验。在康心孚的引见下，于右任还结识了胡汉民，接着出席了秦、陇、晋、豫四省留日同乡及留学生欢迎大会，趁此机会，于右任大讲自己创办《神州日报》的意义，群情鼓舞，不少人当场就解囊相助。借着这些同乡同学的力量，于右任为《神州日报》筹集到了三万多元的股金。临行前，孙中山还指示于右任要把《神州日报》办成革命的机关报，并以此为基地，联系"东南八省"的"党务"，开展革命的宣传组织工作。

回到上海后，经过紧张的筹备，《神州日报》于 1907 年 4 月 2 日创刊，于右任担任社长（当时称"经理"），这是资产阶级革命派继《警钟日报》之后在上海地区创办的又一家鼓吹革命的大型日报。它的创刊距《警钟日报》被封约两年，填补了革命派在这一地区报刊宣传工作的空白。于右任在《神州日报》发刊词中，陈述了神州人种智慧之特色、宗教观念之特色、社会主义之特色、国家主义之特色、帝国主义之特色、文学思想之特色、冒险性质之特色等所谓"神州特色"，将首创报纸定名为"神州"，用意可谓深且远矣！至于该报的社会担当，于右任指出："顾瞻周道，鞠茂草以无时；惆怅新亭，庶横流之有托。此《神州日报》之所为作也。"②

① 于右任：《我还想做新闻记者》，《中央日报》（重庆）1945 年 1 月 13 日第 3 版。

② 《〈神州日报〉发刊词》，《寰球中国学生报》1907 年第 1 卷第 4 期，第 38—42 页。

该报一出,世人即谓之“炸弹”,其中有两个地方特别引人注意:一是纪年方式与报纸名称。首用公元和干支纪年,没有“光绪三十三年”等字样,表示它不遵清王朝的正朔,别开生面。于右任以“神州”为报名,是想唤起国人的爱国主义情感,用他自己的话说就是:“以祖宗缔造之艰难和历史遗产之丰富,唤起中华民族之祖国思想。”二是它的发刊词洋洋洒洒,针砭时弊,痛心疾首。

《神州日报》以宣扬民族精神为主旨,揭发清廷官员欺下瞒上、贪污腐败的丑恶罪行,虽未声明是革命派言论机关,但实际上革命倾向非常明显。自从1905年3月《警钟日报》被迫停刊以来,上海地区已经有很长一段时期没有革命派的日报出版,《神州日报》的创刊和它的宣传,使读者的耳目为之一新,因而受到欢迎,发行数量超过万份,成为当时上海地区最畅销的报纸之一,在民众和知识分子中极受好评。但好景不长,1908年3月26日晚上,一场突如其来的大火,将排字房、机器房及其中的访稿、存稿、藏书、藏报、藏纸、印机、铅字、铜模等均付之一炬。在大家的共同努力下,报社很快就恢复了工作,但是,善后工作的头绪很多,又很棘手。正在于右任振奋精神,准备重振旗鼓的艰难时刻,报社内部又发生了人事纠葛,难于应对,于右任决定宣布退出。6月20日,《神州日报》在头版位置刊出了于右任宣布辞去经理职务的一则启事:“不佞自总理《神州》以来,竭力经营,妄冀鼓吹文明,于神州前途(有)所裨补,不意出版未久,竟遭祝融,本当收合余烬,勉复旧观,自顾才力竭蹶,不足以肩此重任。乃从权邀集在沪发起人及股东会议,推举叶仲裕、汪漱尘(即汪彭年)二君接任。此后凡有关于社中一切事件,即与汪、叶二君接洽可也。”至此,《神州日报》的“于右任时期”宣告结束。这一时期的《神州日报》,作为资产阶级革命民主主义者的喉舌和同盟会直接控制的舆论机关,通过它所发表的消息、评论和其他文字材料,多方面宣传了那一时期的资产阶级革命派的政治思想观点,有着不可磨灭的历史功绩。

(3)创办《民呼日报》

辞去《神州日报》经理职务之后,于右任着手筹办《民呼日报》。1908

年 8 月 1 日，于右任在上海各报刊登启事云："鄙人去岁创《神州日报》，因火后不支退出，未竟初志。今特发起此报，以为民请命宗旨，大声疾呼，故曰'民呼'，辟淫邪而振民气，亦初创《神州》之志也。"①后来，在谈及自己办报经历时，于右任又说："'民呼'即'人民的呼声'之简称，于革命运动上为一鲜明的标帜，于文学技术上亦为大胆的创作。因为那时我们所代表的，已不仅是复古的民族运动，而是总理的三民主义了。"②《民呼日报》创刊号头版头条社论对该报的创办缘由进行了阐述："《民呼日报》为何而出现哉？记者曰：黄帝子孙认权宣言也。"这一次，于右任提出"股额十万，每股百元"，因为有了上一次的办报经验，《民呼日报》的筹备工作进展得相当顺利，没有多久就筹得六万元，等机器一运到，就可以宣布出版日期了。于右任的决心很大，"誓以劫后之身，雪前此无功之耻。"③

1909 年 3 月 26 日，《民呼日报》在上海正式发刊。主笔阵容进一步扩大，言辞也比《神州日报》更为激烈。《民呼日报》以它鲜明的立场和泼辣的文风，大力宣传民族主义进步思想，揭露清廷官僚的黑暗和社会弊端，鼓励民众起来革命。于右任本人更是直面社会，手不停笔，以"大风"为笔名发表文章，为民生、民权疾呼。该报还配以发人深思的漫画，增强了宣传效果。在倡言反清的同时，《民呼日报》还针对上海新闻界同行甘愿"作达宦之机关，为他人之奴隶"的行径表示不满，再加上销量猛增，势头强劲，招致了一些报业同行的嫉恨，不时制造反面舆论或事端以攻讦，针对这种情况，于右任公开发文应战："今特正告天下，倘若辈再挟势相凌，使我忍无可忍，必堂堂正正作诛心之论，以雪连日之耻，使人知衅端不自我开，若辈实为祸首，我人春秋之作，不得已也。"④此后，攻势才稍微缓解。

---

① 冯自由著：《革命逸史（中）》，新星出版社 2009 年版，第 586 页。

② 于右任：《评论作法及本人从前办报的经过》，《新闻学季刊》（重庆）1940 年第 1 卷第 2 期。

③ 刘永平编：《于右任集》，陕西人民出版社 1989 年版，第 11 页。

④ 冯自由著：《革命逸史（中）》，新星出版社 2009 年版，第 587—588 页。

《民呼日报》揭发各省吏治腐败，对陕西政界的抨击最为有力，因此招致陕省大吏的嫉恨，蓄谋中伤。一面是于右任等革命爱国人士的忧国忧民，一面是清吏的花天酒地、置百姓生死于不顾，愤慨至极的《民呼日报》人摇动如椽大笔，严厉斥责这些分噬民脂民膏的“署中狗”①。当时，正逢甘肃大旱，对甘肃有着特殊感情的于右任用了大量的篇幅报道灾情，并积极奔走筹集赈灾款项。他是甘肃筹赈会的会员之一，还将《民呼日报》的一间屋子借给筹赈会作为办公之用。《民呼日报》还开辟了专栏，发起募捐救济灾民的活动，此举开创了我国报纸参与社会赈济工作的先例。②

1909年6月11日，《民呼日报》发表了《论升督漠视灾荒之罪》一文，无情揭露了陕甘总督升允三年匿灾不报，以致灾荒无所赈济，甘肃辖境赤地千里，饿殍遍野，甚至发生了人吃人的惨状。这个升允，就是当年迫使于右任流亡他乡的升允，几年前没能够置于右任于死地，他一直耿耿于怀，此次得知于右任在报纸上抨击自己，升允气急败坏，立誓报复。他电告上海道台蔡乃煌，诬陷于右任侵吞赈款。随即，于右任和另一位经办捐款事宜的陈非卿被捕入狱，一时间各种原先被《民呼日报》批判过的势力卷土重来，趁机落井下石，仅控告《民呼日报》“诽谤罪”的就多达14起，造成轰动中外的“民呼报案”。

1909年8月3日至11日，《民呼日报》一连发表了十篇特别启事，详细报道此案的审理过程。民众关心《民呼日报》，关心案件的进展情况，报纸销量直线上升。于右任在狱中一再告诉来探视的同仁无论如何不能停报，可是，报社的同仁们清楚，报社一天不关门，社长就一天得不到释放，因此他们集体决定《民呼日报》即日起停办，事出无奈，救人要紧，他们一方面及时报道案件进展，向大众公布实情，一方面商议营救方略。8月13日，

① 按，于右任《署中狗》诗曰：“署中豢尔当何用？分噬吾民脂与膏。愧死书生无勇甚，空言侠骨爱卢骚。”杨博文辑录：《于右任诗词集》，湖南人民出版社1984年版，第4—5页。

② 刘作忠：《“元老记者”于右任与〈神州日报〉和“竖三民”》，《文史春秋》2003年第4期，第61页。

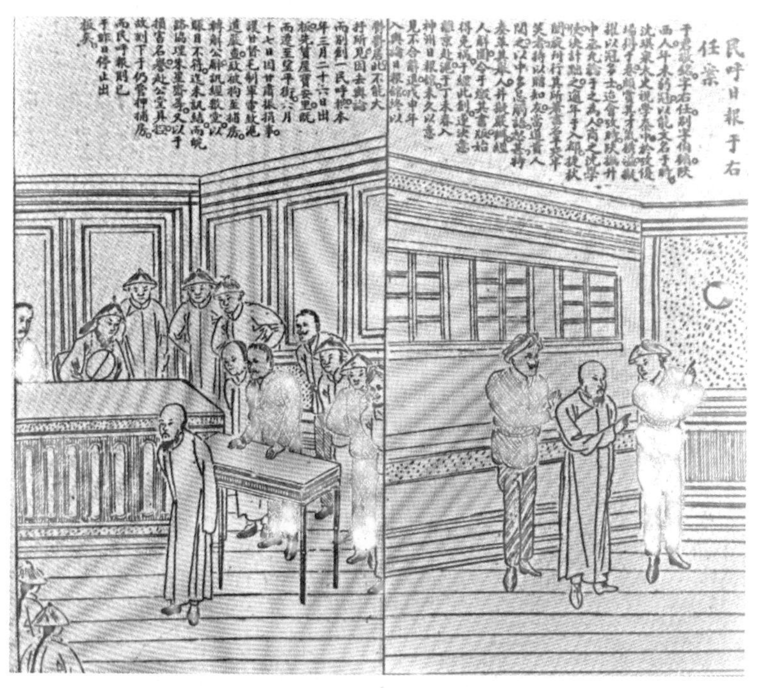

《图画日报》1910 年第 1 号刊载《〈民呼日报〉于右任案》

《民呼日报》以《〈民呼日报〉与于右任之生死》为题，发表社论说：

> 本报主笔于右任，横受飞诬，身囚囹圄，审到稽迟。酷暑炎天，死生难测。加以官家痛恨本报已入骨髓，大有不与并存之势，故其最后之对待，必以本报存亡为唯一之目的。近复冒言无讳，谓民呼不停，右任万不能释。推其用心，一若死一于右任，封一《民呼日报》，彼官家即可高枕无忧者。呜呼，其一不思之甚矣。夫《民呼日报》因于右任而出世，是先有于右任而后发生《民呼日报》。天地间如于右任其人者，正不乏人。则虽死一《民呼日报》，安见不更有千百之于右任出而重建千百之《民呼日报》，以大声疾呼为民请命，以继于右任之志。①

1909 年 8 月 14 日，《民呼日报》发表《本刊重要广告》：

① 陈四长、潘志新著：《民国奇才于右任》，中国青年出版社 1989 年版，第 106—107 页。

同仁审时度势，报纸一日不停，讼案一日不了。加以酷暑如焚，总理于右任被系于狱中，备受苦楚，同仁委曲求全，不得不重违于君之意，已招由开明日报馆经理。所有本馆经手事件及账项等类，统候于君出狱自行清结。特此声明。①

从1909年3月26日至8月14日，一度引起较大社会影响的《民呼日报》在仅仅生存了不足百天之后，被迫宣告终结。8月27日，案件第八次复审，草草审问之后，便当堂宣布将于右任逐出租界，一场闹剧就此收场。案结后，报界多主持正义，撰文斥责会审公廨判词之失当。当《民呼日报》畅行之时，清廷记恨至极，扬言要挖掉于右任的眼睛。但是于右任并未因此而畏惧却步，他又开始酝酿创办另一份报纸。

(4)创办《民吁日报》

《民呼日报》停刊近一月，在上海各大报纸上出现了这样一条启事："呜呼！本报自停刊招盘，业经多日，近将机器生财等，过盘与《民吁日报》社承接。所有一切应收应付款项，以后盖归《民吁日报》社经理，快事亦痛事也。"②1909年10月3日，《民吁日报》宣布创刊，在上海的报刊上，用特大号字体刊登了《民吁日报》的广告："本社近将《民呼日报》机器生财等一律过盘，改名《民吁日报》。以提倡国民精神，痛陈民生利病，保存国粹，讲求实学为宗旨，仍设上海望平街160号内，即日出版。"由于自己是被逐之人，不便出面主持工作，于是就请好友朱保康担任发行人，范光启任社长，谈善吾任主笔。为什么要取名"民吁"呢？于右任解释为："以'吁'之与'呼'字形相近，用以表示人民愁苦阴惨之声；而分析'吁'字，又适为'于某之口'，于沉痛中，尤含有幽默的意味。"③另外，改"呼"为"吁"还表达了一层意思，清廷不是扬言要挖掉于右任的眼睛吗？"吁"比"呼"少了两点，就如同人少了两只眼睛，于右任利用谜语中的象形法，

① 陈四长、潘志新著：《民国奇才于右任》，中国青年出版社1989年版，第109页。

② 刘延涛编：《民国于右任先生年谱》，台湾商务印书馆1981年版，第20页。

③ 于右任：《评论作法及本人从前办报的经过》，《新闻学季刊》（重庆）1940年第1卷第2期。

将此两点喻为两只眼睛，形象逼真，手法巧妙，且又表明了他的反清态度，即挖掉了眼睛，还要为民“呼吁”！但实际上《民吁日报》的革命精神更胜以前，除揭露清廷的昏庸腐败外，还连续发表《论中国之危机》等社论，抨击列强肆意掠夺中国主权。报纸销量直线上升，其声名几乎超过老牌的《申报》和《新闻报》。1909 年 10 月 26 日，朝侨志士安重根在哈尔滨刺杀了日本前驻朝统监，也就是胁迫清廷签订《马关条约》的日本前首相伊藤博文。上海的许多报纸害怕引起“国际交涉”，不敢披露，唯《民吁日报》率先用大字标题作了报道，并配发了社论，称伊藤博文是“土匪流氓头子”“大混蛋”“可怜儿”，认为他死有余辜。不仅如此，还指出暗杀活动不能解决根本问题，伊藤博文的死不可能改变日本军国主义既定的侵略方针，“伊藤死而满洲之风云恐更急，因日本有无数伊藤盾其后也”（《伊藤流血后之满洲》），“其死亦且无缓和中国之亡，矧后起者其政策之激烈复有甚于伊藤，此我中国外交之前途所为愈危惧者也”（《中国外交危机之愈迫》）。为此，日本驻沪领事对此暴跳如雷，立即向租界当局提出严正抗议，并提出诉讼，指责《民吁日报》“连日所登论说不妥，有伤中日两国感情”，“任意怒骂日人，似属有意造谣”。① 日本领事馆还与上海道台蔡乃煌进行交涉，要求道台联合租借当局查封《民吁日报》。11 月 19 日，《民吁日报》遭到查封，为防止日后卷土重来，判决不准报社原来的机器再印刷报纸。就这样，总共存在了 48 天的《民吁日报》被迫停刊，蔡乃煌派人四处捉拿于右任，于右任被迫东躲西藏，生活陷入了艰险与困苦当中。多年之后，于右任回忆起这一阶段的往事，心情还非常激动，录文如下：

在民国纪元前三年，《民吁日报》被查封后，清吏蔡乃煌正四处捉拿我，我困守在一间小旅馆里，和孔子“在陈绝粮”一样无计可施。有一位同志很同情我，但是他和我一样的穷，真是爱莫能助。当他经过马路旁一间烧饼铺，乘主人不注意时，取了几个烧饼放入怀里，拔

① 徐载平、徐瑞芳著：《清末四十年申报史料》，新华出版社 1988 年版，第 280 页。

腿便跑。不幸被店主发觉,一面大喊捉贼,一面穷追不舍,终于把那位同志捉住,路人和邻居数人将他围着饱以老拳,打得他满面是血。后来看他相貌斯文,不像是做贼的模样,又怕打得太厉害,打出岔子来,因此问他为什么要做这种犯法的事。这位同志据实以告,是为了救济在旅馆里饥饿的朋友才出此下策。这位主人倒是很开明,不但不再追究,而且还自动送了几个烧饼给他。当我们二人在旅馆中享受这几个烧饼时,禁不住抱头痛哭起来。①

这是一段令人心酸的往事!由于处境险恶,在上海没办法待下去了,在朋友的帮助下,于右任再次赴日避难。

(5)创办《民立报》

《民吁日报》风波渐平之后,于右任从日本回国,应恩师马相伯先生之召,回复旦公学任教。当时,许多省份出现了抢米风潮,爆发了抗捐抗税斗争,革命形势逐渐高涨,各种矛盾空前激化,民间流传着"不用掐,不用算,宣统不过二年半"的民谣。在这样的形势下,于右任感到有必要为革命做点事情。在爱国人士沈缦云等人资助下,1910 年 10 月 11 日,以于右任为社长的《民立报》问世。由于有宋教仁、景耀月、张季鸾、范光启、谈善吾等一批骨干的帮助、支持,《民立报》成为当时国内发行数量最大的报纸。于右任以"骚心"为笔名,在《民立报》先后发表了 300 多篇文章,对清王朝的统治以及当时的社会问题进行了猛烈的抨击。例如《中国万岁　民立万岁》(1910 年 11 月 11 日)、《救国论》(1910 年 10 月 17、18、29、30 日,11 月 16、17 日)、《卷土重来之民立》(1911 年 3 月 20 日)、《外患发微》(1911 年 4 月 1 日)等,针砭时弊,发人深省。于右任期望这份报纸像英国《泰晤士报》那样,具有广大的影响。

于右任以"骚心"为名,在《民立报》发刊词中,指出记者的职责在于:"整顿全神以为国民效驱驰,使吾国民之义声,驰于列国;使吾国民之愁

① 黄季陆:《高山流水——敬悼于右任先生》,《传记文学》(台北)第 5 卷第 6 期,1964 年 12 月。

声，达于政府；使吾国民之亲爱声，相接相近于散漫之同胞，而团体日固；使吾国民之叹息声，日消日灭于恐慌之市面，而实业日昌。并修吾先圣先贤、闻人巨子自立之学说，以提倡吾国民自立之精神；搜吾军事实业、辟地殖民、英雄豪杰独立之历史，以培植吾国民独立之思想。重以世界之智识，世界之实业，世界之学理，以辅助吾国民进立于世界之眼光。”①从中可见于右任对新闻从业者以及报纸所寄予的厚望，也是《民立报》的办刊宗旨。他还发下誓言：“所自期者，力求为正确之言论机关而已。力虽不逮，不敢不勉。”②

由于当时的《申报》《上海新报》都主张保守，《时报》的对象为学术界，虽体裁颇多革新，但亦不敢放言高论。而《民立报》的创办，犹如一股清流，“在沪上报界，实开一新纪元”③。这种情况，缘于《民立报》各板块均有得力的负责人，例如社论由宋教仁执笔，紧要新闻由于右任暨范鸿仙编辑，本埠新闻则由邵力子任之，副刊由谈善吾主任、叶楚伧助编。1911 年，同盟会中部总会成立之后，《民立报》被确定为该报的机关报，领导长江流域的革命宣传工作。

新聞戰綫　(28)

新聞史料

于右任民立報發刊詞

秋深矣！鳴蟬寂矣！草木凋搖落矣！萬籟無聲，時聞寒蛩，似斷似續，如訴如泣矣！此佳節乎？而有心人當之，頓生無窮之感。謂天歟？謂人歟？噫！如此乾坤，吾何獨爲此佳節賀，吾亦悲憫中人也！

而孰意萬卉將臨之時，獨有植立於風霜之表，經秋而彌茂者，此何物？吾愛其色，吾慕其香，吾特敬其有超出凡世之氣概。此花耶？此名花耶？此豈非世人之所謂晚節黃花也耶？噫嘻，噫嘻！晚節黃花，噫嘻，噫嘻！晚節黃花！

「蘭有秀兮菊有芳，懷佳人兮未能忘」。當物而思，其思深矣。香草美人，今昔不遠。當此名花照耀東大陸之際，而更有其色其香其氣概堅于彼壽于彼璀璨于彼者，是何物？非國香乎？萬花環繞，民立現矣！是爲民立發靭之日，是爲民主出世之瑞！

「紛吾既有此內美兮，又重之以修能」，此非昔人之所自命也耶？民立之際此時會，此佳節之中而產民立，天之厚民立，民立敢不自重。大凡一[illegible]物之出現此社會，與此社會即有際地蟠天之關係；否則新事業無異乎陳死人。倘其適宜於此社會[illegible]，繼百年而不腐，而其精光浩氣時來時往於兩大之間，時隱時現於世人耳目之表，特時而出，自足無[illegible]乎一世；而社會寶愛之，國家更珍惜之。夫然後始能自立于四面楚歌之中，以遺福于國民。是以有獨立之民族，始有獨立之國家；有獨立之國家，始有獨立之言論。再推而言之，有獨立之言論，始產獨立之民族；有獨立之民族，始能衛其獨立之國家。言論也，民族也，國家也，相依爲命，此仆則彼僵，彼傾則此不能獨立者也。嗚呼！豈不重歟！

《新闻战线》刊载《于右任民立报发刊词》

《民立报》在望平街办公时，曾发生了一场较大的火灾，烟雾弥漫，报

① 于右任：《〈民立报〉发刊词》，《南报》1910 年第 3 期，第 20—21 页。

② 于右任：《〈民立报〉发刊词》，《南报》1910 年第 3 期，第 21 页。

③ 知了：《同气相求　钦敬前辈——新闻界欢迎于右任》，《万花筒》1946 年第 11 期，第 4 页。

馆几乎被焚毁殆尽。这场火灾究竟是报馆自己不慎造成,还是袁世凯蓄意为之,难以臆测。后来在上海信成商业储蓄银行创办人之一沈缦云的支持下,才得以勉强恢复工作。这场火灾令于右任非常苦闷,他"独居深念十数昼夜,而后大彻大悟",为此撰写了《卷土重来之民立》一文,刊登于1911年3月20日出版的《民立报》上,以此庆祝"《民立报》之复活"。文章认为:"夫摧残凌厉之骤至,实所以鞭策人事之进步而将以促其成功,斯则天演奇妙之作用也。"指出《民立报》被毁的深层恶果在于:"《民立报》之被毁,非惟《民立报》之不幸,而实吾全体人民之不幸;夺吾言论之权祸犹小,夺吾所持以诛奸除暴、扶危御患之利器而使之永永沉陷于黑劫,斯则滔天之奇祸也。"愈挫愈勇,立志继续以《民立报》为阵地,唤醒民众爱国意识,誓做"义不容死而必再接再厉以为吾民战胜之前驱"①。

《民立报》是最早披露袁世凯暗杀宋教仁内幕的报纸,袁世凯因此百般刁难,先是迫使报馆迁至法租界三茅阁桥堍,又下令淞沪警察厅出布告,禁止售卖《民立报》,此举致使报馆经济奇窘,难以维持。② 1913年9月4日"二次革命"失败后,《民立报》停刊,历时约三年。停刊的原因主要有三点:其一,南京临时政府成立后,《民立报》的原负责人及主要编辑、记者纷纷出任要职,不再过问报业,大大削弱了该报的实力,社会影响也大为减弱;其二,临时政府成立后,《民立报》在政治宣传上的错位,使读者深感失望;其三,袁世凯封建军阀势力在夺取辛亥革命胜利果实后,大肆禁止进步报刊的发行与售卖。③

较之于前期所创办的三份报纸,《民立报》在当时的影响有过之而无不及,被誉为"革命的号角"④。1911年10月10日武昌起义爆发后,孙中山从国外回到上海,首先到《民立报》报社会见于右任,并用汉、英两种

---

① 丘桑主编:《民国奇才奇文:黄帝子孙之元气(于右任卷)》,东方出版社1998年版,第39页。

② 郑逸梅:《辛亥革命时期的号角——〈民立报〉》,《民主》1991年第10期,第19页。

③ 汤黎:《〈民立报〉与辛亥革命》,《鄂州大学学报》2004年第3期,第36页。

④ 于右任:《〈民立报〉发刊词》,《南报》1910年第3期,第21页。

文字题“戮力同心”四字，赠予《民立报》报社。不久，又以临时大总统的名义颁赠给《民立报》报社一张旌义状，并亲自书写“博爱”二字赠予于右任，以表彰于右任及其所创办的《民立报》对革命所作出的突出贡献。1936 年，毛泽东在与美国记者埃德加·斯诺谈话中说道：“在长沙，我第一次看到报纸——《民立报》，那是一份民族革命的报纸，刊载着一个名叫黄兴的湖南人领导的广州反清起义和七十二烈士殉难消息。我深受这篇报道的感动，发现《民立报》充满了激动人心的材料。这份报纸是于右任主编的，他后来成为国民党的一个有名的领导人。……我激动之下，写了一篇文章贴在学堂墙上。这是我第一次发表政见。”①可见于右任所创办的《民立报》影响之深。

二、注重培养新闻从业人员

于右任不仅自己积极创办和支持各类报纸、杂志、书籍的编纂、出版和发行，对于新闻专业的学生也非常挂念，凡求教者，必知无不言，言无不尽。对于大学设立新闻专业、新闻馆，也给予了充分的肯定和热情的支持。于右任在多种场合自称为“记者”，而且对这个职业充满了自豪感，无怪乎被尊称为“元老记者”。在谈到对新闻记者的培养时，于右任曾以《民立报》报馆的徐血儿②为例，说他：“进报馆时仅十八岁，初任校对，一年后写小品文刊于报上，广大读者誉为佳作。”据此，于右任指出：“在校对中间最容易培养出优秀的新闻记者，因为他们的经常工作就是校对每一篇稿件，不问这篇文章好与不好，都得认真审视，一字一句也不能疏忽。日积月累的工作实践，自然有助于自己的写作。”③关于报纸的创新性，他给出了六字箴言，即“苟日新，又日新”，强调报道要有特色，而且“办报的

---

① ［美］埃德加·斯诺著：《西行漫记》，董乐山译，解放军文艺出版社 2002 年版，第 101—102 页。

② 按，“徐血儿”即徐天复，江苏金坛人，“血儿”为其笔名。陆诒《访于右任谈办报》一文作“徐雪儿”，当系音近而致误。

③ 陆诒：《访于右任谈办报》，《新闻与传播研究》1982 年第 5 期，第 35 页。

人心目中要有读者，时刻不能忘记广大读者的需要和愿望”①。以下摘录几个他在重要场合发表的关于新闻事业及人才培养的讲话稿，从中可以较为详细地了解于右任这位“报界元老”的真知灼见。

1. 本人从前办报的经过（对中政校新专班学生的演说词）

我在民国纪元前，曾在上海办过几回报，重心都在社评方面，不妨借此机会，将我办报的经历对诸位说说。

第一，是《神州日报》。《神州日报》的主张，顾名思义，就是以祖宗缔造之艰难和历史遗产之丰富，唤起中华民族之祖国思想。那时距“苏报案”大狱不久，《国民日日报》和《警钟日报》又相继被封，政象黑暗，民气销沉。我们一方面要伸张正义，激发潜伏的民族意识，一方面又要婉转其词，以免清廷的借口。社评的着笔，最不容易。但是，担任写社评的，都是第一流作家，所以《神州》的声誉，实以得力于社评者为多。有一篇署名“三函”的发刊词，由王无生、杨笃生两先生主稿，经我略加参订而成，所谓摅怀旧之蓄念，发思古之幽情，可称那一时革命文学的代表作。

其次，是《民呼日报》和《民吁日报》。我办《神州日报》未及一年，即因报社被焚脱离。隔了一年，始组织《民呼日报》。《民呼日报》又被封禁，乃改称《民吁日报》。“民呼”即“人民的呼声”之简称，于革命运动上为一鲜明的标帜，于文学技术上亦为大胆的创作。因为那时我们所代表的，已不仅是复古的民族运动，而是总理的三民主义了。至“民吁”之名所由来，则以“吁”之与“呼”字形相近，用以表示人民愁苦阴惨之声；而分析“吁”字，又适为“于某之口”，于沉痛中，尤含有幽默的意味。这两个报的社评，和《神州日报》有一个很大差别：《神州日报》以沉郁委婉见长，《民呼》《民吁》则以发扬蹈厉见长；《神州日报》颇似古典文学，《民呼》《民吁》则已接近现代文学。如范鸿仙、徐血儿两先生所写的论文，即可代表那时的作风。

① 陆诒：《访于右任谈办报》，《新闻与传播研究》1982 年第 5 期，第 36 页。

《民呼》《民吁》的创刊，已在国民革命发动时期，我们的社评，自应较启蒙时代更为大众化。

最后，是《民立报》。《民立报》时代，可算是同盟会革命运动的急进时代。我们的任务：一面在揭发清政府之鸩毒，唤起民众，一面在研讨实际问题，作建国的准备。那时报社经济，受沈缦云先生扶助，较为充裕，人材亦一时称盛，各有专长，所写社评，在言论界上，都有很大的权威。

我以一穷书生，历办上述各报，所以幸而有成，实由同志帮助之功。而海内作家，声应气求，翩然来会，尤为各报社评见重于世之原因。民国成立以来，这许多朋友，学问事业，各有成就，容我再为叙述。惟中有六人，那时所写的社评最多，但两位已经为国成仁，两位则穷愁已死，均不及见革命之成功，所以在这里特地一提，以作为我的纪念：

一、杨笃生先生。他是对于《神州日报》最努力的一人，长于小学，熟谙国史，血性尤热烈过人。故其为文，能以坚确之词义，抒其真挚之感情，深切地注入读者。后来以留学去英，因黄花岗的失败，不胜热情的压迫，自沉于海。

二、汪允宗先生。精研名理，兼通佛乘。其气质偏于沈潜，常能以深邃的观察，透视社会之黑暗面，故其文笔既曲而能达，于世相尤无所不通。他是在《神州日报》最久的一人，《民呼》《民吁》《民立》各报，也都有他的社评。他在《民立报》时，曾写过一篇关于人力车夫问题的论文，在中国论坛上，恐尚是第一次，实可称为深入民间之社会学者。

三、王无生先生。他是一个沉博绝丽的骈文学家，而又熟于稗史，以芳馨悱恻之词，达小雅诗人之旨，感人亦极深刻。明末遗老的复国运动，大半是走这一条路的。

四、范鸿仙先生。五、徐血儿先生。鸿仙、血儿两先生是《民呼》以后各报的社评写作家。他们的文章，都有激昂高亢之音。鸿仙先生喜谈兵，二次革命后，在上海为人刺死。尤其值得记述的，是范、徐两先生都由报社校对发愤成名。这固然可征两先生刻苦力学之精神，但是报馆校对一职，因参考资料之丰富，和名师益友的切磋，实为养成记者之优良学校。

六、宋渔父先生。他是《民立》社评的主干，有政治家的风度，又有政治法律的专家素养。生平精研舆地，熟于国际形胜。对于宪法问题、外交问题、片马事件、间岛事件，都曾以专家之学，写为社评，一时传诵。这是大家所耳熟能详的。

说到这里，还附带一述我的感想，就是写社评的人，固然应该研究现代科学，周知世界大势，而对于国学的修养，尤其不可忽视。不但写文言文要深通文章义法，具备应用词料，就是写语体文，也必富于国学常识，然后才能用字适当，定义坚确，能使读者切理餍心，发生信仰。上文所述的几位名记者，于现代学术，固然各有所长，方向不同，但对于中国文学，都是埋头书案用过一番苦功的，这又是诸位修养期间很多的榜样了。

为着纪念他们几位的努力，为了供给诸君的参考，特别讲出了以上一段话，至于我个人方面，初到上海的时候，不仅人生地疏，更加穷的了不得，在如此景况中，一方致力文化事业，一方推动党的种种工作。那时革命党人的生活，不待说，是很艰苦的，复旦大学是我的母校，我曾为它的复兴，费过不少力气。日本取缔风潮后，又同留东归来的朋友创立中国公学。因用这两个大学作基础，由母校中联络八个人出来，开办了《神州报》。从此，早起去吴淞教书，下午归来办报，要作文，又要作事。作了文，影响到作事，作了事，影响到作文，两者是顾不周到的，所以那时写的社评，并不怎样的多，每月也不过几篇而已。再因为在科学上学无专长，名贵的大作也写不出来，由于我深感觉到，丰富知识的重要，所以一开头就将这个问题提出，没有丰富的知识，不但写不出好的社评，也不会做出伟大事业来。因此，希望大家在这点上，尽量的做工夫，我们要有丰富的外国知识，但我们更需要丰富的中国知识，这是我多年来的经验，也是一种不可磨灭的至理。

现在我的话要作结束了，以上在社评写作者应具的主观条件里，讲到丰富知识，明确认识，正确判断，出路的指示，文章素养几点，社评的客观要求上，要大众化，革命化，时代化，以及我办报的经历等等，归纳起来，总不出乎一种目的，一种愿望，就是要大家在未来的工作中，聚精会神，将全部力量用在抗战建国国策的宣扬上，使数千年传统的中国文化，光芒四射，惠及全世界，全人类。如果我们今日承认：我们只有"用爱和信念工作"的话，那么，这个爱，不正是对祖国和祖国文化的爱吗？这个信念，不又是对抗战建国的信念吗？不久诸位献身报界，就好比希腊神话里的勇士吓拉芽力斯一样，身着大地，力增百倍，将自己的爱和信念，以惊人本领，浸润广大无边的祖国原野里，使祖国开遍了自由之花，结成幸福之果。中华民族，中国文化的命运，是握在诸位的手里！祝诸位努力！加倍的努力！①

2. 我还想做新闻记者（在中国新闻学会的讲演）

今天中国新闻学会要我到这里来讲演，事前并要我宣示讲题。我离开新闻界已有三十余年，在今天回忆起来，在三十年前，我因为革命的需要而离开新闻界，并离开上海到北方去，虽然在革命整个的计划上，有一点贡献，但是在我新闻事业的立场上，至今我还深悔那时候离开的太失策，至今没有完成我在新闻上的志愿。说新闻事业是国家进步及民族文化解放上的神圣事业，一点没有夸张。新闻事业值得称为神圣的，在国家进步及民族文化解放的意义上真是超绝的利器。世界上哪一个新闻事业机关的成功，里面必有许多志士仁人在那里努力，这许多志士仁人，能够立志做新闻事业，同时也就是治国平天下的人才，我今天回想起来，与我在新闻界共事的人，多数

① 丘桑主编：《民国奇才奇文：黄帝子孙之元气（于右任卷）》，东方出版社 1998 年版，第 288—291 页。按，这篇演讲词最早刊载于《新闻学季刊》（重庆）1940 年第 1 卷第 2 期。

已成仁而去，我现在所愿留此余生以努力的，就想完成当时许多新闻界志士所未竟之志。

今天我的讲题是《我还想做新闻记者》。各位一定要问我是个什么原因，我的答复极简单，因为欣羡新闻记者。我的耳目，我的手足，还可以供献于人群，所以我还想做一个记者。新闻记者是可以欣羡的，尤其是今天的新闻记者。值得有思想有志气的人对他欣羡。新闻记者的天地太宽广了，新闻记者的材料太丰富了。像我一个离开新闻界甚久的人，在日常见闻中，我能体会到这种局面。

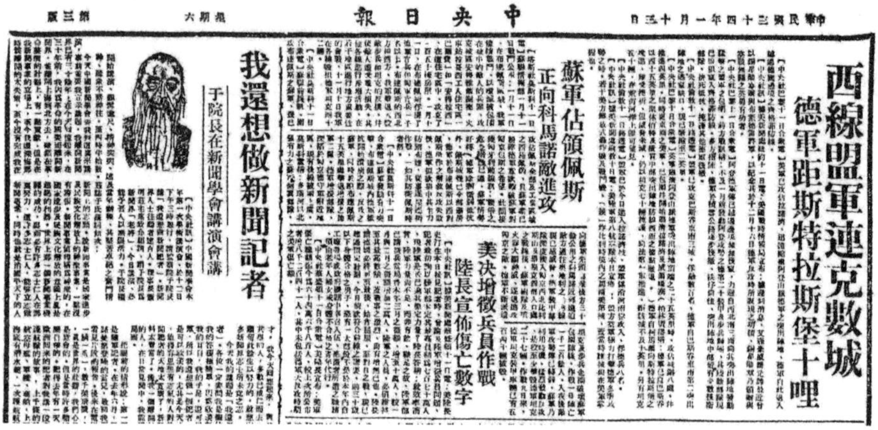
中華民國三十四年一月十五日 中央日報 星期六 第三版

西線盟軍連克數城
德軍距斯特拉斯堡十哩

蘇軍佔領佩斯
正向科馬諾敵進攻

美決增徵兵員作戰
陸長宣佈傷亡數字

我還想做新聞記者
于院長在新聞學會講演會講

《中央日报》刊载《我还想做新闻记者》

把眼前的情形说：第一可以欣羡的是随军记者。在去年六月，盟军在法国诺曼第登陆的当儿，最初我们在报纸上看见片段的报告。后来在电影中看见“一鳞一爪”，数千架飞机，上千条船舰，真是世界的壮观，我们心目中的壮观是意会的。但是当时许多随军记者是亲历目击的。记得去年有一天，一位新从欧洲回来的记者对我讲一段参加大西洋护航队的故事，上千条的船只，中有航空母舰、军舰、商船，上面有飞机，海底有潜水艇，一次护航航程中，总遇见几次战斗，那战斗真是壮观！我对那位记者的讲述，真是心向往之。这几天美军在吕宋岛仁牙因湾登陆，我看见报上的记载，便想到此中必有许多随军记者在那里参加,他们的心胸眼界,何等幸运!他们随着麦克阿瑟将军登陆,是何等的威风!我们远征军中年来有许多青年记者驰驱于丛林旷野之间,或随机轰炸,如果我是一个记者,至少我有这个幸运的可能。有志的青年男女,为什么大家不追逐这一个可喜的幸运呢?

其次可欣羡的,是随着空军出去轰炸我们的共同敌人,其余每天随着第几航空队到敌前敌后去轰炸,我们仿佛可以报答国恩与亲仇,长风万里,杀敌致果,惟有今日空军的随军记者可以有此气概!

其次可欣羡的,是派到外国的若干政治记者或外交记者,不但足迹游踪遍及名都大邑,交际范围可以无所不包,有外交官的便利而无外交官的拘束。驻在国的政治首领,有机会约在周末去打球或钓鱼,或约去参加他们的家庭晚会,其他学者名士、工商巨子、劳工领袖,无不可以自由交往。我们赤心为国,一个驻外的记者,不知可替国家做多少有益的工作,无形的贡献。

其次可欣羡的,如派在殖民地或穷荒地带的记者,我们可以看见多少痛苦的、享乐的情形及许多奇异习俗、珍禽异果,若有机会随着探险家到荆棘丛莽、冰天雪地中去辗转,更是何等开阔。

讲到国内,在今天的抗战大时代中,假使我们做一个战地旅行记者,做一个出入沦陷区的记者,做一个那一部门的专访记者,那一方面我们不可以大大发挥,替党国做一番重大的贡献?以上所说多半偏重于外勤方面。

至于内勤方面,现在一篇社论,一条特殊的新闻,几行专栏特写,我们报纸上早晨登出来,到当晚可以在世界各国大报上转载,或引起评论反响。七八年来我们报纸上的社论,内容与范围不知比以前进步多少!我们的评论记者与专栏记者,都可以与外国报纸并驾齐驱,这是时代进步的鞭策,使我们各部门的记者,不能不奋勉。

现在我们的记者,但患自己能力学识不足,不患不能成名。——今天记者的名,是世界性的,今天的名记者与世界大政治家、大实业家可以分庭抗礼，在精神上可以得着同样的尊荣。

讲到这里，真是心花怒放，眼前光明，记者的天地，那一个人也比不上他，个人的畅快，同时也是国家的帮助。

各位在场的记者先生，那种开阔的天地，是属于你们的，那各种可喜的幸运是属于你们的。我欣羡你们，我虽离开了新闻界三十余年，所以还想做新闻记者。

新闻记者，永远是前进的，是迎头赶上。我离开新闻界虽然甚久，但是这种精神未尝稍变。我盼望我们的新闻界永远随着时代前进，照近几年的现象，确实现在的新闻界，样样比过去进步。

我可以附带讲一点三十余年前我的记者经验。在我初办《神州日报》时，中国新闻界的内容，实在贫乏得很，我们要想参观，也没有地方可以一观的，设备则一切条件都是简陋，百无办法时，同邵力子先生往日本去调查，归时约杨笃生先生主持编辑，我可以分出许多时间去发展报馆业务。后来在《民呼》《民吁》报的时代，真是困苦不忍回忆，一个报馆的事，从筹款、购置、编稿、写社论、上版，外面交际应付，都要随时照顾。在《民吁日报》时代，我被捕房判决逐出英租界，我住在西门，每天上午要到吴淞复旦及中公两校去教书，回到法租界已近傍晚，一切的事都要料理。到后来《民立报》时代，人才算是盛极一时，有宋教仁、马君武、邵力子、叶楚伧、李孟符、杨千里、徐血儿、汪允中、吕志伊、范鸿仙、张季鸾诸先生，《民立报》的国外电信，欧洲、日本、美国都有专派记者，仿佛今日报馆的海外电信网。记得当时上海英文《泰晤士报》，还每月订购我们的海外电信稿，当时《民立报》驻英国的记者就是章行严先生。辛亥革命时，章先生首先打一个电报回来，说英国舆论主张对中国内政不加干涉，当时在国内革命进展上有极大的影响。

在我的记者生活回顾上，我当时在报馆所做的工作，除了排字以外，可以说什么都做过。当时我们觉得做新闻记者的天地宽大，三十余年来我的想法与体念，还是如此。后来我因为军事而脱离新闻界，现在抗战快要胜利，我真是还想做新闻记者。

《民立报》创刊词中有两句话："有独立之言论，然后有独立之国家；有独立之国家，然后有独立之国民。"当时这几句话是传诵一时的。现在世界高唱"新闻自由"，新闻界尤其拥护新闻自由的原则。我想"自由"与"独立"系相互有关系，无自由不能独立，不独立亦不能自由。国家有自由，言论方有自由；言论有自由，人民方有自由。心胸广大的各位记者先生，必能体念此中的因果关系。

抗战到了第八年，我们检讨政治与社会各部门，新闻界是充满了新的气象，并且达到相当的成功。在前几年敌人对我滥施轰炸，大家叫着疲劳轰炸，那有人知道社会中最疲劳的职业莫过于新闻界。新闻界全体从业员，昼夜廿四小时不停止的工作，为的是对国家效忠服务，疲劳轰炸没有挫折我们新闻界的意志，没有使全国的报纸停刊。

五年前重庆各报联合版，是中国新闻史上一个光荣纪录，七八年来全国新闻界全体从业员所表现的，真是智仁勇三者无所不包。旷观大势，努力学问，与时代俱进，此是智；对内宣泄民隐，对外维持正义，扶弱抑强，此是仁；不避危险辛苦，参加战斗，随军前后，在绝对危险中照常工作（从南京撤退时起，各地最后撤退者，必为报馆），此是勇。有此三者，岂但新闻界之荣，亦国家精神上最珍贵之收获。在我对诸位欣羡之余，把这一篇送给各位，多谢各位的光临，敬祝各位前途的成功，歌呼我们的新闻事业，在艰难困苦中，节节步入新的时代。①

3. 新闻自由万岁　中华自由万岁（为复旦大学新闻馆开幕典礼撰写的致辞）

1945年，复旦大学设立新闻馆，于右任因公务繁忙未能出席开幕典

① 于右任：《我还想做新闻记者》，《中央日报》（重庆）1945年1月13日第3版。

礼,但他寄来一篇讲演词,由该校教授祝秀侠代为宣读。① 其中既有对复旦大学在社会发展过程中积极担当的肯定,也有对新闻事业及新闻从业者的殷切期望,摘录如下:

> 今天欣逢复旦新闻馆开幕盛典,在这个艰难的时会,学校能建筑校舍,本来就大可庆祝,何况今天所落成的是新闻馆。新闻馆落成的庆祝意义是双重的,中国新闻事业与复旦,在过去已有密切的关系,在未来更有远大的展望。
>
> 国内大学有新闻学系,复旦大学是一个创始者。复旦为什么独有此建树,自有其历史的关系。在复旦四十余年校史中,前前后后产生的新闻记者不少。想起四十年前我初办《神州日报》时,发起的同人,复旦公学有八位……中国公学有八位……嗣后我所经办的报纸,如《民呼》《民吁》《民立报》,都有复旦的同学参加与支持。四十年来,复旦同学的尽力革命,以从事新闻为最多,而复旦同学的创造中国新闻,使之革命化,以民国以前为最力。其所以数十年不息者,为自由的中国,更为中国的自由,这是我们校史上十分光荣的事实。复旦为什么能产生这许多新闻记者?因为复旦的精神是独立的,复旦的空气是自由的。惟有独立自由的空气,能够鼓舞青年去做自由活泼的职业,新闻记者是一个劳苦的职业,新闻事业是扶助国家民族向前进步的。近来常见我们学校的刊物中谈复旦精神,我今天看见新闻馆的成立,联想到复旦产生新闻记者之多,立刻可以替复旦精神的讨论作一个答案。独立自由的精神,是近代文明的特征,近代的文明与进化,都由独立自由的精神中产生出来。本党五十年的革命与此次世界大战最后的目标,都是在此。现代社会中的新闻事业,便是推进与培养这种精神的。今天成立的新闻馆,可以说是本校过去精神的象征,未来努力的目标,更可说名则“新闻馆”而实是“自由馆”,是由中华民国推及世界的一个大自由库。

① 《复旦新闻馆开幕典礼情况热烈》,《中央日报》(重庆)1945 年 4 月 6 日第 3 版。

新聞自由萬歲　中華自由萬歲

復旦新聞館落成典禮講演詞

于右任

今天欣逢復旦新聞館開幕盛典，在這個艱難的時會，學校能建築校舍，本來就大可慶祝，何況今天所落成的是新聞館。新聞館落成的慶祝意義更重的，中國新聞事業與復旦，在過去已有密切的關係，在未來更有遠大的展望。

國內大學有新聞學系，復旦大學是一個創始者。復旦為什麼獨有此建樹，自有其歷史的關係，在復旦四十餘年校史中，前前後後產生的新聞記者不少。想起四十年前我初辦神州日報時，發起的同人，復旦公學有八位。（俞懷秋、平湖人，葉仲玉、嘉興人，邵仲輝、邵力子，陳△△、海寧人，陸冠春、即秋心，葉藻亭等。）中國公學有八位。（王博沙、河南人，張邦傑，四川人、孫性廉，四川人，譚介人、湖南人，黃楨呈、湖南人，梁喬山、河南人，鍾古愚、江西人等）嗣後我所經辦的報紙、如民呼、民吁、民立報、都有復旦的同學參加與支持。四十年來，復旦同學的盡力革命，以從事新聞為最多，而復旦同學的們造中國新聞，使之革命化

《中央日报》刊载《新闻自由万岁　中华自由万岁——复旦新闻馆落成典礼讲演词》

在一年以前，美国新闻界发起新闻自由的运动，最近美国新闻界有三位代表，专为推动这个运动而游访各国。大家知道新闻自由的内容，是报道自由，采访自由，传递自由，发布自由。这几种自由在此次大战前统包括在“言论自由”里面。经过这次反侵略的大战，研究时局的人才明白独裁与侵略者的阴谋手段，他们想达到扰乱世界和平之目的，必先使报道不能自由，传递与采访不能自由，然后可任意传递歪曲之主张与不确之报告，以蛊惑人民之视听，发动天下之兵。全世界经过这次的恶战，人类文明由毁灭而复苏，野心家摧残新闻自由的居心，始完全暴露。相信自今以后，天地间没有那一个人再敢冒此大不韪，企图摧残新闻自由，以逞其野心。今天在座的有许多未来新闻界的斗士，预想在你们将来的新闻天地中，必能享到空前的新闻自由。只须你们有天才、有能力、有决心，必能在新闻界中有伟大的成就，直接间接对人类、对社会有极大的贡献。我今天来庆祝新闻馆的落成，还庆祝我们复旦未来新闻斗士的自由天地。未来的新闻天

地，必定是宽广与丰富，你们可在那天地中建树丰功伟烈，你们未来的成功，可以千百倍于我们。但是我今天要特别告诉你们，为维护新闻自由，为珍重新闻自由，必须要恪守新闻道德。新闻道德与新闻自由是相辅相成。没有新闻道德的记者，把新闻自由随便玩弄，其流弊与祸害，固不堪言，而辛苦奋斗所得之新闻自由，终不易保持。所以新闻自由今后能否保持与扩大，全恃新闻记者的新闻道德。孟德斯鸠说："有权的人最易弄权。"政治上有权的人，一旦弄权，便成暴虐的政治；社会上有权的人，一旦弄权，便成豪绅的特殊阶级。新闻记者同是有权的人，一条新闻可以掀起政潮，可以引起战争，新闻记者不守道德，便不能负责任。新闻记者不但应有法律责任观念，尤须有道德责任观念。我敢向各位预言，将来我国的新闻自由必然可以获得，但是新闻自由获得以后的保障，就是新闻界要恪守新闻道德。复旦的新闻斗士，应当把这一个任务，引为己任。

总理常常爱述林肯总统"民有民治民享"的名言，诸位熟研历史政治，对这个近代格言，当然耳熟能详。我今天对于"民享"有一个见解：所谓民享，其享受之对象，不仅是衣食住行物质方面，还有精神方面的享受。精神方面最大之享受，便是"名誉"，社会中握有最大予夺之权者，无过新闻记者。新闻记者对于这种特权之运用，必须宽严适宜。尤其对社会上前进的人物，必须予他们以名誉上之护持，如反对派的政治家、受伤的烈士、衰老的发明家等，新闻记者都不能忘记他们。这于政治社会的风气培养，有极大的帮助，新闻界的道德与责任，都可从此等地方表现。

世界上有形的力量，由近代的军事眼光看，为陆海空三军。陆海空三军在这次战争中，已经发挥极大的力量。什么"特种混合部队"是这次战争中最猛烈的武力，便是陆海空三军混合编制的武力。陆海空三军是对未来世界维持秩序的，对世界和平是一种消极的力量。在陆海空军以外，另有一种力量不仅维持世界秩序，而为维持世界和平，并且鼓励世界和平，创造世界和平。巨声一震，世界皆响，音浪所播，光明所射，尤为广大悠久，受人类之歌颂。此种积极力量，就是新闻的力量。将来人类幸福，世界和平，全恃这宇宙间四大力量来维护，这四大力量，便是新闻与陆海空军。各位同学，我们从事新闻事业的人，能够自列于宇宙四大力量之中，而且我们能在此四大力量最积极的一个行列中，为和平而奋斗工作，这是何等愉快与光荣！当今陆海空军的武力，是日新月异，我们新闻力量，也应当从各方面去力求其新颖与锋利。在这种伟大抱负与使命之前，我们应当怎样自励与奋发？在复旦新闻馆庆祝声中，我们高呼新闻自由万岁，中华自由万岁，复旦精神万岁！①

4. 忆过去·望远镜（对中国新闻专修学院学生的讲话）

中国新闻专修学院新闻科是一个未来的记者们的养成所，1946 年 6 月 13 日上午，学校邀请了若干报社的记者以及新闻界的老战士于右任进行座谈。于右任发表了意味深长的讲话，择其要摘录如下：

自己已是退伍多年的了，而新闻事业部是紧紧地跟随着时代前进的，因此很愿意和青年记者做一个朋友。

国家抗战八九年，人民流尽了心酸的泪，今天自由和平的新中国终于诞生了国家的一切，需要从新做起，各位在这个时候献身于新闻界工作，好得很！好得很！

新闻记者的武器就是笔，它是可□的！但必须善用自己的笔，也就是善用自己的工具。工具所能及的范围应宽广，对社会的影响也应大。新闻记者应该是一个学者，也只有学者才配做记者，认清自己的身份，灵活地使用手中的笔，拿学识作基础，人格作保证，做一个顶天立地的完人，才配干任务艰重的新闻事业，才配用继往开来的笔了。

报纸的分野，有保守与进步之别，属于前在类型的电纸，他们忘

① 于右任：《新闻自由万岁　中华自由万岁——复旦新闻馆落成典礼讲演词》，《中央日报》（重庆）1945 年 4 月 6 日第 3 版。

记了人民的幸福，全人类的前途，只是偏守自己的立场，为自己从属的小圈子掩饰。有这种不争气的报纸，也产生了不争气的记者，因为报纸必须进步的、革命的。

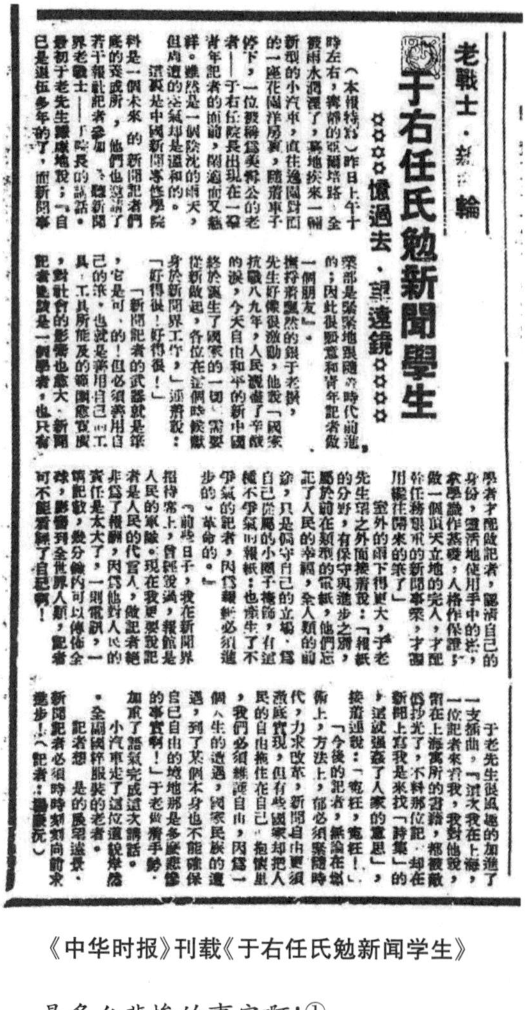

老戰士·新[illegible]輪

于右任氏勉新聞學生

☆☆☆懷過去·望遠鏡☆☆☆

（本報特訊）昨日上午十時左右，齊爾的[illegible]路，全被雨水淹漫了，驀地疾來一輛新型的小汽車，直往逸園對面的一座花園洋房裏，隨着車子停下，一位鬚髮皓白美髯公的老者——于右任院長出現在一群青年記者的面前，閑適而又慈祥。雖然是一個陰沉的雨天，但室內的空氣却是溫和的。

這裏是中國新聞專修學院學科是一個未來的新聞記者們底的養成所，他們也邀請了若干報社記者參加，聽新聞界老戰士——于院長的講話。

最初于老先生謙虛地說：「自己是退伍多年的了，而新聞事業都是緊緊地跟隨着時代前進的；因此很願意和青年記者做一個朋友」。

撫捋着飄然的銀白老髯，于老先生好像很激動，他說「國家抗戰八九年，人民流盡了辛酸的淚，今天自由和平的新中國終於誕生了，國家的一切，需要從新做起，各位在這個時候獻身於新聞界工作，」還着說：「好得很！好得很！」

「新聞記者的武器就是筆，它是可以的！但必須善用自己的筆，也就是善用自己的工具，工具所能及的範圍愈寬廣，對社會的影響也愈大，新聞記者就是一個學者，也只有學者才配做記者，認清自己的身份，靈活地使用手中的筆，拿學識作基礎，人格作保證，做一個頂天立地的完人，才配幹任務艱巨的新聞事業，才够用繼往開來的筆了」

室外的雨下得更大，于老先生望之外面接着說：「報紙的分野，有保守與進步之別，屬於前者類型的報紙，他們忘記了人民的幸福，全人類的前途，只是偏守自己的立場，為自己從屬的小圈子掩飾，有這種不爭氣的報紙，也產生了不爭氣的記者，因為報紙必須進步的，革命的。」

「前些日子，我在新聞界招待席上，曾經說過，報館是人民的軍隊。現在我更要說記者是人民的代言人，做記者絕非為了報酬，因為他對人民的責任是太大了，一則電訊，一篇記載，幾分鐘內可以傳佈全球，影響到全世界人類，記者可不能看輕了自己啊！」

于老先生很風趣的加進了一支插曲，『頭次我在上海，一位記者來看我，我對他說，留在上海寓所的書籍，都被敵偽抄光了，不料那位記者却在新聞上寫我是來找「詩集」的，這就違背了人家的意思」，接着還說：「冤枉，冤枉！」

「今後的記者，無論在技術上，方法上，都必須緊隨時代，力求改革，新聞自由更須徹底實現，但有些國家却把人民的自由拖住在自己懷抱里，我們必須維護自由，因為一個人生的遭遇，國家民族的遭遇，到了某個本身也不能確保自己自由的境地那是多麼悲慘的事實啊！」于老做着手勢，加重了語氣完成這次講話。

小汽車走了這位[illegible]全國國粹服裝的老者。

記者想：是的，展望遠景，新聞記者必須時時刻刻向前求進步！（記者：楊康沅）

《中华时报》刊载《于右任氏勉新闻学生》

前些日子，我在新闻界招待席上曾经说过，报馆是人民的军队。现在我更要说记者是人民的代言人。做记者绝非为了报酬，因为他对人民的责任是太大了。一则电讯，一篇记载，几分钟内可以传布全球，影响到全世界人类，记者可不能看轻了自己啊！

今后的记者，无论在技术上，方法上，都必须紧随时代，力求改革，新闻自由更须彻底实现，但有些国家却把人民的自由拖住在自己的怀抱里，我们必须维护自由，因为一个人生的遭遇，国家民族的遭遇，到了某个本身也不能确保自己自由的境地，那是多么悲惨的事实啊！①

5. 答谢赠送“元老记者”纪念邮票讲话（1962 年 5 月 23 日）

今天各团体、各位记者给我的赠与和指示，使我感到特殊兴奋，

① 杨康沅：《于右任氏勉新闻学生》，《中华时报》1946 年 6 月 14 日第 2 版。

“元老记者”纪念邮票

但这一荣誉是全体记者的荣誉，今天我是代表大家来接受这一荣誉而已。

在我生活的历程当中，最使我难忘也最使我怀念的还是从事新闻记者时期，尤其是当时的记者同仁，他们有的是壮烈殉国，有的以劳瘁而早逝，而他们英勇奋斗的精神，则始终照耀着我们的新闻天地，也照耀着中华民国！

我在《民立报》发刊词中有这样几句话：“有独立之民族，始有独立之国家；有独立之国家，始能发生独立之言论。并推而言之，有独立之言论，始产生独立之民权；有独立之民权，始能卫其独立之国家。”今天希望我们记者同仁，深切了解自身责任之重大，肩负起这大时代的重大使命。

我已是退休的记者了，对各位同仁勤劳不息的努力，怀有无限的钦敬,我谨以无比的热情接受各位的厚意,并愿与各位共励共勉!谢谢大家!①

三、支持各类报刊、书籍的整理出版

于右任不仅自己积极创办各种报刊,还非常支持其他教育报刊的工作,例如他曾为《民众教育月刊》《上海日报》题写刊名。还为高等院校的校刊题写刊名或题词,例如《西北农林专科学校校刊》《持志学院年刊》等。

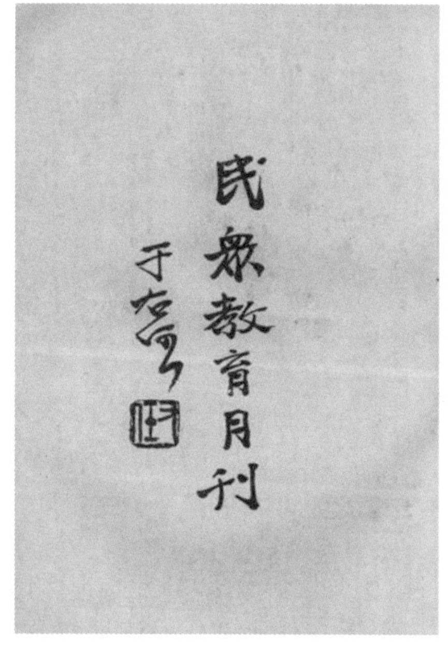

于右任为《民众教育月刊》题名

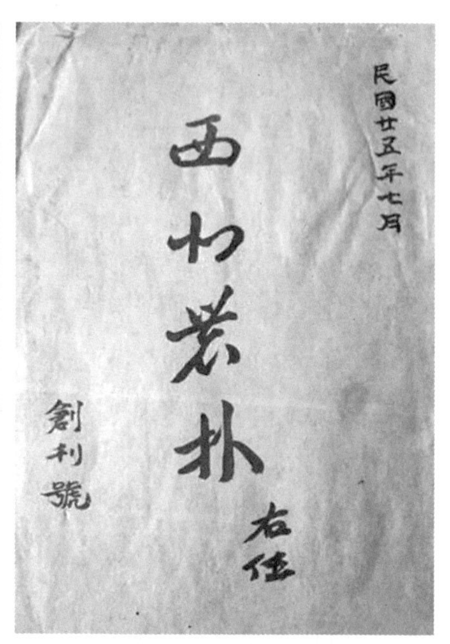

于右任为《西北农林》题名

1. 碑版情缘

于右任在金石文献的搜集方面,作出了突出的贡献。他曾精研六朝碑版,在此基础上将篆、隶、草等书体融入书法创作之中,参以魏碑笔

① 钟明善主编:《长安学丛书(于右任卷)》,三秦出版社 2011 年版,第 159 页。

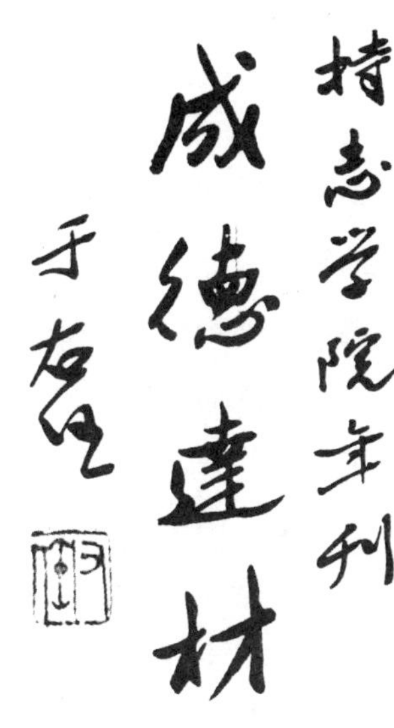

于右任为《持志学院年刊》题名

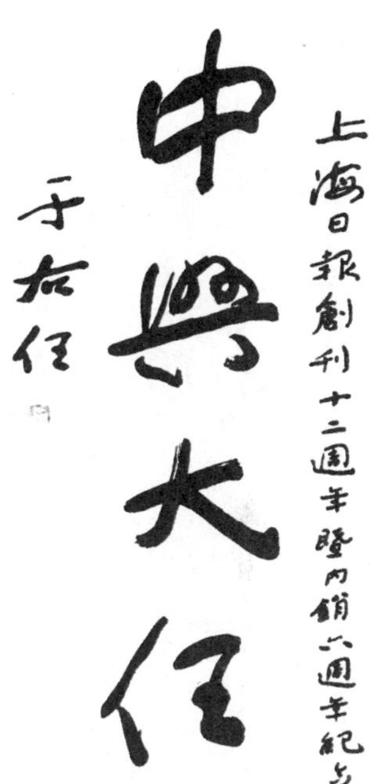

于右任为《上海日报》题名

意，自成一家，人称“于体”。因此，于右任对北魏碑石钟爱有加，荒原丛莽，足迹殆遍。不惜重金购求，还委托碑石贩子代为寻找，凡北魏、唐五代石刻，所得较多，编为《鸳鸯七志斋藏石目录》。集碑之富，海内首屈一指。抗战时，于右任所藏精品大多散佚，被文物贩子转相售卖，其中有相当一部分被日本人所得。对此，于右任扼腕叹息，并希望在抗战胜利、时局平稳之后，再进行搜集。① 在于右任所创作的诗词作品中，有不少是关于碑版碑拓的，例如《题张木生君手拓昭陵石马》《广武将军碑复出土歌赠李君春堂》《纪广武将军碑》《张木生君得〈孟十一娘墓志〉后有李敬恒先生书〈浩然堂诗〉并序，皆明丽可诵，诗以纪之》《寻

① 海藻：《于右任氏发愿重集石刻》，《国际新闻画报》1946 年第 58 期，第 11 页。

碑》《柳家湾访碑得阿史那元方造像并拾得旧瓦上有隶书“□宫”二字》等。①

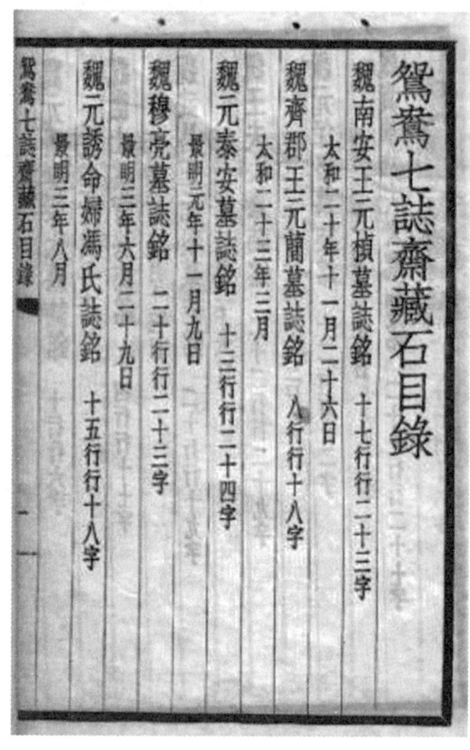
鴛鴦七誌齋藏石目錄

魏南安王元楨墓誌銘　十七行行二十二字

太和二十年十一月二十六日

魏齊郡王元簡墓誌銘　八行行十八字

太和二十三年三月

魏元泰安墓誌銘　十三行行二十四字

景明元年十一月九日

魏穆亮墓誌銘　二十行行二十二字

景明三年六月二十九日

魏元誘命婦馮氏誌銘　十五行行十八字

景明三年八月

鴛鴦七誌齋藏石目錄　一

鸳鸯七志斋藏石目录

于右任将自己所收藏的387方（318种）墓志捐给西安碑林，弥补了碑林唐前碑刻较少的缺憾，大大丰富了碑林的内涵。② 视若珍宝的碑石终于有了安身之所，于右任内心十分喜悦，1942年他在《鸳鸯七志斋藏石》“序”中写道：“往余积年藏石四百余方，而南北迁徙，每有散佚。二十四年春，始聚而赠至西安碑林，建阁庋藏，以饷士林。抗战军兴，典守者穿窟贮藏，久欲录其目而考订之，未暇及。箧中所存之拓本，堆积杂厕，且阙失未备。今略事整理，编成此目。上起炎汉，下迄赵宋，凡不同之时代十有三。爰依次编年，以月系年，以日系月，分别先后而比列之，得二百八十五则。他时旁求遗榻，可期汇成巨帙，区区所藏，二十年佳趣寄焉。每览志文，于征伐官制诸端，可补前史疏漏，于氏族之可考南北播迁之原委，于文辞可增列代骈散之别录，于书法可知隶楷递变之途径。学者寻译史材，且不止此，亦治文

① 按，此处所列诗题，可参见杨博文辑录：《于右任诗词集》，湖南人民出版社1984年版。

② 张礼智著：《陕西博物馆百年史1909—2009》，三秦出版社2014年版，第366页。

史者之一助也。”[①]这些来之不易的碑版拓片，在书法、文学、历史等方面均有很高的价值，于右任通过辛苦的搜寻、无偿的捐赠及精心的编排，为相关领域提供了珍贵的文献资料。

2. 图书故事

（1）读书、藏书与捐书

于右任从小受父亲于新三的熏陶，酷爱读书，三原县至今还流传着“一灯如豆下苦功，父子相揖替背书”的感人故事。为了让儿子长大后做一个读书人，于新三省吃俭用，买书寄回家乡三原县，在于右任先生为其父新三所作墓表中，记述了当年寄书的情况：“以里中乱后得书不易，岁必寄多种归来，请伯母保存，谓儿大必令读书。”[②]于右任不负父亲期望，一生坚持以书相伴，即便是 1963 年 4 月 16 日住进台湾荣民医院之后，躺在病床上的他在日记中感慨道：“少年不看书，老年欲看而不可能，可哀也！”“不看书者真可为愚人，并为文明时代之愚人，可耻。”[③]

于右任读书近照

于右任阅读范围不拘一格，中国传统文化典籍、字书、史学、文集、诗词等领域均有涉及。同时，他也雅好藏书，据说他的藏书有几万册之多，种类繁多，经、史、子、集、丛均有藏，其中以集

① 高峡：《丰碑贞石纪于翁——于右任与西安碑林》，西安碑林博物馆编：《碑林集刊》（第十辑），三秦出版社 2004 年版，第 12 页。

② 中国人民政治协商会议陕西省三原县委员会文史资料委员会、三原县右任书屋主编：《于右任诗文诵三秦·先君子新三公墓表》，《三原文史资料》第十五期，2005 年，第 301 页。

③ 屈武口述，陈江鹏执笔：《屈武回忆录（下）》，团结出版社 2002 年版，第 727 页。

部为多。在他的部分藏书里，钤有几十种不同的印章，例如于氏世守、半哭半笑楼主、右任之友、关中于氏、神州旧主、啼血乾坤一杜鹃、关西余子、于思、鸳鸯七志斋、右任珍藏等①，这些印章既体现了他对书籍的热爱，也是他不凡人生的写照。

于右任题写的"中山图书馆"匾额②

1927年，于右任担任国民军联军驻陕总司令期间，非常关心陕西的文化教育事业。4月10日，司令部发布了《捐资兴学褒奖条例之命令》，第一条指出："凡人民以私财创立学校或捐助图书馆、博物馆、美术馆诸有关教育事业者，也得照前办理。"5月1日，于右任亲自为陕西省立第一中山图书馆（今陕西省图书馆）题写了"中山图书馆"五个大字，后被镌刻于图书馆大门青石匾额上。还带头将自己的部分私人藏书捐给中山图书馆。③

于右任捐赠给中山图书馆的书，据目前统计，约有25部线装古籍，其中经部3部、史部3部、子部1部、集部12部、类书1部、丛书5部。其中有8部被收入《中国古籍善本书目》之中。④ 例如图一《汉隶字源》，明末毛氏汲古阁刻本，卷首钤于氏藏书印"于氏世守"；图二《尔

① 侯蔼奇著：《馆藏于右任藏书 · 藏书印赏析》，三秦出版社2013年版，第16—20页。

② 按，图片采录自谢林主编：《陕西寻梦　民国陕西老照片》，陕西人民美术出版社2009年版，第40页。

③ 侯蔼奇著：《馆藏于右任藏书 · 藏书印赏析》，三秦出版社2013年版，第15页。

④ 侯蔼奇著：《馆藏于右任藏书 · 藏书印赏析》，三秦出版社2013年版，第25页。

雅正义》，清乾隆五十三年（1788）余姚邵氏家塾刻本，卷首钤于氏藏书印“半哭半笑楼珍藏印”。

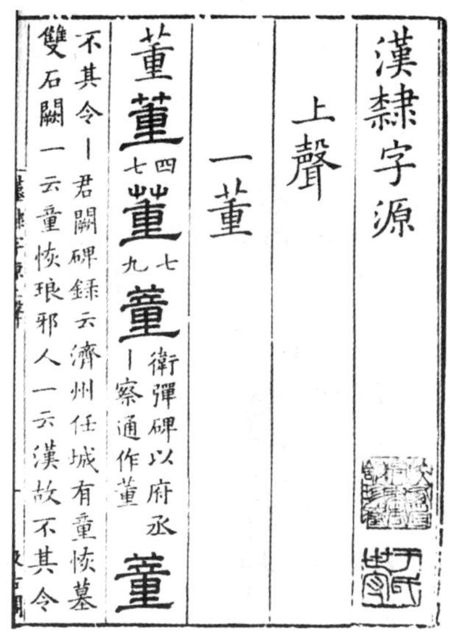

漢隸字源

上聲

一董

董 四七 董 七九 董 衛彈碑以府丞 |察通作董 董

不其令|君闕碑錄云濟州任城有童恢墓

雙石闕一云童恢琅邪人一云漢故不其令

《汉隶字源》

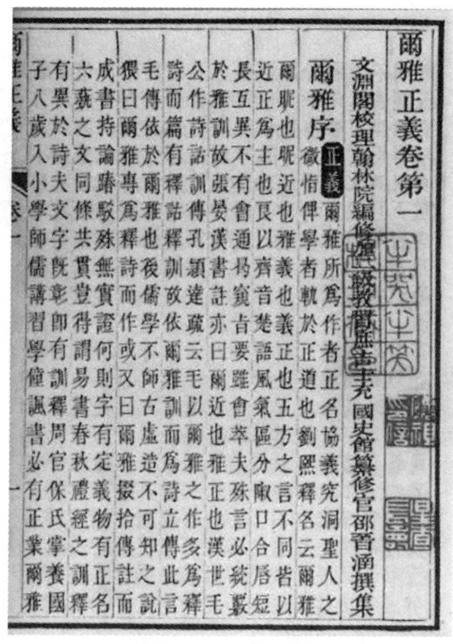

爾雅正義卷第一

文淵閣校理翰林院編修□□國史館纂修官邵晉涵撰集

爾雅序 正義 爾雅所爲作者正名協義究洞聖人之徽指俾學者軌於正道也劉熙釋名云爾雅

爾昵也昵近也雅義也義正也五方之言不同皆以近正爲主也邑以齊音楚語風氣區分敝口合唇短長互異不有會通曷窺古要雖會萃夫殊言必統歸於雅訓故張晏漢書註亦曰爾近也雅正也漢世毛公作詩詁訓傳孔穎達疏云毛以爾雅之作多爲釋詩而篇有釋詁釋訓故依爾雅訓而爲詩立傳此言毛傳依於爾雅也後儒學不師古慮造不可知之說假日爾雅專爲釋詩而作或又曰爾雅掇拾傳註而成書持論躊駁殊無實證何則字有定義物有正名六藝之文同條共貫豈得謂易書春秋禮經之訓釋有異於詩夫文字既彰即有訓釋周官保氏掌養國子八歲入小學師儒講習學僮諷書必有正業爾雅

《尔雅正义》

“于氏世守”印章

“半哭半笑楼珍藏印”印章

(2)创建民立图书公司

《民立报》被迫停刊之后，于右任第三次赴日本，半年之后回到上海，继续致力于文化事业。1915年，他筹办了上海民立图书公司，拟刊印大部头的善书，同时也是为了革命掩护工作的需要。于右任在日本时，得知日本人在明治维新后蔑视我国的古籍，将一些流传到日本的秘不示人的古书随意处置，有的甚至论斤出卖。对此，于右任非常痛心。于右任对于清廷驻日公使随员杨守敬设法保护中国典籍的举动很钦佩，因此，他决心以刊印善本典籍作为民立图书公司的重要目标。为了刊刻善本典籍的需要，于右任刻苦学习古籍版本学知识，并拜著名藏书家、版本学家、目录学家缪荃孙为师，还跑遍了上海的大小书店搜集善本书。为了保证善本书刊印的质量，于右任出重资将中国图书公司最新式的印刷机器转盘过来。1917年，由于搜集善本书难度大、资金短缺等原因，出版善本的计划被迫停止。无奈，于右任只能将机器转让给世界书局，将善本书出版计划托付给商务印书馆。

(3)捐建图书馆

于右任爱书、藏书但不吝书，他认为家乡要发展，离不开教育和科学，曾表达过未来要在三原建筑一座图书馆的想法。1937年4月，适逢于右任六十岁生日①，各界纷纷表示庆祝。当时社会名流祝寿的方式，不再是竞尚虚荣、肆意铺张，加之时世艰难，于右任一向以清廉俭朴为外界所称道，故其六十寿辰庆祝，各界决定在西安建筑右任图书馆以纪念。② 杨虎城、孙蔚如、冯钦哉等六十人发起筹集建筑基金，拟以各界“称觞之赀”，用于建筑右任图书馆，以垂永久，并指定陕印花烟酒税局为收款处，四月底将筹划兴工，馆址设在三原。③ 同时，上海大学同学会总会也发起集资

① 按，于右任生于1879年4月11日，至1937年4月11日，依照陕西泾阳、三原县当地的习惯纪岁方法，应是虚岁59，实岁58。不过，过寿有“过零不过整”的讲究，因为九在十个数字中数值最大，人们为讨个吉利，故形成了这种“庆九不庆十”的风俗，因此当时各报刊均以庆祝于右任六十寿诞进行报道。

② 绿岑：《西北名流筹建右任图书馆》，《铁报》1937年4月21日第2版。

③ 《右任图书馆》，《中华图书馆协会会报》1937年第12卷第5期，第29页。

建筑右任图书馆，“藉申庆祝，并资永久纪念”①。此外，各界也纷纷动员捐资建馆：“陕西留京学会以监察院于院长为革命先进、党国元勋，对于青年学生之爱护，及桑梓国家建树实多，兹因本月三十一日为于院长六十大庆，该会除赞助皖、赣等省发起建立右任图书馆外，并分函各地陕省旅外学会，一致赞助，藉申庆祝云。”②

4月30日，在上海华华中学举办了热烈的庆祝会，参加者有一千余人，并通过了几项提案：建立一个“右任图书馆”，创立一个“右任中学”，举办一个“右任文化馆”，编辑一部“于校长文集”，征集一部“于校长寿辰纪念集”，要求恢复母校“上海大学”。决议通过第一、二、三、六四项由南京总会进行办理，第四、五两项由上海分会进行办理。于右任发表训词，对各界表达了谢意，并回顾了自己幼年贫苦攻读及壮年从事革命的经过，勉励各位同学“努力致学，储为国用，以建设新中国”。对于大会通过的几项文化教育方面的提案，虽然表示赞同，但是不愿以“右任”命名，希望另易名称。③ 不过，原定于4月底动工兴建图书馆的事情，并未实施，因为于右任最终决定将所募集的部分款项用于“改建革命先烈图书馆，以资纪念千辛万苦缔造民国之革命先烈”，馆址设在西安。资金不足部分，由于右任捐助，各方也表示支持。对于其他地方筹备庆贺之事，于右任分别函电谢绝。截至5月3日，已经筹集了万元巨款。④ 陕西省各界所捐之数千元款项，被用于在三原民治学校建筑右任图书馆。⑤

1947年，建筑右任图书馆的事情，被再次提上日程：“（中央社　南京二十六日电）本年五月十日为监院于院长六十晋九大庆，闻上海大学、复旦大学、中国公学三同学会，以先生热心作育人材，致力文化事业，拟为其

---

① 《本月卅日于院长六十寿辰》，《民报》1937年4月14日第2版。

② 《陕西留京学会赞助右任图书馆》，《中央日报》（重庆）1937年4月22日第8版。

③ 《上大同学会等于寿庆祝会通过筹办右任图书馆等提案，于氏训词赞同原则但请易名》，《民报》1937年5月1日第12版。

④ 《右任图书馆》，《益世报（天津版）》1937年5月4日第3版。

⑤ 《右任图近讯》，《中华图书馆协会会报》1937年第12卷第6期，第28—29页。

在西安建筑一右任图书馆，以为纪念。”①27日，于右任的好友张翔初、王宗山、石敬亭、高桂滋等七十余人，借着陕西省参议会召开的机会，召开了祝寿筹备会议，并形成三项决议：“一、于渭北建立右任图书馆，费用由各友好捐助。二、大会定名为西安各界庆祝于院长七秩寿辰筹备会。三、大会组织分财务、总务、文牍三组。”②为此，三原县成立了筹备委员会，并拟以“右任图书馆”为名，因于右任反对，更名为“渭北图书馆”。这件事，当时的报纸多有报道：

> （中央社　西安十日电）十日为监察院于院长六秩晋九大庆，陕各界为崇敬于院长革命勋业，筹建渭北图书馆，藉表纪念。祝主席绍周曾于恭祝于院长寿辰前夕，假陕省银行举行暖寿仪式，参加者百余人。祝氏即席倡导致送贺金用以建筑馆址，各方对此极表赞同。按该馆建筑费预定十亿元，馆址设于三原县城中心区。③

于右任对这件事非常重视，曾委托他的长子于望德亲自去三原县筹备此事，《东方日报》还进行了报道：“于右任氏命其公子望德返陕西省三原县，筹备三原图书馆，同时并筹备一古物陈列馆云。……因见故乡文化闭塞，亟待启迪，所以乃有图书馆及古物陈列馆之筹设。可见其不忘故乡，老而弥笃也。”④虽然因为时局变化，这座图书馆最终未能建成，但是此举对当时三原县的文化教育工作起到了一定的推动作用。⑤

3. 关注重要文献的搜集整理与刊印

于右任生于三原县，祖籍泾阳县，因此他对这两处的文物古迹都格外上心，除碑石之外，他还留意乡邦名人的文献搜集。例如王徵（1571—1644），明西安府泾阳县鲁桥镇温丰乡盈村里尖担堡人，明代科学家，天

---

① 《三同学会拟发起设右任图书馆》，《新闻报》1947年3月27日第7版。

② 《筹建右任图书馆》，《中华图书馆协会会报》1947年第21卷第1—2期，第22页。

③ 《庆祝于院长寿辰　陕建渭北图书馆　馆址设三原县城中心区》，《益世报（上海版）》1947年5月11日第2版。

④ 风神：《于右任之公子于望德》，《东方日报》1943年8月8日第2版。

⑤ 侯蔼奇著：《馆藏于右任藏书・藏书印赏析》，三秦出版社2013年版，第14—15页。

主教徒，对传播西方科学、促进文化交流卓有贡献，被誉为“南徐（光启）北王”。对于这位古代“乡党”，于右任非常敬仰，因缘际会，他获得了几件与王徵密切相关的珍贵文献，例如“孙元化与王徵交谊始末”墨迹、王徵会试朱卷三册、王徵山居咏钞本以及王徵《和陶渊明归去来辞》诗等。天主教内部对于右任的贡献做出了中肯的评价：“右老亦非教中人，而吾教先贤文献，亦赖其搜求而获保存。”①

1918年，于右任因公务回陕西，专程前往中部县（今黄陵县）祭拜黄帝，在与县长交谈中说道：“轩辕黄帝是中华民族五千年文明古国的奠基者，做出了很多伟大的贡献。清明扫墓祭奠，缅怀祖德，应该坚持代代相传。”②此次谒陵之行，使于右任萌生了编纂一部有关黄帝的书。1935年3月，于右任组织人编纂完成《黄帝功德纪》，历时约十年，他亲自为该书题写书名并撰写序言。“序言”中写道：“黄帝公孙轩辕氏，实吾中华民族之元祖。吾中华民族有此生息昌大之疆土，有此博大悠久之文化，有此四千余年震烁世界之历史，翳维黄帝，为国族之神。”③

于右任不仅着力于保护道教碑石、文物、典籍，还积极参与道教文献的搜集、出版事宜。④ 他一生收藏了许多珍贵的道教金石拓片，捐献于西北民族学院，成为道教研究的重要资料。1957年，于右任、严家淦、莫德惠、谢冠生、黄国书、王世杰、黄季陆、张其昀和张恩溥等九人发起在台湾重印《正统道藏》的倡议，由萧天石任主编，以上海涵芬楼本为蓝本，最终由新文丰出版公司于1977年印制，此书在海内外流传很广⑤。涵芬楼《道藏》在台湾成功影印出版，于右任功不可没。

---

① 方豪著：《方豪六十自定稿（下册）》，台湾学生书局1969年版，第1979—1983页。

② 于右任编纂：《黄帝功德纪》，见 http://www.cctv.com/history/special/C12069/20040404/100390_1.shtml。

③ 同上。

④ 高叶青：《于右任的道教情缘》，《闻道》2020年第1期，第46—53页。

⑤ 傅凤英著：《二十世纪中国道教学术的新开展》，巴蜀书社2007年版，第48页。

第二节　持节求民瘼，寻诗访战场：于右任的诗文教育

于右任在诗、词、曲、楹联方面均有较高的造诣，据粗略统计，目前存世的作品有上千首。这些文学作品，记录了他跌宕起伏的不平凡人生。南朝宋谢灵运《山居赋》云："诗以言志，赋以敷陈，箴铭诔颂，咸各有伦。"①于右任的志趣、理想、抱负、亲情、遗憾，都在诗、词、曲、楹联里。他的诗词，绝不是风花雪月的无病呻吟，而是关联着家国大事，或抒发忧国忧民之心，或描写所见景色，风格或雄伟豪放，或朴实感人，儿女情长之作比较少见。于右任的一生，与诗休戚相关，他的命运因第一部诗集《半哭半笑楼诗草》而改写，又在最后一首《望大陆》诗的遗憾中和这个世界诀别。通过这些珍贵的作品，我们可以更加深入地走进于右任的内心，见证他救亡图存、富国强民的信念，桑梓情深、教育救国的热忱，风趣幽默、雅好田园的恬淡。

一、诗文启蒙

于右任在诗文方面的启蒙，与毛班香（1841—1910）先生有密切的关系，他在1939年撰写的回忆文章中自述："毛班香先生是有名的塾师，我从游九年，读经书、学诗文而外，对于他专心一志的精神，尤为佩服。"②毛班香的父亲毛汉诗（亚衩）曾以授徒为业，年老退休，时常为儿子毛班香代馆，他生平涉猎广泛，且"喜为诗，性情诙谐，循循善诱"③。在两位饱读诗书、满腹

① （晋）陶渊明著，曹明纲标点：《陶渊明全集（附谢灵运集）》，上海古籍出版社1998年版，第55页。

② 于右任：《怀恩记》，丘桑主编：《民国奇才奇文：黄帝子孙之元气（于右任卷）》，东方出版社1998年版，第295页。

③ 于右任：《怀恩记》，丘桑主编：《民国奇才奇文：黄帝子孙之元气（于右任卷）》，东方出版社1998年版，第296页。

才华又善于教授生徒的先生的指导下，于右任的课业进步很大，已经开始学习作古、近体诗①，而他“由此着力于诗词的研习，立即得到班香先生的赞许，称其动机纯正。今后应以盛唐诸大家为楷模，切磋琢磨，际此衰世，定能写出救时震（振）聩的宏（鸿）篇”②。

在毛氏私塾时，《唐诗三百首》《古诗源》《诗选》等书于右任均曾读过，不过，对于这种“循文雒诵，终觉不生兴味”③。他对诗产生浓厚兴趣，缘于无意中读了文天祥和谢枋得的诗集：“一日，先生外出，我以大学生的资格照料馆事。书架上有文文山、谢叠山诗集残本，我取而私阅，见其声调激越，意气高昂，满纸的家国兴亡之感，忽然诗兴大发。我之作诗，殆可以说由此悟入。”④他喜欢这些忧国忧民、豪情满怀的诗篇，他一生所作诗文，也大都秉承了这一基调。

二、《半哭半笑楼诗草》风波

《半哭半笑楼诗草》是于右任的第一部诗集，1903 年由他的好友孟益民、姚伯麟帮忙付印。孟益民，泾阳人，英敏过人，喜工艺，曾奉命赴上海学习铅印技术，以便服务于三原官书局。1900 年学成归来，见到于右任的诗集，读后大呼：“痛快！痛快！”姚伯麟问他：“君能为排印乎？”孟答：“有何不可？”⑤于是，在好友的鼎力支持下，诗集问世。或借古讽今，或指桑骂槐，措辞激烈、慷慨激昂，多为讥讽时政及当权者的诗句，上至慈禧太

① 按，于右任在《泾原故旧记》中言明自己“始就傅于泾阳北乡，十一岁复入三原读书”，又《三原故旧小传》“余自十一岁，读书毛班香先生私塾”，可见其学作诗文之大致时间。参见丘桑主编：《民国奇才奇文：黄帝子孙之元气（于右任卷）》，东方出版社 1998 年版，第 280、283 页。

② 张征主编：《三原书院人物》，三秦出版社 2014 年版，第 92 页。

③ 于右任：《怀恩记》，丘桑主编：《民国奇才奇文：黄帝子孙之元气（于右任卷）》，东方出版社 1998 年版，第 296 页。

④ 于右任：《怀恩记》，丘桑主编：《民国奇才奇文：黄帝子孙之元气（于右任卷）》，东方出版社 1998 年版，第 296 页。

⑤ 于右任：《泾原故旧小传》，丘桑主编：《民国奇才奇文：黄帝子孙之元气（于右任卷）》，东方出版社 1998 年版，第 282—283 页。

后，下至贪官污吏，都被他骂遍了。再加上泾阳人董眼帮忙拍摄的“散发照”和三原友人胡堪撰写的楹联，二石激起千层浪，因此招致了一场影响他一生的政治风波。于右任的同窗好友李仪祉在回忆文章中写道：

于右任《半哭半笑楼诗草》扉页散发照

我和于右任同学了，这时候才知道他是倡言革命的，但他失之过于狂妄，写下了一本《半哭半笑楼诗集》。骂这个，骂那个，而且是明骂，毫不隐晦，比如说，刺杀皇太后也，刺杀升允也等等。照了一个照片，散披头发，脱了个光膀子，右手提一把刀，身旁左右自题一副对联“换太平以颈血，爱自由如发妻”。这两样东西，都是公开发行，逢人便送。①

于右任早就因诋毁时政而遭人记恨，再加上刊行《半哭半笑楼诗草》且传播范围较广、影响较大，以致“狂名卓著”。20世纪30年代初，由王陆一笺注的《右任诗存》再版时，于右任加识语云：“少年作品，过火语太多，存其四分之一，为当时一段历史作证。”②1939

① 张文生：《怀念于右任先生（节录）》，中国人民政治协商会议陕西省委员会、文史资料研究委员会编：《陕西文史资料（第十六辑）》，陕西人民出版社1984年版，第16页。按，关于散发照上的楹联撰、书者，据于右任《三原故旧小传·胡堪》所述，应为其好友胡堪，原文为：“胡堪……见予所作极赞助。余散发像旁，君书‘换太平以颈血’等句，人阻之，不为动。竟摄入。事发，以世家子得免究。”可见，李仪祉及目前所见学界对此事的认知有偏差。仅有少数研究者对此有论述，例如王翰：《于右任“散发照”联作者析疑》，《书屋》2012年第9期，第66—67页。

② 朱凯著：《无悔担当——于右任传》，陕西人民出版社2016年版，第302页。

年，已经花甲之年的于右任在《怀恩记》中如是评价自己的这部诗集："就诗格而论，真应该悔其少作了。"①可见尽管经历半生风雨的他，依然保持着青年时期的昂扬斗志和赤子之心。这本诗集饱含革命思想，读来令人热血沸腾，茅塞顿开，于是人们争相传诵，也正是这本诗集，给于右任招来了杀身之祸。从此逃亡上海，开始了人生的新里程。

这部诗集，由于遭到清政府的禁毁，鲜有流传，故学界以难睹其原貌而惋惜。就目前而言，原版确未曾见，所幸有抄本一部，尚可了解其内容。这部抄本，是复旦大学马忠文博士在台北故宫军机处的档案中发现的②。档案中还收录了当时的陕西巡抚升允于光绪三十年三月二十一日（1904年5月6日）请求清政府捉拿于伯循（即于右任）并禁毁诗集的奏折，也是非常少见且珍贵的资料，转录如下：

头品顶戴尚书衔陕西巡抚奴才升允跪奏：

为逆竖昌言革命，请旨斥革查拿究办以遏乱萌恭折仰祈圣鉴事。窃以海内士风渐即庞杂，江粤一带，华洋混处，每有读书之士为自由平权之说所惑动者，然不过私居谈论，偶涉奇邪，决不敢昌言革命，更不敢出其邪书公然问世，至于陕西尤无此风。奴才抚陕以来，每与士类相接，虽有时稍病其固陋，然未尝不喜其驯良，盖风气未开，邪说未入，西北之士习所差胜于东南者赖有此耳。乃有三原县举人于伯循者，甘心作叛，独倡逆说，所著诗曰《半哭半笑楼草》，刊印多部，遍馈士林，一时士论哗然，惊为奇绝。奴才始闻而疑，因即留心访查，随由署布政使樊增祥查获逆诗一卷，密呈究办前来。奴才平心细阅，实系有心倡逆，并非传闻之过。其自号曰铁罗汉，其自比曰谭嗣同，其词意则语语革命，语语劝人为叛逆，甚至明目张胆，言有臣子所不忍述者。似此悖理蔑法，不惟不知有天良，亦且不知有首领。秦中风俗，

① 于右任：《怀恩记》，丘桑主编：《民国奇才奇文：黄帝子孙之元气（于右任卷）》，东方出版社1998年版，第301页。

② 马忠文：《于右任早期反清革命的"罪证"——台北故宫军机处档案所见抄本〈半哭半笑楼诗草〉》，《广东社会科学》2014年第2期，第130—138页。

> 素称安静，一但生此逆种，一言一动，皆足骇人听闻，若任其魅迹魑踪潜行于光天化日之下，在该逆一鄙夫竖子，诚不足为重轻，特恐少年寡识之士，因奇其文并奇其人，一倡百和，驯至风气一变，祸及胶庠，则他日挽救有百难于今日者。
>
> 查该逆于伯循，系光绪二十九年癸卯科举人，现赴河南会试，相应请旨先将举人斥革，一面由奴才咨会河南抚臣密拿该逆解陕审明实在逆迹，即申国典，以遏乱萌。如万一有可曲恕之处，奴才亦决不肯为已甚。所有查获逆诗，请旨斥革拿究缘由，除将原诗抄咨军机处查照外，理合恭折密陈。伏乞皇太后、皇上圣鉴训示。谨奏。①

此外，升允还给军机处上呈了咨文，可证该诗集抄本之来源，内容如下：

> 据署布政使樊增祥访闻：西安府三原县举人于伯循有《半哭半笑楼诗草》，语多悖逆，密饬三原县知县德锐赍司一本，转呈到院，详加批阅，实属有心倡逆，未便稍事姑容，除将该举人先行奏革严拿惩办外，相应抄录原诗咨呈。为此，合咨呈贵大臣，烦请查照施行。须至咨呈者，计咨呈原诗一本。②

除少数几个被升允故意隐缺的字以外，《半哭半笑楼诗草》（计 22 题 70 首）的内容，在这部抄本中较为完整地保存了下来，对于研究青年于右任的思想动态以及当时的社会现状等问题具有非常珍贵的作用，故作为本书附录，以飨读者。诗句字里行间所透露出来的奔放激烈的爱国情怀，读来令人热血澎湃。《右任诗存》是于右任诗作的第二次结集出版，仅收录了《半哭半笑楼诗草》中 11 题 21 首，且部分措辞有所删改，虽艺术性

---

① 升允：《请斥革举人于伯循由》，光绪三十年三月二十一日，军机处档，档案号159796，现藏台北故宫博物馆图书文献处。转引自马忠文：《于右任早期反清革命的“罪证”——台北故宫军机处档案所见抄本〈半哭半笑楼诗草〉》，《广东社会科学》2014 年第 2 期。

② 台北故宫博物馆图书文献处藏，军机处档，档案号 160516。转引自马忠文：《于右任早期反清革命的“罪证”——台北故宫军机处档案所见抄本〈半哭半笑楼诗草〉》，《广东社会科学》2014 年第 2 期，第 138 页。

有所提升，但史料性已被损伤。于右任因诗集罗祸，当接到李雨田派信差加急送来的“哭笑楼，将上墙，虽未详，祸已藏”十二字信函时，便踏上了短衣散发、千里逃亡之路。“悲愤出诗人”，时局艰危，民生堪忧，这位来自陕西的“楞娃”，带着满腔热血和秦人特有的刚强坚韧、锐意进取的决心，挥泪遥拜亲眷故友，在逃命保生的惊惶中踏上了一条吉凶未卜之路。

三、于右任的诗论与其他文学成就

综观于右任一生所创作的诗文，以“爱国”为主线，内容几乎涵盖了与他相关的所有方面，或抒发对时局的不满，或题赠故友旧交，或揽胜访碑，或栽植花草，或激励子女，或思念亲眷，或读书感怀。行迹所在，处处皆诗。虽然本节关注的重点是于右任所创作诗文的社会教育意义，但作为一位存世诗文上千首的诗人，他对于诗词格律的见解，同样具有借鉴价值。

《周易・乾・文言》曰：“同声相应，同气相求。”于右任雅好诗词，闲暇之时饮酒作诗、抒志畅怀，是他生活中的一大乐事，然而他的诗始终带有一种强烈的使命感，而非无病呻吟、为诗而诗。1941 年端午节，第一届诗人节庆祝大会在重庆隆重召开。于右任被推为主席，在致辞中说明以是日为诗人节的意义，并赋《诗人节》诗一首：“民族诗人节，诗人更不忘。乃知崇纪念，用以懔危亡。宗国千年痛，幽兰万古香。于今朝作者，无畏吐光芒。”①到台湾之后，每年的诗人节，于右任都非常重视，亦有诗作以纪。例如 1951 年《四十年诗人节》：“文化平流接万方，真光远射几重阳。亦兴人类安全感，航路时时对太阳。”②1955 年《诗人节赴台南道中》：“海山苍翠色，助我以诗情。远大先民迹，精勤万井耕。采兰歌屈子，有酒礼延平。道树熟芒果，山禽少弄声。”③1958 年《四十七年赴台东诗人大会》：“太武山头日丽，太平洋面云开。我亦中兴鼓手，今年与

---

① 于媛主编：《于右任诗词曲全集》（典藏版），世界图书出版公司 2014 年版，第 213 页。
② 于媛主编：《于右任诗词曲全集》（典藏版），世界图书出版公司 2014 年版，第 277 页。
③ 于媛主编：《于右任诗词曲全集》（典藏版），世界图书出版公司 2014 年版，第294 页。

会台东。”“太武山中老树，太平洋里渔船。伟大景色待写，他日再去花莲。”①

民族詩壇 右任

第六輯要目

元曲之新發見……編者
詩的三色……少華
戰時詩歌的積極作用……戈浪
吟邊札記……江絜生
詩錄……于右任……胡小石 江絜生等
詞錄……于右任 陳匪石 張庚由等
曲錄……于右任 施紹文 盧前
新體詩錄……羅家倫 彭桂萼
譯詩二章……施紹文
抗敵正氣歌……陳光堯
神聖戰爭（歌譜）……于右任詞 應尚能曲
編餘瑣識……編者

于右任题《民族诗坛》

关于设立“诗人节”的用意，新旧诗体的优劣及诗人所应肩负的责任，于右任在1955年台南举办的诗人节大会讲话中，有系统周密的阐述，具有很强的教育意义。谨录如下：

各位先生：

到台南来参加诗人节的诗人大会，我觉得很光荣。在大会上又遇到许多耆宿与新作家，实在欣幸之至！

明末沈斯庵诸老，倡结诗社。三百年来，台湾诗风蔚起，推其原意，决非为吟风弄月，遣愁遣时，盖痛神州陆沉，欲集中人心与意志，储默默之力量，以抗当时之强暴。其心则顾亭林、黄黎洲、黄道周，恢复祖国之心也。故台湾之诗社，早涵有为国家为民族为人类之革命思想，数百年来，愈流传，愈光大。及至清末民初，更才杰辈出，与中

① 于媛主编：《于右任诗词曲全集》（典藏版），世界图书出版公司2014年版，第294页。

原旗鼓相应,以有今日。大矣哉,台湾诗社也!

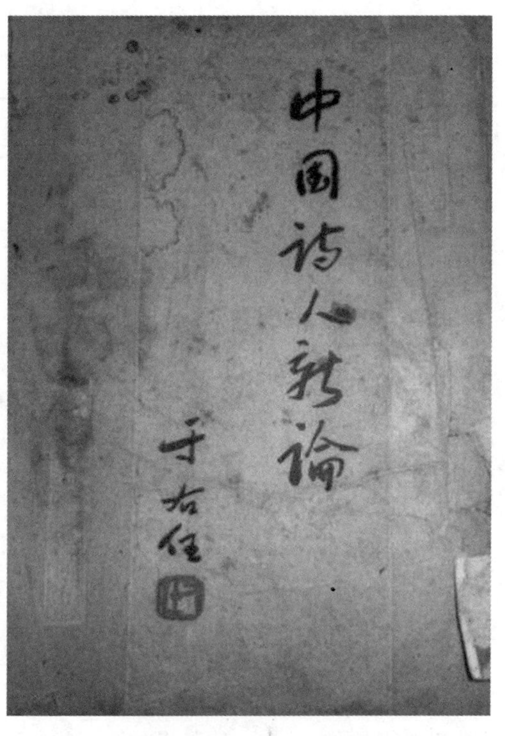

于右任题《中国诗人新论》

执新诗以批评旧诗,或执旧诗以批评新诗,此皆不知诗者也。旧诗体格之博大,在世界诗中,实无逊色。但今日诗人之责任,则与时代而俱大。谨以拙见分陈如下:

一、发扬时代的精神。二、便利大众的欣赏。盖违乎时代者必被时代摒弃,远乎大众者必被大众冷落。再进一步言之,此时代应为创造之时代,伟大的创造,必在伟大的时代产生。而伟大的时代,亦需要众多的作家以支配之、救济之,并宣扬之,所谓江山需要伟人扶也。此时之诗,非少数者悠闲之文艺,而应为大众立心立命之文艺。不管大众之需要,而闭门为之,此诗便无真生命,便成废话,其结果便与大众脱离,此乃旧诗之真正厄运。

我是发起诗人节之一人。我们为什么以端午节为诗人节,当然是纪念屈原的。所谓纪念屈原,一是纪念其作品的伟大,一是纪念其人格的崇高。屈原的作品,无论造词、立意,都为中国诗人开辟一广大的境界。刘勰在《辩骚》内说:“是以枚贾追风以入丽,马杨沿波而得奇。其衣被词人,非一代也!”关于屈原的人格,“哀民生之多艰”,“恐美人之迟暮”。学人忧国,死生以之。司马迁说他:“蝉蜕于浊秽,以浮游尘埃之外,不获世之滋垢,嚼然泥而不滓者也。推此志也,虽与日月争光可也。”所以纪念屈原,是纪念他衣被万世的创作精神,与日月争光的高尚人格。作一诗人,最重要的是作品与人格的一致。我们诗人要以屈原的创作精神,将诗的领域扩大起来,以屈原的高尚人格,将诗的内容充实起来,以表现并发扬大时代日新又新的崇高理念。而作者本身,更要有“知死不可让兮,愿勿爱兮”的殉道精神。总之,一方面诗人的喉舌,是时代的呼声,一方面诗人的思想,是时代的前驱;以呼声来反映时代的要求,以思想来促使时代的前进。而诗人的生活,更当是实现此一呼声与思想的斗士。“余既滋兰之九畹兮,又树蕙之百亩。”此又为诗人所应有的博大怀抱。我的见解如是,是否正确,尚希各位见教!

由以上讲演稿可见,诗人的社会责任和担当,是于右任所极力提倡的品质,而他自己也是一以贯之的。新旧时代的交替,对身处其中的人以及所有的一切都是一次挑战,延续了数千年的旧诗体在新的社会环境下,在体裁与内容方面均面临着变革。于右任指出:“韵不可废,体不可拘”,要积极进行诗体解放。他认为:“诗的体裁,必须解放,伟大的天才,伟大的思想,决非格律所能限制的。即以李杜而论,我觉得,他们伟大的成就,是他们的长歌,他们的新乐府。他们的崇高地位,不是作风美备,而是对前代诗风的革命精神,而是由于这种革命精神所产生的领导作用。假使他们不在这条路上发展,而仍走前代的道路,他们也不过清新如庾开府,俊逸如鲍参军而已!近人作诗,动言效法李杜,我认为真的效法,应当效法他们的这种革命精神。无论如何,我们应当拿诗的格律来适应我们的思想,不可拿我们的思想来适应诗的格律,犹之,我们当因脚的大小来做鞋,不应当因鞋的大小来削脚。”总之,于右任认为,不以形害意,追寻效仿诗人勇于创新的“革命精神”,才是正道。一首《诗变》,凝练地反映了于右任关于诗的认知:“诗体岂有常,诗变数无方。何以明其然?时代自堂堂。风起台海峡,诗老太平洋。可乎曰不可,哲人知其详。饮不竭之源,骋无穷之路。涵天下之变,尽万物之数。人生即是诗,时吐惊人句。不必薄唐宋，人人有所遇。”①1957年，他在台湾的诗人大会上说：“我们的诗，三百篇后，由汉魏而六朝，量少变，至唐而变生多体，变也；宋词，变也；元曲，变也。每一变的初期，皆为诗体的解放，内容的扩大。”②于右任的诗词创作既承袭了古典诗词的优良传统，又不受古典诗词某些格律的束缚与限制，给我们树立了诗词形式的承袭与嬗变的榜样。读他的诗，“如闻战士之喘息”③，无论内容主旨还是气势精神，均开一代之新风气，正如柳亚子所云：“卅年家国兴亡恨，付与先生一卷诗。”④于右任被誉为“革命诗人”，实至名归。

霍松林将于右任的诗歌创作分为四个时期，即“辛亥革命（1911）以前十来年为第一期，辛亥革命以后至1927年为第二期，1927年至抗日战争胜利为第三期，抗战胜利至他1964年逝世为第四期。而最有价值、最能体现于右任的创新精神的诗，则主要在第一、二期。”⑤无论是早年的粗豪慷慨，还是晚年的深沉蕴藉，于右任的诗歌作品里始终贯穿着一条爱国主义的主线。个人遭逢与时代变迁，都在他的诗里，因此他的诗作也被视为“诗史”。诗词学家吴宓在20世纪40年代评价于右任的诗时说道：“苍凉悲壮，劲直雄浑而回肠荡气，感人至深。在今自成一格，可比昔之辛稼轩、陆放翁。”台湾学者胡秋原评价说，于诗“先沉郁豪放，其锤炼杜、陆而来乎？痛生民之多艰而无一语自伤，而喜道从军之乐，尤似放翁。‘持节求民瘼，寻诗访战场。’此二语殆先生全部精神之写照。”⑥

于右任在楹联以及歌谣方面的成就也是值得称道和研究的，这些对

① 杨博文辑录：《于右任诗词集》，湖南人民出版社1984年版，第278—279页。按，此诗创作于1956年。

② 杨中州选注：《于右任诗词选》，河南人民出版社2011年版，第333页。

③ 刘延涛编校：《右任文存》，（台北）中华丛书委员会印行，1957年，第66页。

④ 霍松林著：《霍松林选集　第8卷　诗国漫步》，陕西师范大学出版社2010年版，第135页。

⑤ 霍松林著：《霍松林选集　第8卷　诗国漫步》，陕西师范大学出版社2010年版，第136页。

⑥ 鄂基瑞、燕爽主编：《复旦的星空》，复旦大学出版社2005年版，第25页。

联或记事记人，或警示世人，或书以自勉，风格内容多种多样，不一而足。为人处事方面，例如“不思八九，常想一二”“当无事时自固气，大有为者能知人”“修竹气同贤者静，春山情若故人长”。游览名胜古迹，品评古人行迹的，例如，题陕西留坝县庙台子镇张良庙“辞汉万户，送秦一锥”“不从赤松子，安报黄石公”，题四川省江油县蹇幼樵别墅水竹居“竹亭阴合偏宜夏，水稻风多不待秋”，题河南省开封龙亭“六代迹沉，英雄破梦；中原天晓，汉族登台”。尤其值得一提的是于右任送给蒋经国的一副对联：“计利当计天下利，求名应求万世名。”此联不仅阐明了“利”“名”二字的内涵，并晓以“天下”“万世”之理，表达了以民族利益、国家前途为重的思想和感情。于右任不仅为古人写、为名胜写、为名人写，他还曾以同情怜惜之心，为妓女和陪酒女写：“青蛾皓齿镇相怜，唱遍那丑奴儿令、粉蝶儿令；风泊鸾飘同感慨，醉倒在黄四娘家、吴二娘家。”“玉壶买春，赏雨茅屋；座中佳士，左右修竹”。落款是“集司空图句赠雅云女士”。感时伤逝，也是于右任楹联创作的一个主题，他所创作的挽联，精辟凝练，悲伤中蕴含一股豪情，例如挽胡适：“著作有千秋，此去震惊世界；精神昭百代，再来造福人群。”挽许世瑛：“江左数人豪，政事文章俱不休；病中怀老友，秋灯风雨倍凄然。”挽吴昌硕：“元明清以来及于民国，风流占断百名家。”挽宋教仁：“我不为私交哭，我不为民立报与国民党哭，我为中华民国前途哭；君岂与武贼仇，君岂与应桂馨和洪述祖仇，君与专制魔王余孽仇。”挽孙中山：“总四十年胼手胝足之工，直是为生民立命，为天地立心，历程中揖让征诛，举同尘土；流九万里志士劳民之泪，始知其来也有因，其生也有自，瞑目后精神肝胆，犹照人寰。”

为了贴近大众，于右任还以通俗易懂、活泼晓畅的语言，创作了一些民歌和童谣。例如 1960 年，台湾农垦系统推广农业机械化运动，请于右任代为宣传。他欣然应允，写了一首《铁牛歌》：“金黄牛，银黄牛，不如我家的铁黑牛。这东西更是现代农家的好朋友，一个机抵得牛几头。黑牛黑，黄牛黄，都不如我家的铁牛郎。东家用了西家用，家家麦子颗肥稻子香。老黄牛，小黄牛，都不如我家的黑铁牛。力气大，时间省，不吃草，只吃一些油。”①农机公司礼聘作曲大师周兰萍谱曲，电影明星白兰演唱，环岛放映宣传，风靡一时。

于右任还有少量的短篇小说存世，例如哀情小说《鹃红外传》，是为羊城名妓鹃红所撰写，记其凄惨身世。二人虽未谋面，但鹃红在来信中已表明对当时已经颇有名望的半哭半笑楼主的仰慕、信任之情，信中还特别提到了于右任提倡男女有平等接受教育之事，希望借助于右任之手，惩治买卖女子、逼良为娼的社会恶习，文略曰：“东粤薄命女鹃红，奉书半哭半笑楼主人史席：久耳清名，未得一面。拟以一纸邮笺，藉通款曲。……伏恳我公本古圣贤救民水火之心，以文字提倡女子教养平等，生活平等，剪灭买婢卖娼诸恶习，则受惠者又岂特鹃红一弱质哉？买丝绣平原，吾国二万万女同胞，亦将馨香祷祝，为公祈福。”②于右任感念其信任，同情其遭遇，故口述笔记，刊布流传，以告慰逝者之遗愿，并以此警醒世人。

于右任还曾利用传统的曲调创作民谣，将宣传革命的内容糅合进去。例如《十二月歌》：“正月里来正月正，吉利的话儿说几声。中华民国是民主，民权有了就太平。地方自治办得好，寻点儿快活玩花灯。二月里来春雨多，家家学生上了学。男要学来女要学，爹娘的心儿莫偏过，手心手背都是肉，男女成才多快活，多快活，出不起学费挣着也要去上学。三月里来百花香，处处民气都发扬。桃花儿红来梨花白，菜子花儿遍地黄。国家事，要担当。为民不问国家事，那你还纳的什么粮？”③这首秧歌总共有十二首，于右任利用这种通俗易懂的文学形式，宣传民主思想，提倡普及教育，启民心志，鼓励生产，破除迷信观念。从中可见他善于改革旧体裁以适应新需要的革命精神，这一点，不仅反映在他的文学作品里，更是他一生行事作风的不变精神。

---

① 张永超编著：《晚近中国名人逸闻录》，江西人民出版社2008年版，第109页。

② 半哭半笑楼主口述，阜东天任三郎笔记：《鹃红外传》，《寸心》1917年第3期，第1—12页。

③ 杨中州选注：《于右任诗词选》，河南人民出版社2007年版，第386—387页。

第三节　卓然自立，不泥于古：于右任的书法教育

于右任擅长草书，被书法界誉为“于体”“当代草圣”。他取百家之长，改革书体，提出“易识”“易写”“准确”“美丽”四项原则，创立标准草书社，编纂《标准草书千字文》，以降低书写难度、节省时间，从而发扬光大传统文化，使更多人受益。

一、书法启蒙

于右任接触草书，是在毛氏私塾读书之时。太夫子毛汉诗喜作草书，所写王羲之“十七鹅”，“飞、行、坐、卧、偃、仰、正、侧，个个不同，字中有画，画中有字，极其神似”①。于右任也跟着学写了一两个，虽然后来已记不得写法，但这无疑是他学习草书的启蒙。后来由于时局不稳，于右任直到中年才开始正式钻研书法。他在《标准草书自序》中说：“余中年学草，每日仅记一字，两三年间，可以执笔。”

为了研习草书，他从 1927 年前后即开始广泛搜集前代草书家的书作、论著，潜心于书理、书法之研究，仅历代碑刻拓本和墨迹本《千字文》就收藏了上百种。于右任对魏碑书体情有独钟，是因为魏碑有“尚武”精神，有粗犷豪放之气。他怀有一种忧国忧民的意识，以图唤起中华民族的觉醒。这从他写的一首诗中可以得到反映：“朝临《石门铭》，暮写《二十品》。辛苦集为联，夜夜泪湿枕。”他曾说过：“有志者应以造福人类为己任，诗文书法，皆余事耳。然余事亦须卓然自立，学古人而不为古人所限。”②

---

① 丘桑主编：《民国奇才奇文：黄帝子孙之元气（于右任卷）》，东方出版社 1998 年版，第 296 页。

② 霍松林著：《霍松林选集　第 2 卷　诗词集》，陕西师范大学出版社 2010 年版，第 466 页。

二、草书改革

在练习书法过程中，有感于汉字难写难认的状况，他立意改革，目的是为了“求制作之便利，尽文化之功能，节省全体国民之时间，发挥全族传统之利器”。他认为“科学进步，文字亦简，印刷用楷，书写用草，习之者皆道其便。”“文字乃人类表现思想、发展生活之工具。其结构之巧拙，使用之难易，关于民族之前途者至切！”①

1932年，于右任在上海发起成立“标准草书社”，邀请刘延涛、胡公石等人研究整理历代草书，并集字编成《标准草书千字文》。标准草书的创立，给形体无定的草书定了型，在草书的规范上作出了前所未有的贡献，“发千余年不传之秘，为过去草书作一总结账，为将来文字开一新道路，其影响当尤为广大悠久！”②在推行草书改革过程中，于右任并未借助权势，因为他真诚地希望这个在中国书法发展史上具有划时代意义的举动，能够经受得住历史的考验，真正被民众所接受，他曾坦言：“吾书诚善也，民诚便之也，则虽禁之而不能也；否则假权力之便，亦徒彰其不善耳！”③《论语·卫灵公》云：“工欲善其事，必先利其器。”复兴民族，首重教育，而“工具”之改善，切不可忽视，这也正是于右任等人锐意革新书体并极力推广的出发点所在。

《标准草书》经多次修订翻印，不仅惠及国人，还远播海外。据说“日本之文教界，则已为深切之注意矣！其所编之各体字典，其草体，即采《标准草书》。日本之学《标准草书》者，亦日益众多，至有开馆课徒、立先生像晨夕焚香礼拜者，其虔诚为何如耶！”④毛泽东对于右任的草书赞誉

---

① 于右任：《标准草书自序》，丘桑主编：《民国奇才奇文：黄帝子孙之元气（于右任卷）》，东方出版社1998年版，第190页。

② 刘延涛：《标准草书后叙一》，陈墨石主编，中国标准草书学社编纂：《中国标准草书大典1》，上海辞书出版社2012年版，第205页。

③ 刘延涛：《标准草书后叙三》，于右任主编，中国标准草书学会编纂：《标准草书》，上海辞书出版社2015年版，第210页。

④ 刘延涛：《标准草书后叙三》，于右任主编，中国标准草书学会编纂：《标准草书》，上海辞书出版社2015年版，第210页。

有加，据他的保健医生王鹤滨回忆，毛泽东常练习书法，字帖中就有于右任所编的《标准草书》。在 1958 年 10 月 16 日写给田家英的信中，毛泽东写道："请将已存多种草书帖清出给我，包括若干拓本（王羲之等）、于右任千字文及草诀歌。"①

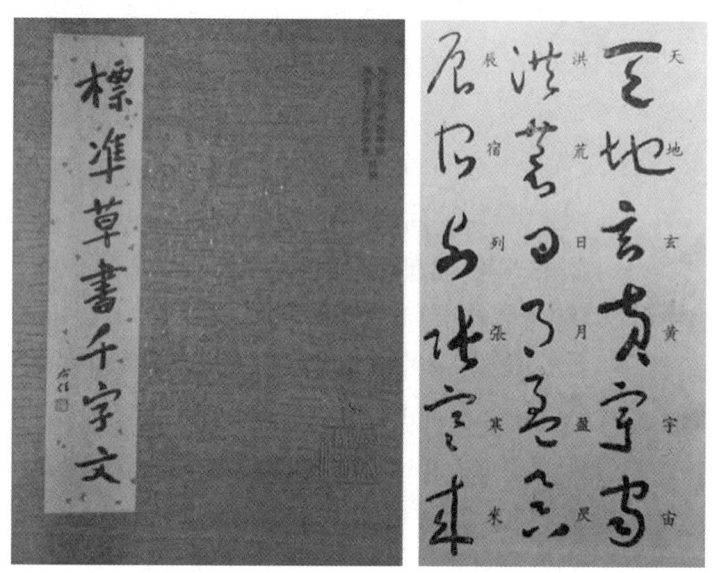

于右任编《标准草书千字文》局部

为了更好地推进草书改革，于右任等人还整理了《标准草书千字文》。他在 1942 年 7 月所撰写的《临标准草书千字文自序》中，再次语重心长地阐述了改革草书的良苦用心和殷切期望，至今读来，仍令人感动，转录如下，以鉴其心：

民国廿一年，余创标准草书社于上海，广求列代草圣之遗迹，及汉晋简策砖石，从事于草书之整理。其致力之由与终极之希望，在使数千余年以来之国民文化工具，由繁而简，由难而易，由苦而乐，由纷歧而趋统一，由虚玄而归实用。故其选字也，以易识、易写、美丽、准确为主；其取材也，兼求之于章今狂三派之作者，使其

① 盛巽昌著：《毛泽东的艺术情怀》，上海人民出版社 2013 年版，第 218—219 页。

各尽所长，有平均发展之机会。以是之故，此时所告慰于天下者，则在取材选字之中，曾发现祖宗累代之埋藏，为新时代迈进之利器，俾拨乱反正，有绪可寻。所遗憾者，时代远，则材料不充，摹刻且多失真；时代近，则实用既窄，流传亦少名作，欲为系统条例，甚非易事！昔许叔重作《说文》，终其身，文字未定，子冲始以书上安帝，具见整齐文字之难。余之治此，仅十年，赖诸同仁之助，有初步之成功，亦云幸矣！

二十五年，曾由汉文正楷书局印五百本，以时间急遽，例解皆不完备。二十六年，二次修正本成，甫欲付印，而抗战军兴。此后环境日艰，社址被敌人侵占，余之历年收购，亦多失佚，社事进行，更多障阻。惟值抗建并进之际，事有应为，理当急赴，况文字为人类文化之结晶，人群生命之联系，亦即世界文明之总的动力，又百工，察万品。其关系于国家民族之生存生活者至为切要。新国家之建设，尤利赖于进步之文字，以为之推助而速其成功。欧美各强国，科学进步，文字亦简，印刷用楷，书写用草，习之者皆知其便。吾国文字，书写困难，欲持此以自立于竞争剧烈之世界，其结果则不遗必变，不变则全部落后，有必然者。就时间论，大禹惜寸阴，陶侃惜分阴，“时乎时乎”，其为圣哲之所宝贵也如此！乃知吾人今日之所当惜而尤当争者，以分寸计之，已为失算。故此后国家民族亿万世之基，皆由一点一画、一忽一秒计起；人与人、国与国之强弱成败，即决于其所获得时间之长短多寡。文字改良，虽为节省时间之一事，然以其使用之广，总吾全民族将来无穷之日月计之，岂细故哉！余等数年以来，不敢稍懈，函商笔授，重为厘订。廿七年交中华书局印三百本，廿九年印五百本，拟审定后即行发售，中间仅以少数分奉友人，余皆滞留香港，未及运回，遂使关心文化事业而知余尽瘁于此者，迟望不已，深为不安！

近年国家建设皆突飞猛进，而吾辈负荷之文字改进工作，则无法赶上，憾也如何。今春社中同仁稍稍成集，乃重为选校一过。书分上下两卷:上卷为草圣千文,圣千云者,字皆选之历代草圣,慎为摹形,并疏出处;下卷为标准草书释例,释例云者,归纳古今草书之变化,而释以例,标举符号,分制表志。"圣千""释例",互为注证,前者备草法使转之妙,后者明书史不传之秘。

于右任书《秋先烈纪念碑记》

余此次整理,深恐理得而用违,或以古人机缘偶成之字,强后人以难习。选校时,常常以笔画纸,验其合否,刘同志延涛积前后所书,选辑成册,且请与《标准草书》并印,以为习圣千者之参考,而增长学书者之兴趣,用力量勤,其匡益于余者亦最多。甚矣哉,同人之思以宣扬草书,解放文字,而无所不用其极也。昔某名家临前贤草书,终日不成篇,叹曰:"真迹在前,令人气慑!"余今书此,亦有同感。所幸《标准草书》付印即成,符号组织与条例变化之理,一一列表说明,学者必能鼓舞奋兴,更有惊人之发明也。

三十一年七月

于右任序于山洞①

除草书外,于右任在行楷书方面的造诣亦值得称道。笔力雄健,融篆、隶、草、楷笔法于一炉,其作品集中收录在1932年友声文艺社印行的

① 丘桑主编:《民国奇才奇文:黄帝子孙之元气(于右任卷)》,东方出版社1998年版,第194—195页。

《右任墨缘》之中。

于右任以谦虚的襟怀，追求一种纯任自然、出入无迹、变化随心的书写状态，其诗作《写字歌》"起笔不停止，落笔不作势，纯任自然。自迅速，自轻快，自美丽。吾有志焉而未逮"①，正是这种心迹的表露。于右任不仅在形式上追求书法的精进，他还巧妙利用自己在书法方面的名望，抒发"为生民立命"的志向，教育或鼓励世人。例如他以"不可随处小便"，讥讽那些衣冠楚楚、言行举止却粗鄙不堪的国民政府高官②；以"为万世开太平"条幅外加签名照片，赠送国大代表参加竞选。他在书法上的大胆创新和孜孜追求，值得我们学习和借鉴。

于右任书"为万世开太平"条幅

① 于媛主编：《于右任诗词曲全集》（典藏版），世界图书出版公司 2014 年版，第 350 页。

② 按，关于"不可随处小便"，另有一种说法："国府大员中，有学问的人很多，比如……于右任……等……其中于右任尤其写得一手好字，全国闻名，随处可看见他的手迹。据说他虽善书，却轻易不为人执笔。他有一个朋友，极想求他几个字，以留纪念，只好以酒攻之。酒后，于右任果然兴致大发，在纸上写下'不可随处小便'六个大字，就呼呼打鼾了。朋友弄得啼笑皆非，弃之又太可惜了，后来想了半天，才把六个字拼成极妙的一句——小处不可随便。这是重庆来客说的故事。"（佛子：《于右任说"不可随处小便"》，《一周间》（上海）1946 年第 3 期，第 10 页）

第四章　以身作则，鞠育教诲：于右任的家庭教育轶事

于右任的妻室，见诸资料记载者有高仲林、黄纫艾、陈妙莲、原氏、沈建华；[①]育有三子四女，依次为于望德、于彭、于中令、于芝秀、于想想、于绵绵、于无名。由于担任国民党党政要职，加上社会事务繁忙，于右任在子女教育方面投入的时间和精力非常有限，但要研究于右任教育思想与实践这个专题，家庭教育又是不可忽视的一部分，故单列一章，以与前述学校教育、社会教育相呼应。于右任很关心子女，但较少管束。[②] 在对这些子女的教育方面，至今还有一些耐人寻味的逸闻趣事。于右任对于教育的倾力付出，也影响了他的子女们。例如 1986 年 12 月，于绵绵（当时已经是美籍华人）给三原县民治中学捐款 1000 元人民币；1992 年，

---

① 按，周伯敏在《记于右任》一文中说于右任是多妻者，除了列举高仲林、黄纫艾、陈妙莲、原氏、沈建华之外，还讲述了于右任的一些"浪漫诗人"作风，例如民初到北京，在明妓苏佩秋家为一餐鸭粥付了一张 50 元大票，轰动了当时糜烂的北京政界，还得了个"阔客"的称号。在上海时，同一些国民党政客及议员常在妓院应酬为乐。与妓女陈月华"民元后营巢同居"，后因局势变化加之囊中羞涩，不欢而散。以上所述，未见其他资料记载，故略述于此。该文收录于上海市政协文史资料委员会编：《上海文史资料存稿汇编 2 · 政治军事》，上海古籍出版社 2001 年版，第 323 页。

② 周伯敏：《记于右任》，上海市政协文史资料委员会编：《上海文史资料存稿汇编 2 · 政治军事》，上海古籍出版社 2001 年版，第 321 页。

于彭捐献了2000美元给三原县民治学校，1000美元给泾阳县，以支持两县的教育事业。[①] 于右任一生勤俭朴素，三十功名袖两风，一箱珍藏纸几张。一袭布衣，两袖清风，于先生的清贫、廉明、平易近人、风趣达观，对其家庭成员尤其是子女产生了潜移默化的作用。

于右任晚年与部分家人合影

① 梁思法主编，三原县志编纂委员会编：《三原县志》，陕西人民出版社2000年版，第781页。

第一节　两笼白菜办喜事

一、结发情深

于右任的结发妻子高仲林，1898 年嫁给于右任。于右任青年时期曾担任三原县粥厂厂长，经人介绍，与县里西关高焕章的三女儿高仲林相识并喜结连理。因当时经济困难，故婚事一切从简，酒宴只有豆腐粉条炖白菜加窝窝头。三原县城至今还流传着“两笼白菜办喜事”的感人故事。

据于右任的侄孙女于媛讲述，高仲林虽然是个没念过书的家庭妇女，但性格开朗，为人识大体。她知道丈夫于右任的志向，从不拖后腿，平时尊老爱幼，省吃俭用，将家里打点得井井有条。属于陕西典型的厉害婆姨，敢说敢骂，敢作敢为。对于右任在异地迎娶其他夫人的事，亦表现得慷慨大度。① 高仲林待人宽厚热情，对那些热血青年尤其关爱有加，据同乡子弟李鸿超回忆：“记得在西安住家的时候，当时我们几个年轻人里有人已经做了国大的代表，她常常邀请我们去家里打麻将，给我们做臊子面吃，对我们极为爱护。”②于右任的外甥周伯敏回忆：“高为人开朗，对乡党多熟识。家中长辈生辰死祀，记忆不爽，如期设祭，为于所尊重。”③

高仲林以关中女子特有的坚韧和贤惠，一生支持于右任的事业，还时常为于右任做布鞋、衣服等贴身物品。高仲林很少参政，但据资料记载，她曾在“双十二事变”中有所作为：“陕变初起，孙蔚如军部驻三原，于夫

---

① 按，于媛和高仲林在一起生活了约十年，据她讲述，关于于右任后来又娶了几位夫人的事，高仲林之所以没有阻拦，是出于三方面的原因：其一是因为封建时代，男人三妻四妾不会遭人非议；其二是高仲林只有一个女儿，她也希望有人可以为于家传宗接代；其三是高仲林也知道自己没文化，无法满足于右任在精神上的一些追求，因为爱他，才心甘情愿让他去别处弥补。

② 张林、丁雯静著：《民国人物在台湾》，现代出版社 2017 年版，第 204 页。

③ 周伯敏：《记于右任》，上海市政协文史资料委员会编：《上海文史资料存稿汇编 2 · 政治军事》，上海古籍出版社 2001 年版，第 321 页。

人向孙索汽车一辆，乘至西安，见杨虎城，责以大义，力斥其非。杨大惶恐。蒋委员长返京后，西安情势混沌，于夫人亦数度赴西安，面责杨虎城。”①1934年，高仲林52岁寿诞，王陆一撰文以贺，从中可以对高仲林的操守及品行有所了解，谨节录如下：

太华镌祝，慈云无极之年；上国方春，丽日长晖之地。……敬维于母高夫人仲林，邑里东乡，清芬令族，崇原超远。诵高阳苗裔之文，内则柔嘉；失早岁乔柯之仰，劬劳仲父。驰陇头流水之声，鞠育名家，决旷代人豪之匹也。夫人年十七，归于右任先生。……夫人于频年荒歉之余，处举世咄嗟之际，尊章奉侍，门祚支持，长为流者之家，不审恒人之视。太翁倦游偃疾……奄忽循衣，沉绵举箦。夫人缞裳稽颡，心如在远之儿；苦块成哀，礼则附身必具。右任先生潜行省疾，频挥血泪于关门。……夫人既宁哀变，无废农桑，育女训男，恤邻赡远。每环填其自撤，尤井臼以躬操。乡里诵其孝贤，惠爱行乎本素，固知德涵弥积而福履方绥也。逮乎民邦肇建……右任先生膺乘党命……五载孤军，独树三原。一隅义帜，而复冬凌甲仗，风景俄殊，势变储胥，边穷失主。夫人忧皇幕府，喻励咨谋，使将军有皎月之陈辞，勉子弟以知方为勇。……其佐右任先生道逾隆蜀，策定幽燕，往还穷北之邦，解定关西之难。夫人潜居而护助党人，加璧而资援行士，群情因而感奋，义问尤以宣昭，此夫人之嶙峋景曜，而册府应隆重征闻者也。比年右任先生中枢任集，国事云劬，家室宾仪，垂投持总。属值南北告灾，雨旸不若，夫人奔波谋振，共饥溺于贫民；窘步穷衢，散衣财于羁旅。平时乡人学子，传诲不隔于沙帏；国恤民艰，问讯每勤于荛采。然而中诃缄密，无人知温室之枝；面折端严，悚退作阳和之感。仪诫敻世，泽最无疆。今日者上京宾庶，群虔升堂拜母之忱；春国秾馨，共预介寿扬慈之盛。难多崇述，逾五旬而齐衎遐龄；集颂升恒，戬百谷

① 《于右任夫人数度赴西安，责杨以大义》，《新闻报》1937年1月12日第4版。

而增文俪笈。①

对于这位结发妻子,于右任一生都非常感念和眷恋。1949 年,于右任去台湾之后,高仲林和于芝秀仍住在西安市书院门 52 号。于右任则时常通过香港的老友吴季玉先生,按期给夫人寄生活费。② 1957 年,是二人结婚 59 周年,身在台湾的于右任对尚在大陆的发妻思念倍增,他拿出珍藏在身边的鞋袜,抚摸良久,写下了《忆内子高仲林》:"两戒河山一支箫,凄风吹断咸阳桥;白头夫妇白头泪,留待金婚第一宵。"③1959 年,已经 80 岁高龄的于右任对发妻的思念更加强烈,写下了《思念内子高仲林》:"梦绕关西旧战场,迂回大队过咸阳;白头夫妇白头泪,亲见阿婆作艳妆。"④ 1961 年 3 月发妻生日前夕,于右任在写给香港吴季玉先生的信中写道:"今年是我妻的八十寿辰,可惜我不在大陆,今年她的生日一定会很冷落,不会有人理睬她的。想到这点,我十分伤心!"从中可见二人鹣鲽情深。好在这件事经由章士钊转达给周恩来,周恩来指派于右任的大女婿屈武带领儿子、儿媳及周伯敏(于右任的外甥)等人赶往西安,为于夫人补办了寿辰庆典,并由屈武将具体情况写信告知于右任,方才了了于右任的遗憾。⑤ 1962 年春,高仲林不无惆怅地说:"我八十多了！今生今世只有一个指望,就是啥年月才能和他再见面。……他走的时候说几天就回来,如今多少年不见了,给他捎去的布鞋也不知收到没有,还是按他的老鞋样做的,估摸着会合脚。我最担心他会得病,吃饭合不合胃口。天气凉了,有没有人替他换合季节的衣服。"⑥虽然都是些生活的琐碎之事,但这

① 王陆一:《于高仲林夫人五旬晋二寿序》,《铁路月刊:津浦线》1934 年第 4 卷第 3—4 期,第 199—200 页。

② 于媛主编:《于右任诗词曲全集》(典藏版),世界图书出版公司 2014 年版,第 325 页。

③ 按,此诗作者自注"明年结婚六十年",二人于 1898 年结婚,故此诗应写于 1957 年。见杨博文辑录:《于右任诗词集》,湖南人民出版社 1984 年版,第 293 页。

④ 杨博文辑录:《于右任诗词集》,湖南人民出版社 1984 年,第 299 页。

⑤ 张林、丁雯静著:《民国人物在台湾》,现代出版社 2017 年版,第 228 页。

⑥ 杨中州选注:《于右任诗词选》,河南人民出版社 2011 年版,第 365 页。

正是来自一个妻子最朴实的关爱。1964 年，于右任在台北去世，未能与夫人高仲林、女儿于芝秀再见上一面，遗恨而终。在于右任的遗物中，还保留着妻子高仲林早年亲手缝制的布鞋袜。

二人育有一女，学名于芝秀，小名楞女。

二、以诗助妆

于芝秀（1900—1972）是于右任的长女。于右任有着新式思想，鼓励女儿进学堂学习文化知识，他还经常抽空督导女儿温习功课，练习书法，讲解国家大事，开阔其视野和见识。于芝秀聪明伶俐，好学上进，曾加入共产主义青年团，积极参加团组织发起的反帝反封建活动。

于右任发妻高仲林与长女于芝秀合影

民国十一年（1922）四月二日，于芝秀与屈武在北京中央公园（今中山公园）来今雨轩举办了婚礼。于右任因军务繁忙未能参加女儿的婚礼，委托妻子高仲林全权负责，并以四首五言律诗作为嫁妆，表达对女儿的关爱、祝福和殷切期望。于右任择爱国青年屈武为女儿夫婿，不落俗套，作诗陪嫁，一时成为佳话。谨录如下：

助妆诗

一

春风苏百草，送尔出关门。遇合从儿愿，追随念母恩。

家庭新创造，文学旧思孝。应念空山老，诗笺印血痕。

1931 年《新闻报图画副刊》第 39 期刊登的于芝秀照片

二

世人如问我，勉强说平安。百战身将老，三年枕未干。
秦兵仍奋激，民党更艰难。素蓄澄清愿，时危肯自宽？

三

海上攻书日，关中省父时。岁饥兵不饱，女大嫁因迟。
多事添媒妁，无端累义师。人心未可测，究竟有天知。

四

汝婿亦奇士，青年多美誉。忧同屈正则，事类申包胥。
至理无贫贱，浮云有卷舒。进修齐努力，嘉耦复谁如！

屈武（1898—1992）是二婚，前房病故，二人育有三女。虽出身寒门，但屈武学习勤奋，积极参与各种社会活动，影响逐渐扩大。1919 年五四运动爆发，屈武积极投身其中。6 月 16 日，屈武作为陕西学生联合会的代表赴上海参加全国学生联合会成立大会，与于芝秀相识并互生爱慕之心。之后在陕西靖国军前敌总指挥胡景翼的撮合下，有情人终成眷属。在大女儿选择配偶这件事上，于右任的态度很开明，并不嫌弃屈武家境贫寒且曾有妻儿，他非常欣赏这位来自家乡的青年才俊，称赞其为“奇士”。

于芝秀和屈武婚后产下一子,取名屈北大。二人志趣相投,家庭和睦。为了让女儿女婿接受更好的教育,于右任支持他们去国外留学。1925 年 10 月,于芝秀作为第一批留苏学生赴莫斯科中山大学学习。次年五一前夕,屈武也前往该校深造。1927 年,于芝秀毕业拟回国,而屈武则被分配到莫斯科伏龙芝军事学院继续学习。同年,大革命失败,国共合作破裂,国民党在屠杀共产党的同时,对党内进步人士也进行了清查。由于屈武是共产党员,妻子于芝秀也因此受到牵连。①

1928 年 6 月,留学于莫斯科中山大学的于芝秀,从苏联取道海参崴经大连乘船到上海,再乘火车前往南京,在下关火车站一下车,就被国民党卫戍司令部以"苏俄共产党潜来南京的要犯"为罪名扣押了,关在南京国民党首都警察厅监狱里。于右任闻讯,立即与邵力子设法营救,最终在卫戍副司令孙伯文的襄助之下,于芝秀得以释放,回到位于南京绣花巷 2 号的于府。② 6 月 15 日,于芝秀和朋友在南京夫子庙长松菜馆吃晚餐,被她的同学陈道生以"女共党"举报给东区警署,署长孙鼎宇据报将于芝秀逮捕,在得知此人为于右任的女儿之后,前往于氏私邸,谒见于右任,告以经过。二人就于芝秀是否是共产党员进行了交流,对此于右任说:"子女有无共产嫌疑,予不得而知。予亦不愿参加意见,请依法处办。"无奈,孙鼎宇将于芝秀押送至南京市公安局,该局副局长孟广泰对

屈武与于芝秀合影

---

① 红萧:《屈武与于芝秀的悲欢离合》,临渭区政协文史资料委员会编:《临渭文史资料》(第七辑),1996 年,第 184—189 页。

② 邵黎黎、孙家轩著:《我的祖父邵力子》,河海大学出版社 2000 年版,第 78—79 页。

这位特殊的犯人进行了审讯。于芝秀在供词中称,前虽加入共产党青年团,但久已退出,而且已经登报声明。山西党务指导委员王觉民出示证明,请求保释。李烈钧亦具函请释,说于芝秀系本党忠实同志,绝无共产嫌疑。于芝秀才得以释放,但条件是公开发表声明,与屈武断绝夫妻关系。①

于右任女公子被捕

陳道生指控　李烈鈞保釋

寧訊、于右任女公子于鍔、二十七歲、曾在莫斯科大學留學、前晚與其友人在夫子廟長松菜館晚餐、時有于之同學陳道生、湖北夏口人、現在某校充小隊長、偵知于在長松晚餐、即赴東區警署報告說有女共產黨于某、現在長松晚餐、孫鼎宇署長據報後、即往長松館將其逮捕、拘押東區署、旋知其係于右任女、即親往于氏私邸、謁見于氏、告以經過、于氏說「子女有無共產嫌疑、予不得而知、予亦不願參加意見、請依法處辦云云、」孫無法、即返署以汽車陪于送解公安局、旋經李烈鈞知悉、即親往該局說明于係本黨忠實同志、絕無共產嫌疑、即出具保結、將其保出云、又訊、前(十五)晚中央委員于右任之女公子于鍔、忽被陳道生指控爲共產黨、當由京市公安局派隊在夫子廟將于逮捕、旋即由該局副局長孟廣泰審訊、據于女公子供稱、前雖加入共產黨青年團、但久已退出、並經登報聲明、山西黨務指導委員王覺民、亦出而證明、請求保釋、復由李烈鈞具函請釋、並請扣陳治其誣告罪、

《时报》刊载《于右任女公子被捕》

为了勉励女儿,于右任以《题白龙山人青云直上图》诗相赠:“小朋友,小组织,将成功,要努力。一心一德,真了不得。”题款为“十八年六月为楞女题右任”。字里行间,蕴含着真挚的父爱。

在女儿女婿遭遇调查这件事上,于右任所表现出的言行,也是出于无奈,在特殊年代由于政治关系而使家庭受到牵连,也是时势所迫。1938年10月,时隔二年,屈武才得到签证,返回重庆。此时正值国共第二次合

① 《于右任女公子被捕》,《时报》1928年6月18日。按,“于锷”为于芝秀的化名。

于芝秀与父亲于右任参加植树节典礼①

作，两党政治关系较为平和。于右任和高仲林、于芝秀、屈北大前往重庆南岸海棠溪汽车站迎接。

于芝秀曾担任国民大会妇女代表，曾就妇女参政等问题，应《中央周刊》特邀，撰写过一篇文字，摘录如下，以鉴其政治觉悟与观念倾向：

国民大会系根据国父遗教而召集，在中国事属空前。中国国民革命经过甚长时间，无限艰辛，无数先烈与人民之生命财产，始得换来此次大会。今集合各党各派人士及社会贤达，集思广益，萃于一堂，讨论并制定第一部中华民国之完整宪法，期诸不久将来之实施，自足光前垂后，为国家之福，为民族之荣而无疑也。开会以来，已历

① 陈西玲摄：《植树典礼中之于右任氏及其女公子》，《中央画刊》1931 年第 86 期，第 2 页。

数周，就个人参加体认所得，出席代表均能不忘“国家至上”之义，虚心研讨，诚挚辩析，期能制定议案，见诸实行，确保胜利之果而利建国之迈进。

是以在此继续开会之重要阶段时间，只须益励精神，详密决定，使一部宪章能完全适应世界潮流，符合国父遗教，使人民能完全行使政权，政府能充分运用治权，民主精神、五权效能自可完整发挥，而民族间能确保融洽，党派间能确臻统一，政治能真正清明，则此后之中华民国自可走向自由平等，以卓立于世界。在大会不厌详讨之中，或谓议论过多，未免繁冗，孰知百年大法，代表各有重责，亦正为慎之于始之意。

至论及今日大会之召集，中国国民党之奋斗牺牲与公忠谋国，事实俱在，国人共见，而国父遗教之伟大崇高与我主席蒋公之继承遗志，艰难领导以获得今日建国工作之迈进，民主精神之发扬，尤为吾人所不能忘怀。出席大会妇女代表有八十余人之多，亦属空前未有，至妇女代表力言在宪法中明确规定妇女代表及立法委员名额，亦正见今日妇女界热心国事之证明，尚望各方能多予援助，促其完成，亦属社会发展之幸事。

至此次大会有不以国家为念，未来参加大会共谋国事之一部人士，余以爱国爱民族之立场，深为彼辈惜耳。余以远道跋涉，健康未复，承《中央周刊》命题征文，敢云为全部观感，亦聊抒一得所及而已。①

1958年10月6日，中国各大新闻媒介同时播发以中华人民共和国国防部部长彭德怀名义发表的《告台湾同胞书》，于芝秀兴奋之余，还亲笔写下了自己的心得体会，表达了对统一台湾的态度。录文如下：

看了彭部长告台湾同胞书，我非常兴奋。台湾军政人员即使是

① 屈于芝秀：《代表们的意见（二）：对于国大的观感》，《中央周刊》1946年第8卷第51—52期，第9页。

铁石心肠，也应当回心转意。

台湾是中国不可分割的领土，是中华人民共和国的一个省，不是美国领土，也不是另一个国家。我们坚决的反对帝国主义制造两个国家的阴谋，坚决的反对美帝国主义侵占我国领土台湾澎湖、金门、马祖等岛屿，解放这些岛屿是我们自己的事，决不允许美帝国主义干涉中国的内政。在今天东风压倒西风的新形势之下，美帝的纸老虎早已被戳穿了，朝鲜战争很好的说明了这一事件。蒋介石集团依靠美帝没有任何希望的。

正如10月6日我外交部发言人所说：我们希望台湾当局以和为贵，以爱国为重，中国人的事应该由中国人解决，不应该让美国人干涉。中国人之间的问题，总可以通过谈判取得合理的解决。只有坐下来谈，才是你们惟一的出路，否则将自取灭亡。台湾军政人员最明智的办法，排除美帝国主义的控制，及早回头，举行谈判，早日回到祖国，否则遗臭万年。

于芝秀

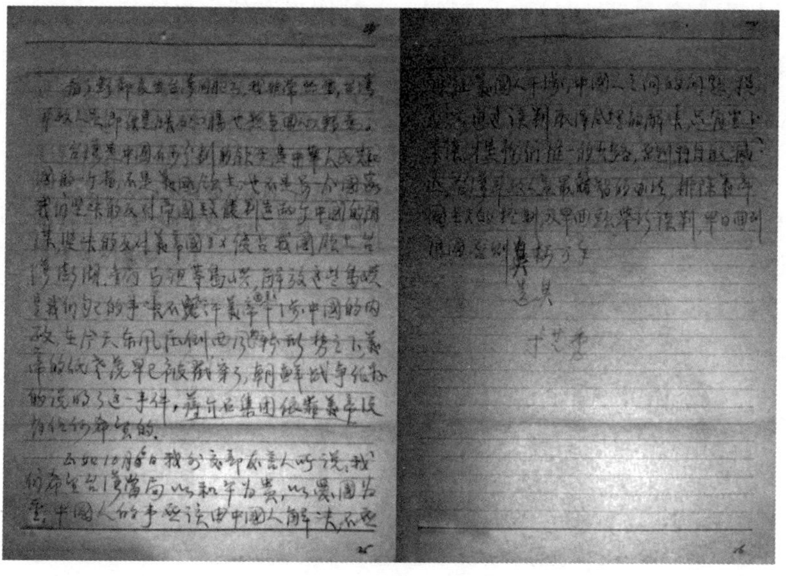

于芝秀亲笔信

第二节 绣球为媒结连理

一、革命伴侣

黄纫艾，苏州吴县人，1905 年前后在上海爱国女学就读，是蔡元培的得意弟子之一。① 黄纫艾和于右任的姻缘，据于右任的侄孙女于媛讲述，是出于一次偶然的机缘。约在 1910 年年底或 1911 年年初，满腹才情又意气风发的于右任和几个朋友去苏州游玩，正赶上当地一个大户人家的小姐在抛绣球招亲。这位小姐就是黄纫艾。黄纫艾是个受过良好教育的大家闺秀，她以诗句出题，想找一个能和她产生精神共鸣的才子。受到同行朋友的怂恿，于右任便上前应和，从而俘获了黄纫艾的芳心，二人因此喜结良缘。不过，于右任的外甥周伯敏说二人是“在办《民立报》时结合”②。

黄纫艾是一位具有新思想的知识女性。于右任奔走革命，屡临险境，黄纫艾则多方奔走，极力营救。黄纫艾还典卖首饰，接济反袁志士宋教仁等人。上海大学被封后，一部分学生前往于右任家中席地而居，情形十分狼狈。黄纫艾冷静处理，一边安抚学生，解决他们的生计问题，曾出私蓄 300 元救济困难学生，一边致电于右任，催促其回上海商议善后事宜。黄纫艾积极关注时局，参政议政，是“上海女子参政协进会”的宣传部委员，曾撰写《女子应有参政权之理由》一文，从女子有参政的可能、女子有参政权的必要、女子既有参政权而不必全部参加等三个方面③，引经据典、

---

① 《女子参政协进会职员会纪》，《申报》1922 年 10 月 25 日，第 14 页。按，关于黄纫艾的名字，当时见诸报载者大多做此，但据三原县于鸿军先生查证，应为黄仁爱。两个名字之间是否另有故事，因资料记载缺乏，无法得知其详。为尊重历史文献兼叙述便利，在行文中依旧使用黄纫艾一名。

② 周伯敏：《记于右任》，上海市政协文史资料委员会编：《上海文史资料存稿汇编 2 · 政治军事》，上海古籍出版社 2001 年版，第 321 页。

③ 黄纫艾：《女子应有参政权之理由》，《妇女杂志》（上海）1923 年第 9 卷第 1 期，第 301—302 页。

追本溯源，阐述女子理应参与政权的观点，在当时产生了较大的影响。

1928 年，上海租界巡捕房抓获的一名张姓共产党员，供出与黄夫人有关联，致使黄夫人被传讯到案。后虽查明黄夫人与此事无关，但黄夫人因受到惊吓，引发旧疾肺痨，医治无效，于上海戈登路 615 号于公馆病逝，享年 43 岁。于右任与黄夫人感情深厚，夫人突然去世，令他心灰意冷，在回到上海的第二天，即提出要辞去一切“本兼各职”，国民党当局一片哗然，各种猜测纷出。蒋介石、白崇禧、丁象谦等人均发来唁电。①

1927 年秋，于右任曾陪同夫人黄纫艾游览苏州，并请同行的李根源在苏州玄墓山“购墓地，筑寿圹”，待将来夫妇百年后合葬。他们由圣恩寺住持中恕引导，持罗盘针循寺查勘，最终选定寿穴在寺前明初古钟楼侧。墓园规划两亩（约合 1300 平方米），部分属山民，部分系庙产，统由李根源代办产权转移手续，并在墓园四角竖立李根源题写的“三原于界”界碑。于右任率子于武、于彭，护送灵柩，由火车载运抵苏，暂寄留园附近的永善堂，设灵堂于阊门药师庵。他们生前伉俪情笃，于右任不但请辞审计院院长等本兼各职，以寄托哀思，而且遵照夫人临终遗愿，归葬苏州，由内弟黄小山及职员彭佩青、何物华赴苏筹划。成立了“于宅治丧事务所”，丧礼极为隆重，苏州的党政要员、社会名流大多前往致祭。李根源挽联云：“风雨数相过，最难忘截发留宾，杀鸡为黍；珮环遽归去，无可奈哀鸿唳月，锦瑟思年。”②1930 年，圣恩寺旁的墓园整体竣工。但因礼制，黄纫艾未能先行入葬于氏墓园。1931 年 8 月，灵柩暂葬在葑门外基督教公墓安乐园。③

---

① 安淑平、王长生著：《蒋介石悼文诔辞密档》，团结出版社 2010 年版，第 256—257 页；《于右任夫人逝世》，《新闻报》1928 年 9 月 20 日第 16 版；《于右任夫人今日大殓》，《申报》1928 年 9 月 21 日，第 13 页；《于右任夫人昨日出殡》，《申报》1928 年 9 月 26 日，第 13 页。

② 苏州市地方志编纂委员会办公室、苏州市政协文史委员会编：《苏州史志资料选辑》，1999 年，第 226 页。

③ 许宗祺著：《苏州老街巷的旧闻往事 · 于右任夫人黄纫艾棺葬安乐园》，苏州大学出版社 2012 年版，第 33 页。

二、麟儿凤女

黄纫艾和于右任育有一子一女，即于望德、于想想。

民国十八年（1929）七月十四日，于望德与上海持志大学高材生、前教育总长胡次珊的三女儿胡瑛，在上海西藏一路之一品香旅社举行了婚礼。不过，这场名人之子的婚礼并未像人们预想的那样豪华，甚至有些寒酸。据当时的新闻报道称："是日仅备茶点，不治筵席，所发喜柬，殊简陋，附有移资助赈小启一通，列名者为陆仲渔、杨杏佛、张莲生、王陆一、王开疆等。"之所以如此，是因为当时正值陕西旱灾，于右任忧心桑梓，于是将儿子婚礼所得礼金作为西北赈灾之用。① 这个由陆仲渔等人联名所发起的"助赈小启"，略曰：

> 右任、次珊两先生以艰时不容夫缛节，嘉礼无当于繁酬，惟怀与安，必敬且戒。同人等拟请以致祝之资，移作救灾之用。鸳鸯茀菉，当栖而西北云齐、鸿雁飞鸣，于□亦东南美尽，万家饘粥，无量情文，敢告知俦，鉴兹投赠，谨启并附有送礼条例三则：（一）贺金全数移充西北赈款，礼后即行汇交赈灾，并登报鸣谢；（二）南京、上海，均由上海银行总分行代收；（三）其他仪馈，概不敢领，敬希鉴原。

在儿子的婚礼上，于右任发表了讲话，其中表达了对陕西灾情的担忧："已决心遄还陕西，抱与父老兄弟欲饿死则同饿死为宗旨，并谢亲友送礼为陕助赈之热诚。"②这个举动在当时引起了较大的反响，新闻争相报道，例如《小日报》的评语说："于为国府要人，其所收礼金，数必匪细，他日移作西北赈灾之用，自可造福不浅也。"③

婚后，毕业于上海复旦大学的于望德曾赴英国留学，获英国爱丁堡大学法学学士学位、伦敦大学哲学博士学位。④ 民国二十六年（1937）十一

---

① 红狮：《于右任公子之昏》，《大晶报》1929 年 7 月 15 日第 2 版。

② 近贤编：《于右任言行录》，上海广益书局 1932 年版，第 9 页。

③ 小厂：《于右任公子之婚柬》，《小日报》1929 年 7 月 11 日第 2 版。

④ 《中国留英学生廿二人　于右任公子等受学位》，《生活日报》1938 年 5 月 13 日第 1 版。

月十六日，于望德留学期间，于右任曾经写信给儿子，叮嘱他努力学习，要务实，学成之后要回来报效祖国。信件原文如下：

望德：

奉中央命，政府将西移。国事至此，更当自勉。终夜不寐，起而为汝写数字。国事到为难处，我每感痛苦者，即所学不足以应变；欲报国家，有心无学，皆涉空想。我尝说，学无用之学，等于痴人吃狗粪。汝此后将自己所学，要切实检查一遍。以后用功，要往切实处做才是。汝所学告段落后，我是盼汝等归国。目前无费，故嘱多住几日。倘路费寄到，回国后广州如不好走(因粤港敌人轰炸)，即到上海家中蛰伏，多做东西。国中多少事，也可以明白。我少担任一分学费，在工作上可以加增力量，国家总账上也可以减少几文支出。我前途如不幸，民族复兴之大业，望汝弟兄两媳两孙继承。

右任　十一月十六日早五时自南京

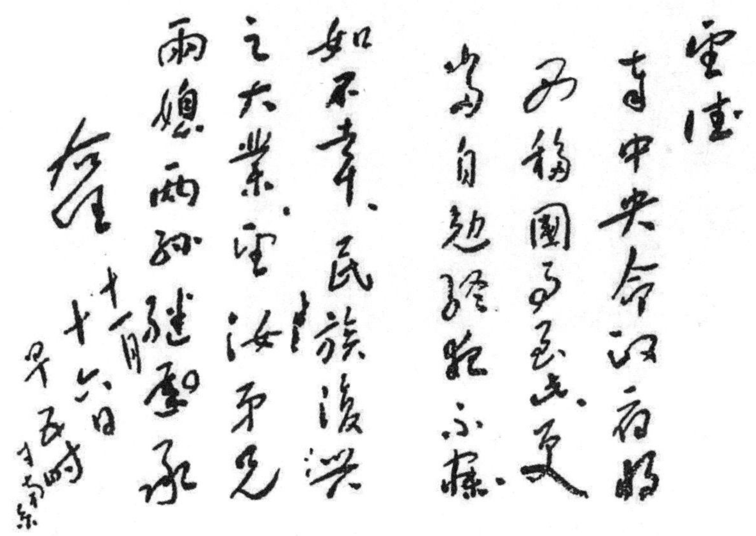
望德
奉中央命政府將
西移國事至此更
當自勉終夜不寐
如不幸民族復興
之大業望汝弟兄
兩媳兩孫繼承
右任
十一月十六日早五时自南京

于右任写给长子于望德的亲笔信

这封信共 8 页，每页 30cm×20cm，约 244 字，原件由徐伯璞先生捐献给淮阴市博物馆收藏。这封家书，可以视作特殊时期的“家训”，字里行间表达了对家国兴亡的担忧，教育子孙后代要努力读书，做一个务实的、有用的国之栋梁。于右任节俭的作风，在文字中亦有所表现。这封家书，系于右任亲自书写，寄托了对儿子的亲切关怀及殷切期望，同时也是以书法引发儿子爱国情怀。赵梅林先生称："于先生之《家训》是在国家存亡、沉痛忧愤之下，迸发出的无与伦比的瑰宝，窃以为'天下第三行书'不为过誉也。"①

于望德先生近照

上海"八一三"淞沪抗战前，于望德回国，先后在中央训练团党政训练班第十三期和国防研究院受训。曾任重庆大学和中央大学教授、行政院县政计划委员会法制组专门委员、经济会议政务组副主任。1942 年 8 月至 1947 年任行政院参事。1945 年 5 月在中国国民党第六次全国代表大会上当选为候补中央执行委员。1946 年当选为"制宪国民大会"代表。1947 年 5 月，任驻哥伦比亚大使馆公使。1948 年去台湾，任台湾大学教授，后任驻智利大使馆公使。1954 年 11 月改任驻"巴拿马大使馆大使"。1955 年兼任驻"洪都拉斯大使馆公使"。1956 年卸任，返回台湾。后任"外交部"顾问、中国文化学院政治研

① 余明伦:《于右任先生"家训"的启示》,《三秦文化研究会年录论文集》,2004 年。

究所所长、国防研究院首席讲座。①

于右任不仅在学业方面敦促儿子努力上进，还着力培养其爱国奉献、关心百姓疾苦的情怀。此外，在日常生活中，于右任言传身教，艰苦朴素，平易近人，消除等级贵贱之分。据邵力子的孙子邵黎黎回忆，于望德和邵黎黎的姑妈邵伟真曾一同去英国爱丁堡大学求学，回国后，受到于右任的邀请去家里吃饭。于家主仆向来是同桌共餐，但于望德因在英国留学五年，受西方资产阶级的影响较深，看不惯这种主仆不分的局面。这天，他借口客人多而不让仆人入席，于右任却仍旧按照过去的惯例，坚持要仆人入席共餐，于望德才不得不作出了让步。②

于想想是于右任的二女儿，这个名字的得来，详情已经不得而知，目前所见资料，有两种说法。其一，女儿出世时，于夫人要于右任取一个有意义的名字，于右任说："好，让我想想。"停了一会儿又说："那就叫'想想'吧！"秘书长庚不解地问："您取这么一个奇怪的名字有什么意义呢？"于右任笑答："怎么没有意义？大诗人李白不是有'云想衣裳花想容'的诗句吗？"③

---

① 刘国铭主编：《中国国民党百年人物全书》（上），团结出版社2005年版，第26页。按，关于于望德，《东方日报》1943年8月8日第2版风神所撰写的《于右任公子于望德》文章所报道，与本节所述有较大区别，概述于此，以备考资。"于右任在沪宣传革命时，常流连于曲院歌榭。有苏州女子王某，识于氏于风尘未遇之中，两情爱好，于氏乃为脱籍，纳之为妾，居于沪寓。不久生一子，即望德公子也。于氏其时年事已高，晚年得子，爱若祺璧，在沪寓特聘教师至家教读，后入沪江大学。不久因民（国）十三年国民党改组，采取联俄容共政策，党国要人中，纷纷派遣子弟赴苏联留学。……于望德在诸贵介公子中，能勤恳求学，毫不骛外。民（国）十六年国共分裂，清党事起，中俄邦交断绝，于公子奉父命转赴英伦求学，在英国入格拉斯大学，专攻政治经济。至民国二十年方回国，任行政院参事。事变后，转至内地，则致力于实业，与实业界中人创办一建中企业公司，以经营运输土产及包办工程为条目。数年以来，获利甚厚。望德所娶之妻，系沈曼公之女公子，亦雅善操奇计赢，颇不似于右任氏之淡泊名利而嗜好于书法及古董也。望德公子近年虽对于政治已不过问，而对于国内政治状况则观察之下，殊有心得。对于国共间之摩擦时起，认为有力谋妥协之必要。良以彼在苏联留学时，对于苏联方面之共党政策，观察至有心得，谓中国共党虽在国内为国情所不容，然人才军力均有可取，善导之，足以成为有用之力量。孙科所主持之中苏协会，于公子亦加入在内，对于会务亦极努力。"

② 邵黎黎、孙家轩著：《我的祖父邵力子》，河海大学出版社2000年版，第282页。

③ 白雉山编：《名人趣闻录（续集）》，华中理工大学出版社1992年版，第108页。

其二，于想想名字的得来，是因为其母黄夫人怀孕时，其父于右任正忙于革命事业，离开上海赴陕西组织建国军以影响南方革命时，临别留言："我不能抛了革命，但我也常想着家，生下这个孩子，就叫想想吧！"1928年，黄夫人因病去世，于右任回到上海处理后事，依照夫人遗愿归藏苏州故里。此时于想想也到了入学的年龄，请求父亲为她另取一个文雅一些的名字，于右任思索良久，语重心长地说："你就叫想想吧！以记念你母亲的勋劳，并以记念我的革命。"①

《新闻报图画附刊》刊登的于想想照片②

于右任的二女儿于想想，后来与时任重庆市市长张笃伦的公子结成连理。

抗战时，于右任依旧忙于公务，于想想则在上海求学，住在上海市威海卫路静安别墅五号。1938年10月下旬，日军迫近武汉，于右任飞往重庆。③ 于想想则在上海念书，两年之后，她因过不惯沦陷区的生活，遂与几个要好的姐妹结伴从南京、蚌埠、界首、洛阳、西安而抵达重庆。战时的交通不比平常，于想想此行非常

① 《于右任女公子为何叫想想》，《文饭》1946年第15期，第2—3页。

② 《右任先生之第二公子于想想女士》，《新闻报图画附刊(上海)》1930年第2期，第1页。

③ 按，此前一年的10月30日，国民政府作出迁至重庆办公的决定。11月17日，国民政府主席林森率员乘海军军舰溯江西上，揭开了国民政府西迁重庆的序幕，半个多月后，国民政府开始在新址——现重庆市人大驻地正式办公。

1946 年于右任和长女于芝秀、女婿屈武、二女儿于想想(左一)在迪化(乌鲁木齐)市合影

艰辛,每天要走七八十里路,同行的人有些坚持不下来返回上海,而她以坚韧的毅力最终到达重庆,与父亲于右任团聚,其品性可见一斑,被称为"有志女青年"。①

1946 年,于想想欲回复旦读书,并提交了申请报告,全文如下:

报告

民国卅五年十月五日

窃生于民国卅三年六月,在重庆本校先修班毕业,保送大学部,因舍下居住成都,交通往返不便,故先修班毕业后,乃未入本校大学部而考入成都燕京大学文学院中国文学系肄业。二年,兹后因燕京迁校北平,生舍下亦迁返南京。目下交通甚为困难,无法前往,拟恳钧座特准入本校中国文学系肄业。转学证件,□□即补缴。是否有当,敬祈核示。谨呈。

① 张行帆编:《中国当代名人逸事》,中国文化供应社 1946 年版,第 50 页。

校长章

照准□十五

学生　于念慈① 谨呈

卅五年十月五日

于想想性格活泼，喜欢跳舞，时常出入于上海各舞场。1947年，全国实行所谓“戡乱节约”活动，上海一度“禁舞”。对此，于想想并不赞成，她在父亲面前抱怨说：“在重庆时候，那时还是在抗战时期，我们还开过大跳舞茶会欢送遄赴前线的将士，怎么戡乱就得禁舞？我真想不通。”于右任拗不过女儿，只好无奈地说：“我也是不赞成禁舞的啊！”②慈父形象尽显。

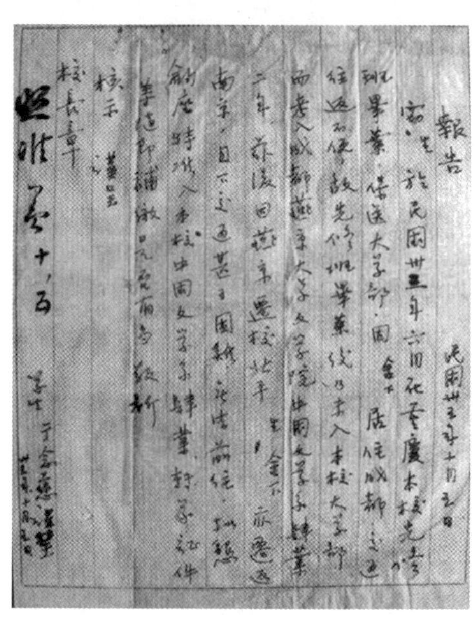

1946年10月5日于念慈申请回复旦读书的报告

第三节　芳心暗许伴君侧

一、陈原二氏

黄纫艾去世之后，高仲林在老家，于右任为革命四处奔走，身边没有

① 于想想，又名于念慈。吴宓著，吴学昭整理注释：《吴宓日记》第9册，生活·读书·新知三联书店1999年版，第356页。

② 飞豹子：《于右任的女公子》，《飞报》1947年11月24日第2版。

体己的人照顾,于是在征得高仲林同意之后,先后迎娶了陈、原二氏。关于此二人,资料记载较少。陈氏,即陈妙莲。[①] 1934 年 9 月 27 日,陈氏逝于静安别墅沪寓,29 日在中国殡仪馆大殓,于右任“奉倩神伤,哀悼踰恒”[②]。于右任和陈氏育有一子一女,即子于彭,女于绵绵。[③] 原氏因另有所爱,与于右任分手,二人未育有子女。

于彭又名于周,字仲岑[④],是于右任的二儿子,他“英年硕学,绰有端士之风”[⑤]。1936 年 9 月 17 日,于周在上海新亚酒店和周锡三之女周宝珠举行了结婚大典。虽然此前于右任已经表示要“力禁逾奢,一切务求礼恭而意俭”[⑥],但与兄长于望德相比,于周的婚礼要阔气得多,据《立报》报道:“礼堂……居中是林主席题辞‘瑞霭高门’,礼品方面,喜幛二百余幅,银具一百余件。顾震的大飞机与黄金荣的大盾,最引人注意。”[⑦]婚后不久,二人乘坐德邮香霍斯脱轮赴英国留学。于彭毕业于金陵大学,在美国和英国都留过学。在中国台湾曾经担任外事机构美司专员、情报司的副司长、行政管理机构民意代表等职位,担任过台湾地区驻秘鲁代表处参事等外事职务。[⑧] 于彭也曾经代表中国台湾当局参加过牙买加的独立

---

① 中国人民政治协商会议陕西省三原县委员会文史资料委员会编:《三原文史资料》第十辑,1993 年,第 152 页。按,陈氏的墓在三原县“斗口农场”。于彭于 1992 年 9 月 13 日,曾带领妹妹于念慈、儿子于建中、女儿于待燕、儿媳郑丽波、亲翁郑先生等人,在中国国际友谊促进会副理事长屈北大(屈武之子、于右任的外孙)及其爱人文梅君的陪同下,回到三原县,参观相关纪念馆及历史场所,并为其生母陈妙莲揭碑扫墓。

② 《晶报》1934 年 9 月 30 日第 2 版。

③ 按,陈氏所生子嗣,据多方资料考证,是于彭和于绵绵。周伯敏说陈氏生有于彭、于想想、于绵绵、于无名,可能是记忆有误。见周伯敏:《记于右任》,上海市政协文史资料委员会编:《上海文史资料存稿汇编 2 · 政治军事》,上海古籍出版社 2001 年版,第 321 页。

④ 王明德、侯丹编著:《三秦游子录》,陕西人民出版社 1990 年版,第 9 页。

⑤ 画眉:《于右任公子嘉礼　明日在新亚七楼举行》,《铁报》1936 年 9 月 16 日第 4 版。

⑥ 画眉:《于右任公子嘉礼　明日在新亚七楼举行》,《铁报》1936 年 9 月 16 日第 4 版。

⑦ 《今日新亚酒店　于周举行盛大婚礼　新郎为于右任第二公子　新娘一二八时当过看护》,《立报》1936 年 9 月 17 日第 3 版。

⑧ 郭选、张帆等编:《宣传参考日历与资料手册》,1988 年,第 441 页。

庆典，为台湾当局外事工作作出了重要的贡献。1980 年 1 月开始，于彭担任了台湾地区驻洪都拉斯的外事部门负责人。

于绵绵，于右任的三女儿。曾就读于南京莫愁路明德女中，与同父异母的妹妹于无名在同一所学校。① 这所学校的教学条件是一般学校所无法比拟的，加上校园的贵族氛围，当时国民党许多显赫要人都将子女送往该校学习。② 许地山之女许燕吉和于绵绵、于无名住在同一个宿舍且床铺紧邻，据她回忆："于绵绵比我大，反比我低一年级；于无名小，上初一。于绵绵穿得讲究，腿上是长筒玻璃丝袜，于无名穿得和我差不多。她二人老吵嘴，原来不是一个母亲生的。"有一次，于绵绵和于无名将一张全家福带到学校，"中间坐着美髯公于右任，两边坐的足有十来位妇女。于绵绵说都是她的妈妈们；后面站着两排，前面地上坐了一排，全是她们兄弟姐妹和侄子侄女、孙子孙女们，还指给我看她的大姐，说 50 岁了"。对于于绵绵，于右任宠爱有加。于绵绵替同学向父亲讨字，于右任常挥笔写就，让女儿周日返校时准时带回去，以信守承诺。③ 1949 年 1 月，于绵绵和于无名被于右任的副官李祥麟送往莆田中山中学读书。原因主要有两方面：其一，闽海边疆相对比大江南北平安一些；其二，莆田有于右任所信赖的学生和僚属郑仲武（该校创始人之一）。在此期间，于右任曾与郑仲武有书信往来，谈关于女儿就学与生活等问题。内容虽短，但于右任狷介自守、公私分明的秉性，有所体现。其中两封信的内容如下：④

仲武弟：

函悉。绵绵、无名事诸多费神，无任感荷。罗志忠先生诗甚好，

---

① 按，据资料记载，于绵绵和于无名属于同父异母的姐妹，但其母亲尚无确证，因其与于绵绵年龄相仿，又在相同的学校就读，关联较多，故在此节一并叙述。不过，据有些资料记载，于右任有个小女儿叫于仰慈，夫君梁道存，但未查到相关详细信息，不知是否与于无名为同一人，待考。参见中国教育学会书法教育专业委员会编：《近现代书法史》，天津古籍出版社 2010 年版，第 325 页。

② 康志杰著：《教士东来：长江流域的基督教》，武汉出版社 2006 年版，第 278 页。

③ 周海滨：《落花生之女：父亲去世之后》，《同舟共进》2019 年第 3 期。

④ 陈祖樂：《于右任与莆田人士》，政协福建省莆田县委员会编：《莆田文史资料》（第十四辑），1990 年，第 8—9 页。

未知尚在校否？希致意。晤张先生、游先生、诸老先生时，并希道念。

于右任

一月卅日

校中诸同人均此。

前函请弟与贵县在广州商家能通汇兑的商号，商量介绍我在此交款为小女和祥彝（麟）等寄点用费，何以久未消息？盼速覆，万勿客气。

仲武我弟。

于右任

一月卅日

在生活方面，于右任言传身教，教导子女勤俭朴素。据当时住在于右任家里的刘彬彬回忆，当年于绵绵想要买件漂亮大衣，向父亲要钱，却遭到拒绝。于绵绵常抱怨："身为于家子，不如邻家儿。"①1981 年，于绵绵和丈夫郑履义从美国来大陆参加辛亥革命七十周年纪念活动，曾经受到时任人大常委会副委员长习仲勋的亲切接待。②

于右任的小女儿于无名，曾就读于南京莫愁路明德女中，当时住在宁海路一号。③ 依据上述许燕吉的回忆，于无名和三姐于绵绵属于同父异母的姐妹。关于这位于家小姐的脾气秉性，据当时与她同在明德女中（当时在初三二班）就读的好姐妹邵黎黎回忆，她是一个兴趣广泛的活泼的女孩子。爱好体育，例如田径、球类、游泳、溜冰、划船、骑马等。"于无名有男同学那样的性格，不爱穿红戴绿、抹脂打粉。相反，她穿着朴素，爱穿学生蓝布衣裳，白运动球鞋，蓝布裤子，白布衬衣，留着短头发，活像个假小子。同时她胆大、泼辣，有点男小子气魄。"正因为有如此个性及着装，还闹出了一段趣闻。在"五二〇"反饥饿学生运动中，

---

① 李菁著：《沙盘上的命运》，生活 · 读书 · 新知三联书店 2017 年版，第 287 页。

② 《习仲勋会见于右任的女儿于绵绵等》，《新华社新闻稿》1981 年第 4284 期，第 6 页。

③ 邵黎黎、孙家轩著：《我的祖父邵力子》，河海大学出版社 2000 年版，第 282 页。

时任国民党政府教育部部长的朱家骅东躲西藏，躲进了明德女中。于无名发现了其行踪，于是召集同学，极力主张轰走朱家骅，原因除了她受到全国大学生反饥饿运动正义斗争的影响之外，还和年前寒假末，朱家骅在给明德女中师生训话时误将于无名当作男生的事儿有关。尽管次日朱家骅前往于府道歉，但于无名一直耿耿于怀。最终在这次事件中，迫使朱家骅离开了学校。①

二、一别两宽

抗日战争期间，于右任随国民党政府到重庆，由某老友的夫人为他介绍了沈建华，二人育有一子，取名中令。1949 年，于右任去台湾。后来，沈建华从上海赴台湾，将 10 多岁的儿子交给于右任抚养，自己则在约半年后回到大陆，改嫁他人。②

据周伯敏讲述，于中令“颇聪明，但不为诸兄嫂所容”，于右任为此很为难。抗战结束后回到南京，于芝秀曾以大姐的身份从中调和，但效果并不理想。③ 对于这个小儿子，于右任疼爱有加。于中令上小学五六年级时，晚上做功课，于右任尽管很忙，但是允许儿子每晚占用书桌一小时，自己则坐在旁边看儿子做功课写字。有时还会教于中令从魏碑入手学习书法。当时于中令年纪小，并不懂得魏碑之美，反而觉得碑刻这里缺一块那里缺一块，不美，不愿意学。于右任也不批评，不疾不徐，耐心教导。④ 后来，于中令在书法方面也略有造诣，应是得益于父亲早年的谆谆教导。对于子女的教育，于右任并不过多干涉，于中令后来的专业也和文史关系不大，学了理工科。1964 年上半年，于中令出国留学，于右任曾因经济拮据，向别人写下欠条，以为儿子筹措经费。据说这次出国，是于中令坚持

① 邵黎黎、孙家轩著：《我的祖父邵力子》，河海大学出版社 2000 年版，第 322—324 页。

② 陆阳著：《情爱民国：民国文人的婚恋微纪录》，团结出版社 2014 年版，第 29 页。

③ 周伯敏：《记于右任》，上海市政协文史资料委员会编：《上海文史资料存稿汇编 2 · 政治军事》，上海古籍出版社 2001 年版，第 321 页。

④ 《于右任之子于中令眼中的父亲》，《华商报》专访。

要去，而于右任起初并不同意。当时的情形大概是这样的，于中令在遭到父亲拒绝之后，反问道："陈诚的儿子为什么可以出去？"于右任答："人家特殊，而你不特殊。"于中令又说："你是开国元勋，为什么不可以？"于右任又气又恼，拗不过小儿子的纠缠，最终妥协，为此在杨亮功代写的欠条上签上了自己的名字。① 于中令曾赴美国留学，获得美国马里兰大学博士学位，成为一位非常有名的计算机专家。他态度谦虚随和、谈吐举止温和优雅，颇具学者风范。

对于自己这位颇负盛名的父亲，于中令曾在与时任陕西省政协副主席、省委统战部部长周一波谈话中说："父亲一生淡泊名利……父亲留给后世更重要的是精神遗产。这次回乡我感触很深，也大开眼界，在有生之年，还想再回陕西看看，为推动海峡两岸的和平发展做些力所能及的事情，因为这里是我们的故乡。……我的根在中国、在陕西，这里有父亲一生的梦想，我一定常回来看看，很好地感受家乡的文化、家乡的亲情和这片厚重的土地。"②可见于右任的言传身教，对子女所产生的潜移默化的影响。

为了更加深入地了解父亲，近年来，于中令曾赴陕西三原县、泾阳县省亲，还给甘肃静宁县题写了"静宁外祖故里"，以示追宗溯源。他前往西北农林大学、上海大学、泾阳斗口农场以及诸如西安德风堂等收藏展出于右任遗物及书法作品的地方。还拜望了与父亲密切相关的一些人，例如曾任于右任秘书六年之久的谢稚柳。对于父亲在多个领域所作出的贡献，于中令感佩万分。2014 年 9 月 12 日，位于西农博览园内的国内首座"于右任教育思想纪念馆"开馆，于中令先生亲临开幕式，致辞并赠送墨宝，在参观纪念馆的过程中，重温了父亲曾经在教育领域所创造的丰功伟绩。

---

① 张林、丁雯静著：《民国人物在台湾》，现代出版社 2017 年版，第 229 页。

② 《周一波对话于中令——举于右任之精神》，《中国书画报》（天津）2011 年 12 月 26 日第 99 期第 1 版。

2014 年 9 月 12 日，于中令参加开幕式

2019 年 4 月 11 日，于中令赠予甘肃静宁县的字①

---

① 按，图片来自甘肃静宁县官网，见 http://www.gsjn.gov.cn/xwzx/bmdt/wgj/201904/t20190411_564128.html。

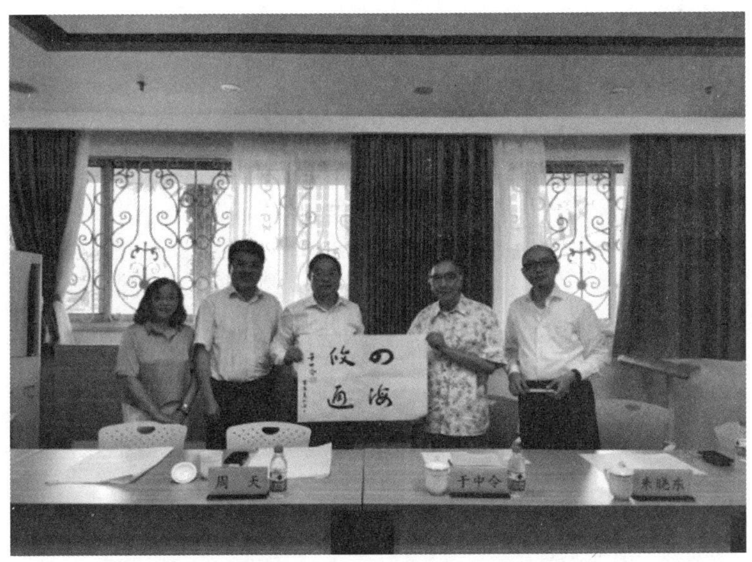

2019 年 8 月 16 日，于中令为上海大学题字（右二）①

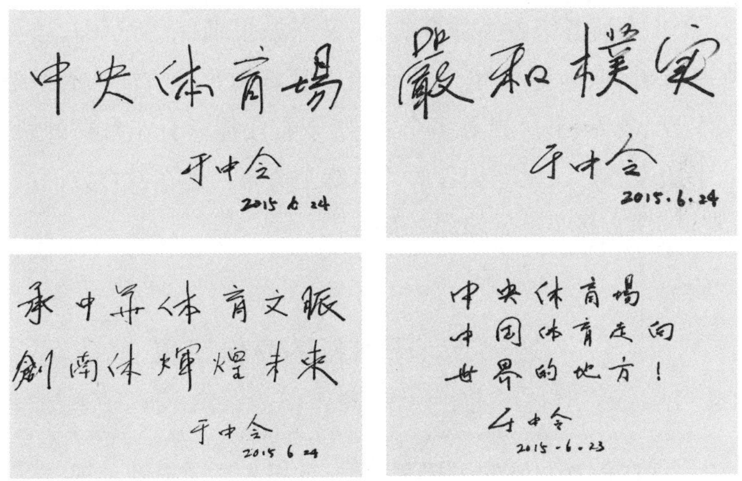

2015 年 6 月 24 日，于中令为南京体育学院及“中央体育场”题字②

---

① 按，图片来自上海大学官网（新闻网），见 http://news.shu.edu.cn/info/1021/52989.htm。

② 按，以上四图，均来自南京体育学院官网，见 http://www.nipes.cn/07/c9/c2348a1993/page.htm。

第五章　国富民强，育人为先：于右任的教育思想

于右任为教育事业奔走呼吁、筹措经费，先后参与创建或资助、扶持了十余所各级各类教育机构，又兴办报纸，革新草书，访寻金石典籍，在基础教育、高等教育、职业教育及家庭教育等方面均有所建树。在学界、军界、政界、书法界等多个领域，于右任都享有非常高的荣誉，西北奇才、书法家、诗人、元老记者等称号纷至沓来。他在教育方面的建树，也是非常可贵的，是实至名归的教育家。

第一节　于右任的身份定位

于右任在教育领域的思想和实践，近年来逐渐得到重视，然而关于他作为“教育家”的定位，尚未被系统论述、充分坐实，相关研究论著对此也大有隔靴搔痒之弊。于右任被称为“教育家”始于何时？这是首先需要弄清楚的问题。因为一种提法，代表了一种态度和社会导向。先来了解一下政府层面的情况：

1984 年 11 月 10 日，“全国政协纪念于右任先生逝世二十周年”座谈

会在人民大会堂举行，新华社北京电文的提法是：纪念真诚的爱国者、孙中山先生的忠实追随者、著名的诗人和书法家。① 这四个显著的标签里，并未提到“教育家”。当时，中央的关注点主要在于于右任的爱国情怀，中共中央政治局委员王震在发言中说：“今天我们集会纪念于右任先生这样一位真诚爱国、愿意与共产党合作的国民党元老，充分说明中国共产党‘爱国一家’的政策是极其真诚的，不论什么人，只要他爱国，人民就不会忘记他。”②

2014 年 11 月 5 日，陕西省政协举行纪念于右任先生诞辰 135 周年座谈会，于右任的侄孙女于媛回顾了于右任痛斥专制、扶贫济困、办学兴教的光辉一生。台湾中华于右任研究会会长赖灿贤在发言中，缅怀了于右任爱国护民、情系教育的无私情怀。省政协文化教育委员会主任雷涛在讲话中说，于右任是辛亥革命的元勋、新闻报业的先驱、民主革命的斗士、近代伟大的书法家、教育家和爱国诗人。在他身上，体现了秦人独有的文化本质和精神元素。③ 此次座谈会上，与会人员关于于右任的身份认定，除了以往的几种以外，很明确地提出了于右任在教育方面的贡献，“教育家”的标签也就出现了。

大多数关于于右任诞辰或者逝世纪念会，关注点在书法上，借此成立各类书法社团及展览馆，于右任在教育方面的作为则往往被边缘化。国内目前首家于右任教育专题纪念馆，是西北农林大学的“于右任教育思想纪念馆”。该纪念馆的成立，确立了于右任在教育方面的建树，但并未旗帜鲜明地以诸如“教育家于右任纪念馆”命名，表明了一种不自信和不确定性。原因在于，于右任一生参与的教育实践非常之多，但他没有系统的教育思想，所以在对他“教育家”身份的定性方面，各界都是非常谨慎

① 果继山编著：《走向祖国统一的足迹：关于“一国两制”要闻纪事（1984. 10—1994. 6）》，红旗出版社 1996 年版，第 3 页。

② 孙勇、胡清海：《只要他爱国，人民就不会忘记他——全国政协举行座谈会纪念于右任先生逝世二十周年》，《人民日报》1984 年 11 月 11 日第 3 版。

③ 吕华：《纪念于右任诞辰 135 周年座谈会举行于右任后人出席》，《西安晚报》2014 年 11 月 6 日第 14 版。

的。本书前四章，分析了于右任教育思想及实践产生的背景原因，又从学校教育、社会教育、家庭教育三个大的方面，梳理了他在教育方面的实践，正是为本章所做的铺垫。在本章，将从教育理念、兴教举措及形式、教育受众及教育层级、教育思想体系的特点等层面，分析于右任的教育思想。目的是为了将于右任散碎的教育思想系统化，证明他作为“教育家”的名号是当之无愧的。

第二节　于右任的核心教育言论

于右任没有系统的教育论著，但从其丰富的教育实践及散见于各处的教育言论，可以梳理出大致脉络。正因为此类言论为数不多，加上各种研究论著大多是随着行文的需要而割裂断章加以使用，致使读者无法系统了解于右任的教育思想。因此，为保持这些资料的完整性，本节搜集整理，依照时间顺序谨录如下，除对部分标点及错别字加以改正或标示之外，尽量保持原始文字的样貌。

一、救国论・中国唯一之救亡策

军国民教育可以普及也。说者动以教育不普及为不能实行征兵之原因，而不知唯实行征兵，而后可以普及教育。何则所谓教育者？非徒使举国之民读书识字而已也，必使全国之民有军国民之精神，有军国民之能力。内之合群奉公，以维持其一国之秩序；外之爱国敌忾，以发挥其正义人道之性真。小之立一身一家之计，大之奠国不拔之基，能与列强竞生存，能与世界共跻于平和幸福之域。肃肃然，蔼蔼然，威武而慷慨然，不愧为军国民之资格，而后可谓真教育，而后可谓教育之普及，而能致此效果者，则唯有实行征兵。何者？荒陬野僻之区，荷蒉负耒之大，耕食凿饮，出作入息而外，几不知有国家，有社会，有世界矣。一旦征之于军队，号令肃之，步伐整之，行伍一之，昕夕练之，严之以规律，和之以共同；晓之以天下之大势，激之以忠爱之良心；勒之以法，宽之以仁，明之以耻，勖之以义，使其整齐严肃，活泼笃挚，闲习于军队之生活，而成为一种军国民之气质，则其退伍之后、还家之时，必将传播于乡党邻里之间，亲戚盟友之际，愈传愈广，愈演愈深，遂成一种尚武奉公、公共严肃之精神，而永远不可复灭，此固非小学教员所能望其一二也。尝观日本退伍之兵，其言语动作常整肃坚忍，迥异乎常人，而受其乡党之尊敬，几成一般社会之风俗，而叹征兵之影响于国民教育之大也。而况我国地广人众，交通不便，国困民穷，外患日迫，丁壮既已失学，幼稚又属难待。当次之时，辅之以军队之教育，以补国民教育之不及，其尤为一举两得者乎！①

二、《上海大学一览》弁言

今之教育家盈天下，愚以不学之身，夫何敢言教育？虽然，为新教育界之走卒，则窃有志焉。……以兵救国，实志士仁人不得已而为之；以学救人，效虽迟而功则远。故曾宣言“欲建设新民国，当先建设新教育，欲建设新教育，当自小学教育始”。②

三、教育改进的要义

教育固然是立国的命脉，但误用时，也是亡国灭种的祸根。所以“教育普及不普及”是一个问题，“所普及的是甚么教育”却另是一个问题。教育不普及，流弊是人民愚陋；人民愚陋，也还有使他们离愚陋而进于开通的方法。若普及了一种落后时代、拂逆思潮、妨害人群进化的教育，流弊要比愚陋大十百倍了。

现在的中国，注意教育事业的，自然应该力谋教育的普及，然同

---

① 丘桑主编：《民国奇才奇文：黄帝子孙之元气（于右任卷）》，东方出版社 1998 年版，第 36—37 页。按，此文陆续发表于 1910 年 10 月 17、18、29、30 日，11 月 16、17 日的《民立报》。

② 黄美真：《上海大学史料》，复旦大学出版社 1984 年版，第 18—19 页。

时应该决定“普及甚么教育”。进一步说，决定了教育方针，才能收普及的善果。再进一步说，如果错误了方针，普及教育之祸等于洪水。怎说是普及之祸等于洪水呢？有两个先例在下面：

一、愚民的教育，便是中国从汉唐以后的教育，诗、赋、制议、八股，形式不同，性质无异。幸而那时雨之化，只及于士类，有大多数不识字、不应考的人，没上这圈套，才留得一部分做人的本色。如其真个天开文运，连妇人孺子都成了士流，谁再去做供给人们生活必需的笨事？谁保存绵延这林林总总的中国人到今日？那些“陛下”“阁下”利用这种教育来愚民，却不能使这种教育普及，这是中国底莫大幸福。

二、暴民的教育，便是过去的德意志，或者就是将来的日本底帝国主义教育。教育原是为“人”的，最大的目的，就是使人人得到教育后，可以生存，可以滋荣。他们将教育来做铁鞭，将人们驱迫到国际的战场上去，先已大背了教育原理了。他们又以为单有少数人上战场，决不能得胜，于是又用全力来谋帝国主义教育的普及，使全国人民发狂般忘记了自己底生存和滋荣，去讨残酷生活，结果就是轰然一声，将帝国主义和国人幸福，一齐炸个粉碎。

综看以上两点，可见决定教育方针，更急于谋教育普及。中国现在，该定甚么教育方针呢？这是我在这篇文章里的主要意见。

现在教育界里抵实高谈的，都是中年人了；那受教育的，大都数还是十岁上下的儿童。他们眼前所得到的基本知识，是要在十年二十年三十年以后保全效力的。若单将眼前所觉得需要的，供给他们十年二十年三十年以后的应用，第一步落脚，先已大错特错了。譬如朝珠补褂，是三十年前很时髦的东西，而今是绝对用不着的了。在世界潮流急转直下的今日，十年以后，人类所需要的，断不是今日旧头脑中所保存的，可想而知，若不看明白这点，随便将今日的旧头脑，妄想支配三十年以后新生活，这又何异强今日的少年带朝珠补褂呢？

教育家是站在人群前头的，最少也须站前十年。那么，定教育方针时，便不作百年计，最少也须作十年计。如果将现在敷衍现在，教育不将变成“误人子弟”的陷坑吗?

“人是怎样做的?”教育底最大目的，不过解决这个问题罢了。然而现在所施行的教育，确不是指导人“怎样做人”的教育。不论甚么教科书，都会很浓重的发出一股陈尸气息来，搬演几件十九世纪以前的故事，与二十世纪的做人方法，有甚相干? 不论甚么教科书，都会发出一股热市汗臭来，铺陈几□繁华都会，又与二十世纪的做人方法有甚互干? 其他奖励做大财主，奖励做大英雄、大豪杰，这些更与平民生活绝对冲突，有废弃的必要了。

概括地说做人方法，是人类底互助，生活机会的均等，人类本能底发挥，艺术的创作和进步，人生的康乐底计谋，人类在自然界的平均发展。

试问现在的教科书中，有适应以上几条的吗? 教科书是教育底基本部队，凭你有多少教育家，高谈阔论到三十三天，若一任教科书在儿童心窝中种下祸根，总是教育家的罪案。所以我第一步希望，是于教育方针决定以后，注意到教科书的革命。

为甚么教科书不能改良呢? 这很像是个神秘问题。现行教科书底缺点，有许多人能说，却没见人出来主张改造。这不像是很神秘的吗? 我以为真注意教育的，现在已到了打破神秘的时候了，我要先喊出来了。

一、现行教科书，在“地效”上有很都(多)缺陷。有许多实物，甲地所有，乙地所没有的；也有许多风俗，甲地如此，乙地如彼的；要用甲地的材料，怎引得起乙地的兴趣? 这就是“地效”的缺陷。

二、现行教科书，在“时效”上也有缺漏。这个意思，在上段已说明过了。还有一小部分，譬如国民学校的国文教本，依着四季的时序演述的，却只将江浙——最多是扬子江流域的做了生准。于是“十二月里的雪”，蒙古人读了要称怪；“九月里菊花”，广东人读了要否认了。

现行教科书的缺点,自然不止这两点,然只就这两点,已有改造的必要了。一方随便做了几课,一方随便审定了几种,各自关了门干去,如何使得?我以为,接受了决定教育方针的要求,实现新教育的教材,最少要做两种“工作”:一、旧教科书的检查;二、新教科书的编订。实行这两种工作时,有一个先决必要的条件是,在官厅书肆以外,另召集一个大规模的“教科书审订会”。至于进行的细目,不是这篇文底范围所及,可以不说了。我再喊一遍:教育方针的决定!教科书的改造!①

四、上海的小学教育

教育是极重要的事业,关系国家的强弱,社会的良窳,这是大家都相信的。小学教育,尤其是一切教育的基础,这更是大家都明白的。

上海是全国的文化策源地,人口又极其繁庶,小学教育应当怎样发达。但是我们仔细观察一下,实足令人兴了无穷的感叹。

住居上海的人,为着子女受教育的一件事,实在感受痛苦不少。第一,上海小学校的学费,收得太多。稍为贫苦一点的人家,就没有送子女入学的能力。第二,上海小学校的设备,又是不完全得很。差不多除了黑板课桌课椅以外,简直没有其他的东西。空气光线,更多不适宜。比较校舍宽大一点的学校,也多没有运动游息的场所。大概因为上海的地租房价天天增高,设立一个学校,租借一所校舍,已经费钱不少,只得因陋就简,不能够顾到其他了。热心教育的人,也是心余力薄,没有法子。因此,没有机会受教育的儿童,既多不胜计,而一般已经进学校的儿童,所受的教育,又如此不适宜。如果不想法子来扩充整顿,实在是很危险的。

据我的意思,一件事情,只要悬一正确的目的,打起精神,用心做

① 于右任:《教育改进的要义》,《民国日报》(国庆增刊)1922年10月10日第2版。

去，决没有做不到的道理。要扩充整顿上海的小学校教育，也是如此。现在把我的意见略说如下：

第一，把东西南北划成学区，合一区的力量，设立几个大规模完备的小学校。

第二，设专司小学教育的人员，专司指导视察的责任。

第三，想法在现在所收得房捐项下，拨出几成，来充小学教育经费，或者随着房捐，附收几成教育费也可以的。有了经费，那么合适的校舍，尽可以建筑了。

第四，将来有人建筑房子的时候，在一个总弄得地方，应当要他划出一二十幢的地位，造一所蒙养院，充全弄居民教养儿童的用途。

我上面所讲的几条，虽然不是一时可以办到的，但是只要大家都起来用力去做，也没有做不到的道理。我极希望在座诸君，把这个问题讨论一下，先下些鼓吹的功夫，以引起社会的注意。①

五、《国民军联军驻陕总司令部教育厅整顿陕西教育计划大纲》（节略）

1926 年 11 月 28 日西安解围。1927 年 1 月，国民军联军驻陕总司令部成立，于右任为总司令。2 月，颁布了《国民军联军驻陕总司令部教育厅整顿陕西教育计划大纲》指出："当此军事时期尚未结束，千疮百孔，黉舍为墟。而训政时期正待开始建设，万端在即，需才经费奇绌，诸感不便。兹斟酌目前情形，窥察环境，急需改定教育宗旨、教厅组织。"《大纲》规定了教育宗旨为："教育以发扬民族精神，培植民权基础，增进民生程度，完成国民革命及世界革命为宗旨。"3

① 《寰球中国学生会周刊》1922 年 12 月 16 日第 3—4 版。按，于右任关于上海小学教育的见解，赢得了邵力子的赞许与支持："我希望彼对学校等等有切实的计划。……于右任君论上海教育，每建造一弄堂里，应由房主预留相当的地位，建筑合宜的校舍。他的意见，是每一个弄堂内应有一个小学。我以为浦东新村应采纳这个主张。"邵力子：《我对浦东新村的希望》，傅学文编：《邵力子文集》下册，中华书局 1985 年版，第 805—806 页。原载自 1922 年 12 月 25 日上海《民国日报》"随感录"。

月，以《国民军联军驻陕总司令部教育厅训令》发给“91县各县教育局、省立各校”执行。4月，发布《国民军联军驻陕总司令部命令》第四号，指出：“兹改定陕西革命教育宗旨公布之”，“陕西革命教育宗旨：教育以培养国民革命实际斗争人才，实现民族、民权、民生主义，达到世界革命为宗旨”。①

六、在全教会议上的欢迎辞

革命成功，即教育成功；教育成功，即革命成功。希望今后教育设施，以党为前提。②

七、教育要全力以赴

教育是一项非常重要的工作，需要全心全意地投入。……所以要做，一定要全力以赴。

以三省思过，以百忍容人，以万夫不当之勇创业。③

以上所引，是于右任关于教育的直接言论，前面章节提到的书法、诗词以及家庭教育方面的相关内容，就不一一列举了。在这些言论中，于右任对于“教育”“教育家”有自己独到的见解，这些精辟的论断对当前的教育已然具有非常重要的借鉴价值。提炼其行文，摘编出如下金句：

教育是极重要的事业，关系国家的强弱，社会的良窳。

教育非徒使举国之民读书识字而已，必使全国之民有军国民之精神，有军国民之能力。

---

① 陕西省地方志编纂委员会编：《陕西省志·教育志》下册，三秦出版社2009年版，第1041页。

② 按，这是于右任在1928年5月19日于南京召开的国民党全国教育工作会议上致欢迎辞中所讲到的核心内容。引文见《中央党部之招待 于右任君致欢迎辞 教育设施党为前提》，《新闻报》1928年5月20日第11版。

③ 按，标题系笔者所拟。第一段话，是在台湾时，监察院审计部公务员王广亚想创办一所高级职业学校（后定名为“育达高职”），征询于右任的意见，于右任对其所说。第二段话，是1962年，李鸿超想创办一所工业专科技术学校（明新技术学校），于右任题赠的条幅内容。

教育是一项非常重要的工作,需要全心全意地投入。

以兵救国,实志士仁人不得已而为之;以学救人,效虽迟而功则远。

教育家是站在人群前头的,最少也须站前十年。

决定教育方针,更急于谋教育普及。定教育方针时,便不作百年计,最少也须作十年计。

小学教育是一切教育的基础。

教科书是教育底基本部队,凭你有多少教育家,高谈阔论到三十三天,若一任教科书在儿童心窝中种下祸根,总是教育家的罪案。

第三节　愿为新教育界之走卒

于右任没有专门研修过教育学,也不会像有些专家学者那样对于教育有洋洋洒洒的论述,他的教育理念是随着当时的社会形势变化,在实践中不断发展和完善的,因此是零碎的、不成系统的。但是他在教育实践方面的突出作为,是很多大教育家都难以企及的,而他对教育的理解与信念、他的教育思想,就蕴含其中。既契合时代要求,又具有前瞻性、革新性,其自谦"愿为新教育界之走卒",然观其作为,堪称一代教育家之楷模。

一、支持教育的方式

于右任的一生,与十余所学校的创立及发展都有着密切的关系,例如复旦公学、中国公学、民治小学校、渭北中学、渭北师范、上海大学、宗海小学校、三原女中、国立西北农林专科学校附设高职、新三中学、敦煌艺术学院、育达高职、明新技术学校等。于右任大力支持教育,兴学助学,主要有六种方式:

第一,奔走呼吁,筹建新校。例如西北农林大学的前身西北高等农林专科学校建立之初，于右任以他社会活动家的广泛影响和丰富的办学经验，奔走呼吁，精心策划，终于使夙愿变成现实。

第二，资助经费，救危起坠。例如三原民治小学，其前身是三原西关第三国民学校，也称西关小学。由于战乱、灾荒、苛捐，到 1916 年暑假时，学校只有 18 名学生，濒临关闭。1916 年，于右任回故乡三原，应家乡父老之请，出经费支持西关小学。1917 年春季，西关小学学生增至 42 名。1918 年，于右任回陕就任靖国军总司令，公事之余，他经常去学校询问教学情况，与师生闲谈，帮助解决实际问题。1919 年，又出资为学校修建了一间教室，学生增至 100 名，教员由原来的 1 人增至 3 人。为响应民主革命潮流，1920 年于右任改西关小学为"民治小学校"。

第三，慎择校长，精选教员。例如为提高办学质量，加强对学校的领导和管理，于右任请王麟生出任校长。王麟生辛亥革命时曾与邵力子在《民立报》报馆共事，并且在三原办学多年，素孚众望。于右任还特别重视选择教员，民治学校的教员大多是当时的进步人士。

第四，想方设法，筹措资金。他在一次给校长王麟生的信中说："我就是穷得卖字，也要支撑这所学校。"捐献薪俸，购置养学田，种植苗木，卖书法作品，捐献珍藏碑石，多方筹措资金。用心之良苦，堪称典范。

第五，延请专家，传播新知。五四运动时期，北京和其他各地进步学生纷纷来到三原，他们带来了新思想、新文化。于右任适时地倡办了每周一次的学术讲演会，每周日在三原县城关各校轮流举行。演讲会的内容包括孙中山思想、中国文化各流派、革命家的生平、中外时事等，大量的新思想令人耳目一新。参加者多为三原各中小学校长和教师、部队军官以及三原的社会名流。为了倡导新思想、新文化的传播、普及，如果没有特殊情况，于右任每会必到。

第六，三尺讲台，亲执教鞭。例如 1902 年，23 岁的于右任因其才学出众，被兴平知县杨宜瀚聘为塾师。1904 年，又被时任商州知州的杨宜瀚聘为商州中学堂总教习。

二、设学堂为自强之道

“自强之道，以作育人才为本；求才之道，尤宜以设学堂为先。”①这是中国近代高等教育第一人盛宣怀之语，也是于右任常引用的话。创办各类学校，为国育才，救国安民，是他历来的志向和所为。

关于于右任教育实践的受众。于右任主张全民教育，具体而言可分为三大类，其一是学校教育，包括小学、初中、高中、大学、职校等在校学生；其二是社会教育，包括在役军人、社会大众等人群，尤其强调了女子有平等的受教育权利；其三是家庭教育，主要针对其子女及亲属。

关于于右任教育实践的层级。于右任的教育实践，几乎涵盖了方方面面的人群，实现了他推崇的全民教育理念，可细分为五个层级：其一，基础教育。例如创办或支持创办民治学校、渭北中学、渭北师范、三原中学、宗海小学校、三原女中、新三中学等一般性教育机构。其二，高等教育。例如创办或革新复旦公学、中国公学、上海大学、国立西北农林专科学校等学校。其三，职业教育。例如创办中山军事学校、国立西北农林专科学校附设高职、敦煌艺术学院、育达高职、明新技术学校等职业教育机构。其四，社会民众教育。例如兴办斗口村农事试验场，免费向农民传授技术，先后三期共培训青工练习生百余人。举办地方自治讲习所。创办报刊，改革草书，创作诗文等。其五，家庭教育。例如以诗嫁女，以长子婚赀赈灾，教育子女爱国、勤俭节约等。

于右任教育实践的形式：其一，学校教育。理论与实践紧密结合，讲求学以致用。其二，公共媒介宣传教育，主要是办报，四份主要报纸的创办。除汇集名家论述之外，于右任自己还撰文多篇以期达到唤醒民众、开启民智的目的。其三，诗词教育。于右任创作了多首诗词作品，是一种很好的文学艺术教育形式。其四，书法教育。于右任创立标准草书社，立意革新汉字书写方式。其五，举办学术讲座或讲习班。

① 王杰主编：《学府史集》，天津大学出版社 2017 年版，第 268 页。

三、实至名归的教育家

是否可以明确地将于右任定位为“教育家”，基于以上论述，还需要再辨析几个问题。

1. 什么是教育理念

关于“理念”，至今未见权威的定义，众说纷纭。例如《辞海》：“理念”为旧哲学之名词，柏拉图哲学中的“观念”通常被译为“理念”，而康德、黑格尔等人的哲学中的“观念”指理性领域的概念，亦称理念。[①]《汉语大词典》认为“理念”即“理性概念”。[②]《语言大典》认为“理念”即“宇宙的心理本质或精神本质，它与物质世界之间的关系，就像人的灵魂与肉体之间的关系一样”。[③] 哲学界对于“理念”的阐释也是各有侧重，莫衷一是。但是上述现状并不影响“理念”迅速成为一个“热词”，被应用于诸多领域，“教育理念”就是其中之一。然而，正如“理念”一样，“教育理念”也没有明晰的定义，甚至像《中国大百科全书·教育》（1985 年版，董纯才主编）、《教育管理辞典》（1989 年版，李冀主编）、《教育大辞典》（1990 年版，顾明远主编）等大型工具书，也并未对“教育理念”一词作出专门的解释。不少专家学者针对这个问题展开了研究，例如《现代大学的教育理念》[④]、《教育的迷茫在哪里——教育理念的反省》[⑤]、《大学理念探析》[⑥]等论著，从不同角度阐释了他们对于“教育理念”的认知。综观这些论述，我们不难发现，“教育理念”其实是一个外延比较宽泛的概念，教育思想、主张、观念等均可包罗在内。

2. 什么是教育家

首先来了解一下“教育家”“教育学家”“教书匠”的概念。教育家要

---

① 《辞海》中卷，上海辞书出版社 1979 年版，第 2776 页。

② 汉语大词典编委会、汉语大词典编纂处编：《汉语大词典》第四卷，汉语大词典出版社 1989 年版，第 571 页。

③ 王同亿主编：《语言大典》上册，三环出版社 1990 年版，第 2123 页。

④ 王冀生：《现代大学的教育理念》，《辽宁高等教育研究》1999 年第 1 期。

⑤ 李萍、钟明华：《教育的迷茫在哪里——教育理念的反省》，《上海高教研究》1998 年第 5 期。

⑥ 韩延明：《大学理念探析》，《厦门大学高教所 2000 届博士研究生论文集》。

有自己的一套教育理念，在教育学术领域有一定的成就，在教育实践中有突出贡献，在教育领域有较大的影响力，其在教育方面所立下的丰功伟绩永远为世人所敬仰。教育家与教育学家不同，前者重实践精神，后者重理论研究。而“教书匠”仅仅以用某些手段把所掌握的知识和能力传授给学生为目的，为教育而教育。其次，来看教育家的分类。有广义的教育家、狭义的教育家，有社会教育家、家庭教育家和学校教育家，有教育思想家、教育理论家、教育行政家、教育活动家、教育事业家、教育改革家、教育实践家，还有“杂家”中的教育家等。最后，教育家的特征。教育家应具有远大的教育理想和目标，并形成自己独到的教育思想和理念；应具有长期的教育教学实践经验，勇于探索，形成鲜明的特色和风格；应具有高尚的人格魅力，热爱学生，尊重学生，受到学生的广泛拥戴；应具有卓越的人才培养或办学成就，并产生较大的社会影响。陶行知先生认为，常见的教育家有三种类型：政客教育家、书生教育家、经验教育家，但这三种都不是最高尚的。只有“敢探未发明的新理”“敢入未开化的边疆”，也就是说有开创精神和开创之功的，方可算作第一流的教育家。

依据上述标准，可以说于右任是当之无愧的教育家。他有自己关于教育的见解，虽不成系统，但综合而言，其精神是一以贯之且明确的；他创办报纸、建立各类教育机构、组织讲习班、进行书法改革，教育实践之丰富，堪称教育界的实干家。

四、于右任教育思想的特点

教育救国思想是于右任爱国主义思想和教育思想的重要组成部分。他的教育救国思想是时代要求的反映，是在接受师友的启迪、新学的影响和优秀传统文化熏陶下形成的，主要内容包括“军国民教育”思想、“以学救人”和“以兵救国”思想、建设“新教育”思想、普及国民教育思想和标准草书教育思想等。他通过大量的教育实践活动实现他的教育救国思想，创办或支持创办了各个层次、各个类型的学校，取得了巨大的成就，有些至今仍在发挥着作用。

纵观于右任的教育思想及实践活动，我们可以发现这样几个特点：教育为公，不存私心；尽心竭力，奔走呼号；教材编纂、教员选择、校址选择、校名选取、课程开设等方面，特色鲜明；保家爱国，经世致用；破旧立新，平等教育；自主教育，开放精神。于右任出身贫寒之家，一生艰辛备尝，但是生活的不幸与重压并未使他消沉。他勤奋读书，心系民瘼；存爱国拯民之志，行救亡图存之事；生活简朴，待人谦和；心系教育，创制良多。

行文至此，于右任的教育理念及实践已跃然纸上，再以前文所述标准比照，称之为教育家，当不为过。

附　　录

半哭半笑楼诗草①

铁罗汉

心　愿

无畏多悲属善男，四围魔鬼一齐戡。愿罹苦恼航千亿，心醉英雄拜再三。万岁万岁自由死，苍天苍天顽梦酣。现身血海百无法，剩好头颅酷类谭。同人谓予貌似浏阳。

爱　国　歌

大地古国推震旦，神明胄裔四万万。山奇水秀民物雄，雄霸地球操左券。无端欧风墨雨掀天撼地来，国权人权殆哉岌岌投豕圈。污秽神器辱种族，干净乾坤留支蔓。君不见德意志民族散漫衰微时，祖国齐歌日耳曼。自古英雄铸世运，黄金世界铁血建埃及以多利买三朝为黄金时世。结人心，造舆论，招国魂，立国宪，抗拉丁法、葡、班诸国，制条顿英、德、荷诸国。大

① 马忠文：《于右任早期反清革命的“罪证”——台北故宫军机处档案所见抄本〈半哭半笑楼诗草〉》，《广东社会科学》2014 年第 2 期，第 130—138 页。

陆摧倒斯拉夫俄、奥诸国，远涉重洋攻撒逊英、美诸国。同胞同胞快若何，报国庶展丹心寸。歌成欲哭欲舞默无言，造化小儿可否肯首随吾愿？

神州少年歌

推倒奴性绝依傍，少年挺立舞台上。心愿结比铁石坚，腕力雄称山河壮。苍茫放眼瞻前途，曙色渐放争欢呼。坚忍不拔真可爱，满腔愤火热血储雄图。欧墨文化正心醉，揽辔忽倡保国粹。笔下刀痕醒世文，眼中血渍忧时泪。新书出版辄下拜，搥胸拍掌称痛快。霹雳雷霆万千钧，光明轰开政学界。无情一阵罡风来，汹汹众口谈破坏。诘问时贤造论心，痛恨支那多腐败。人虐天饕岁复岁，何如称早触起佛兰金仙怪。佛兰金仙怪物者，傀儡也，机关枨触则跳跃杀人，惟纵其酣卧乃无事，故西人多以此比拟中国。我闻目瞪舌挢胆颤心惊不能止，差以毫厘谬千里。失足血海当如何，四面渔人歌声起。造时误时险万状，突冲总宜回头望。黄河流域开荆榛，我亦过渡时代一骁将。迅问头领主人翁，好歌是否狂澜障。陡觉不羁野心九天九地频飞驰，铭脑刻骨镌壁上。

改革诗八首

血

骷髅堆起太平开，阁龙初寻得加里比岛，时其土人以食人为事，骷髅堆起，流血才为济变才。肝脑中原留纪念，牺牲七尺造将来。草菅世界新公理强权派，菜市男儿大舞台。滚滚满腔何处洒，舍身殉国莫悲哀。

泪

声嘶力竭泣乌乌，酣睡同胞唤未苏。锦绣江山供泪眼，英雄事业剩穷途。几经挫折皆和血，无数滴珠当纳租。阮籍唐衢无智甚，狂招额勒吉来图。西人称额为哭智。

舌

说法森严现广长，穷魂饿鬼齿牙张。人权天赋交三寸，言论自由战列强。长挢难逃劣败数，争存不舐诸侯王。乾坤破坏君应烂，辛苦艰难想备尝。

胆

放胆乘时革谬讹，大刀阔斧辟支那。危崖稳跕三分足，浩气生吞万丈魔。冒险凿开新国土，沥诚击破旧山河。浑身错落横何物，侠性时流有许多。

魂

遗魂惚恍百无聊，四顾环瀛唱大招。唤起三千年梦寐，驱除廿四纪风潮。医巫技罄神仍乱，心腹疾深鬼正骄。回首扶桑频怅望，大和气魄上摩霄。

粹

元阳暗损药无灵，保粹吾师井上馨日人变法时，井上馨倡保国粹。漫逐欧风销特性，好存汉胆炼真形。万流澎湃狂时障，独立精神醉后醒。公德养成非易事，每看历史忆前型。

笔

锋铓惨淡锐如刀，濡尽全球革命潮。腕力生风摧敌手，管城开府佐文豪。万钧气魄轰顽梦，一线光明绚彩毫。猛见文坛奴性破，上天下地独君高笔有刻惟我高者。

铁

千锤百炼尽纷纷，入死出生性不焚。造物多情磨好汉，霸才假力铸人群。残枪仗胆俾斯马普自德赖赐得残枪而胜法，故俾尝曰："天下可恃者，非公法，惟黑铁耳、赤血耳"，大冶添煤达尔文达为帝国主义之原动力。现象神州成大错，枪林弹雨结奇氛。

吊李和甫秉熙

和甫和甫，命短心苦。好战场，肯信穷途无用武；好男儿，轻残七尺委黄土。无聊直向灵鬼灵山哭，有愿共留来世来生补。痛定思痛君如何，抱恨定料黄泉多。谗人交乱伤骨肉，隐痛难明起风波。知己负君君负我，前恭后倨都差讹。湘累怨极神情乱，横死庶解人疑难。一瞑不顾如亲何，土蚀寒花封痴汉。执笔三年不成声，至此肝肠寸寸断。招和甫，归来看，九原悟否谗言谰。

笔拙，伤心处不能写万一，负此死友。

自由歌

某抚臣，□人也，庸而顽，阅卷见"中国"二字必痛斥之，他事更可知矣，感而赋此。

不自由,毋宁死,俯首帖耳非男子。天赋人权有界限,蛮奴蛮奴侵略手段横至此。言论风生真理出,心血点点争淋纸,蛮奴蛮奴箝束言论竟如是。思想不新世无救,思想新时复诟訾,蛮奴蛮奴压制思想胡为尔。行为牺牲造人群,出版著作输新理。我今放胆铸将来,蛮奴蛮奴破坏行为出版有何技。要知此权我不自弃人焉夺,墨特涅故智今难使,蛮奴蛮奴到底直作小人耳。不自由,毋宁死;争不得,势不止。蛮奴蛮奴洗眼请看流血史。

兴平怀同学诸子

心事沈沈欲语谁,怀人果否人相思。孤灯午夜凄愁绝,忽忆联床风雨时。

转战身轻气正酣,无端失足堕骚坛。近来进步毫无趣,诗意凭陵陆剑南。

游清凉山寺题壁

漫天风雨满腔愁,宗教式微慨末流。儒谬僧迂齐腐败,绝龙乏象抱奇忧。

失意再游清凉山寺题壁

板荡乾坤寄此身,百无聊赖作诗人。登高痛哭英雄朽,题壁生开培塿榛。老辈输君称铁汉闻贺复斋题联有"百炼此身成铁汉"句,秋风撼我转金轮。神州积习何堪问,羞死奇才步后尘。

万千兴会怅登临,得罪苍苍罚苦吟。落叶横飞偏碍眼,残秋散步肯灰心。手无阔斧开西北,足住穷途哭古今。回首东山频怅望系贺复斋讲学处,末流腐败一沾襟。

狂　歌

龙象绝迹豚犬来,英雄竖子皆驽骀。如此安得免破坏?会见堆起骷髅台,骷髅台成太平开。

署　中　狗

署中豢尔当何用?分噬吾民脂与膏。愧死书生无勇甚,空言侠骨爱卢骚。

从军乐

神州人物老朽腐败竟至此，奴隶马牛在尺咫。同胞同胞危若何，袖手旁观应愧死。为奴何如为国殇，碧血烂斑照青史。仰天高唱从军乐，生不当兵非男子。男子堕地志四方，破坏何妨再修理。天赋头颅换太平，流血请从我辈始。不然心力腕力笔力镕合冶一炉，铸就支那奇绝横绝节烈士。否则分功分力任义务，步步为营如束矢。要知公法公理皆虚言，惟有黑铁赤血直可恃。世界强权我强种，种强外权无由使。噫吁嘻！种强外权无由使！无由使，真乐只，乐莫乐于吾国强，国强兵民庶足齿。君不见古来强国斯巴达，尚武精神横脑里，烈烈一国如一军，同仇敌忾卫桑梓。十八世纪横行西半球上拉丁民，不能二字非所拟。当时对敌英将鼐利孙，不知畏字空傍倚。亦有和魂汉才和胆洋器同文同种之东洋，武士道风雄无比。回首波兰印度埃及阿弗干，前车覆辙病委弛。杜兰斯哇非律宾，可敬可爱可歌可泣侠心毅魄当步履。试看环球九万里上滴滴点点文明何由来，都是英雄以躯以血以泪以舌以胆以铁购得至。文明价，费不赀，牺牲生命身家财产果购来。九原融融泄泄也含喜，英雄英雄使我拜舞欢呼曷能已。心醉英雄妬英雄，痛恨无时忘拊髀。俾斯麦，真人豪；麦坚尼，真骄子；天何幸，速其死。维多利亚化去霸业随之衰，德法俄美群起争染指。经营中国政策出愈奇，前畏黄祸今俯视。破心胆，裂目眥，百无法，妬欧美。侮国实系侮我民，吾曹伈伈伣伣奴颜婢膝胡为尔？豪杰当自造前程，依赖朝廷时难俟。何况列国民族帝国主义相逼来，风潮汹恶廿世纪。天演界中优胜劣败理昭彰，不力争存何靡靡。醉生梦死顽固徒，淘汰人群如糠粃。愤火中烧焰射天，无理取闹尤足耻。争权争地争自由，志愿应当铭骨髓。大呼四万六千万同胞，吐气扬眉拔地倚天伐鼓摐金齐奋起。

赠茹□□①

烈士头颅侠士心，长松绝涧挺风尘。现身酷类乡先达，大蟹横行孙豹人渔洋《题豹人像》有“落落琴声大蟹行”句。

---

① 按，此处所缺字，应为“怀西”，抄本隐缺。

观　我　生

痛哭平生掉首看，盲人瞎马据征鞍。奇魔住脑除难净，热血盈腔耗不干。肯信性情投豕圈，漫矜旗鼓霸骚坛。庐山面目知真伪，瘦损腰围写未安。

奴性侠心几突冲，伏魔精彩万千重。惊人绝作搜荷马，冒险豪情爱阁龙"爱"，一作"拜"。恃体天亡俄国蟀，无计种灭澳洲蜂。二事见严氏《天演论》案语。欣看物我无殊性，世界争存忍负侬。

和朱□□①先生步施州狂客元韵

万丈阴霾万丈幽，拨云倔起未曾休。人权公对文明敌，世事私怀破坏忧。巨蟹横行戕种类，群龙纵欲扼咽喉。英雄时势循环铸，□□②才能脱羁囚。

醉时歌哭醒时愁，愿力推开老亚洲。学界风潮才撼梦，天行酷烈几经秋。贯输思想国民脑，交易太平蛮野头。觅遍城中男子少，执鞭得此尚何尤。

兴平咏古（三十四首）

功狗功人两擅长，曹因萧创各流芳。事功无极心何尽，酣醉庸臣胜斗量。萧何曹参墓

谨慎传家郡国推，子孙碌碌免罹灾。羡君万石堪何用，莫个经邦济世才。石奋

绝大规模绝谬才，罪功不在悔轮台。百家罢后无奇士，永为神州种祸胎。汉武帝冢

威行胡虏捍云中，拊髀忧边剩此翁。痛恨古今刀笔吏，沙场屈死几英雄。魏尚

精绝公羊异目虾，遭时潦倒使人嗟。儒生眼界容方寸，抵死昌言罢百家。董仲舒

---

① 按，此处所缺两字，当为"佛光"，抄本隐缺。

② 按，此处所缺两字，当为"革命"，抄本隐缺。

殉国莫哀窈窕身，唐惩祸首溯原因。女权滥用千秋戒，香粉不应再误人。杨妃墓

椎生凹凸剑生棱，游侠初闻徙茂陵。断自公孙诬郭解，人豪挫折腐儒兴。郭解

跋扈将军跋扈才，夷酋衅鼓亦豪哉。燕然山畔封隆碣，汉族威名万里开。梁冀

祸解群贤出网罗，高情义气重山河。除谗反被群谗噬，天道无知独奈何。窦武

博学鸿才赋两都，园林苑囿尽陈铺。史家奴性君开创，迁固龙猪未尽诬。班固

力陈灾异念时艰，苦口苦心异邪奸。洪水未兴兴兵火，血成江海骨成山。李寻

王气西川咽暮笳，当年割据识堪嘉。废兴有命羞低首，漫道公孙井底蛙。公孙述

时艰年荒力辑柔，垂循疾苦抚并幽。儿童亦解思循吏，竹马欢迎郭细侯。郭伋

贯穿盲左附君权，强干弱枝尽夤缘。学陋识卑根性劣，恼人腐气尚熏天。贾逵

岳岳饶储干国才，私恩公法妙分开。力摧权要安良善，当世不容归去来。苏章

百死埋名报世仇，郭泰何休公论重时流。江潮夜夜灵胥恨，北望平陵死抱羞。苏不韦

建策东南几战争，不堪为训好屠城。肯将贼虏遗君父，有志驱除事竟成。耿弇

功名盖世起人奴，天幸适由胆气粗。羞死俗儒居宰相，口多文法腹无谋。卫青墓

未灭匈奴肯恋家，膏身绝域冒风沙。祈连冢祀雄风在，石马石人抵夜叉。霍去病墓

是否奸雄是否侠，改行自喜类骄淫。操何秘诀施何术，养士都能得死心。原涉

逡巡陇汉苦无名，讲武传经倍有情。梁邓疾威惊破胆，始终屈节为贪生。马融

奔走风尘一世豪，公仇私恨两劳劳。马儿不死吾无葬，生未捉曹气夺曹。马超

抚结群雄辑众酋，经营惨淡辟西州。风尘偏霸男儿事，何必低头定依刘。窦融

百年兵火酿奇灾，八虎群中擅狡才。断送支那无寸土，前朝返照又重来。刘瑾

历史英雄有数传，据鞍顾盼羡文渊。谅为烈士当如此，是好男儿要死边。马援

骨相生成万里侯，掀翻笔砚事兜鍪。穷荒血食穷荒死，临老何心恋首邱。班超

门生收遍汉皇宫，续史殷勤授马融。提唱女权倡女学，亚洲第一女英雄。曹大家药杯击地气轩昂，负职临刑要法场。丞相非同儿女子，贤奸不辨死应当。王寻

击剑高歌好读书，少年心慕蔺相如。汉廷颠倒真无趣，璧碎头焦愿子虚。司马相如

无术孟坚莫妄诃，非常大节奠山河。周官烂熟成何事，饱学不通史上多。霍光墓

忧国忧家廑圣衷，含饴抱恨万年终。肃宗岂是亲生子，汉史不闻和两宫。明德马皇后

恶佞当年请尚方，忧时我亦欲刓创。愿持十万横磨剑，斩尽庸臣断祸秧。朱云

老抱青山大放歌，亦和亦介亦英多。江湖侠骨无连鲁仲连季吴季札，死傍要离愿若何。梁鸿

心死巢夷抱旧窠，古人书到奈君何。敦煌倘有神仙迹，只向西风慨叹

多。矫慎

书　愿

世界风潮泄尾闾，一堂学战力驱除。霸才扼腕斯多噶，败将谈兵李左车。有胆横行椎宿怨，无权破产购新书。文明倘道头颅换，西北狂生尚有渠。

吊古战场

无数英雄无数骸，青山青史两沉埋。我来凭吊奇男子，懊恼鸥鸮叫断崖。

发愿编《世界真理发达史》与《世界妖魔出没史》以诗督之

世界英灵哲教丹，欧魂墨胆亚心肝。善哉善哉发心愿，学海风潮汇壮观。

朗镜悬空百怪驰，露肝露胆露须眉。道高万丈魔应堕，我佛休谈比例差。

读《李鸿章》

蹉跎复蹉跎，愁杀英将戈。英雄造时势，一败醒支那。

咏　史

独立亭亭命世雄，才奇何必哭途穷。卢骚寡妇淮阴母，慧眼侠心不愿逢。

杂　感

柳下爱祖国，仲连耻帝秦。子房抱国难，冒险不顾身。报怨男儿事，报国烈士忱。文谢媾奇变，力竭以身殉。顾王黄李辈，国戚死不瞑。豪胆沁侠骨，结成爱国心。侧闻报准部，归化享三军。老胡歌慷慨，口吻吞征人。民族倔强气，可敬不可瞋。寰宇独立史，一读一沾襟。逝者今如斯，伤哉亡国民。

蜂虿螫指瓜，全神不能定。蚊虻嚼皮肤，痴者睡半醒。忧患撄人心，千钧万钧劲。庞然绝大物，横卧东半径。一拳不能碎，一割不知痛。一棒不能创，一针不及病。强权大棒喝，去去复梦梦。冤鬼当恩人，朽木作国栋。狐鼠抗虎狼，豚犬认麟凤。燕巢幕上嬉，鱼游釜中弄。绣壤群盗涎，天马朽索鞚。蹉跎复蹉跎，请君自入瓮。无端诏开通，操戈非资镜。贼来只呼天，贼去只颂圣。人已两摧残，上下饶奴性。肉食庸庸流，廿纪当物竞。一幅好山河，奴才定断送。

伟哉汤与武，革命协天人。夷齐两饿鬼，名理认不真。只怨干戈起，不见涂炭深。心中有商纣，目中无商民。叩马复絮絮，兵之快绝伦。纵云暴易暴，厥暴亦攸分。仗义讨民贼，何愤尔力伸。吁嗟莽男子，命尽歌无因。耗矣首阳草，顽山惨不春。

信天行者妄，避天行者非。地球战场耳，物竞微乎微。腐败老祖国，孤军陷重围。愿歌祈战死，冲开血路飞。不然大破坏，同胞安适归。宁为国殇死，莫作人奴威。

题近贤女士所编《于右任言行录》

万马齐喑忽一鸣，更如狮吼众生惊。吁呼唤起神州梦，一纸贤于十万兵。

韬略诗文各擅场，空谈应笑牧之狂。谁知忠肃真儒将，嗣响于今喜再昌。

黄花岗上泪难收，后死那容一哭休。奔走天涯酬死友，先生高义足千秋。

力穷西北意难灰，弃甲于思竟复来。忍泪用兵非得已，九州生气仗风雷。

炮弹相赠意如何？此志从今永不磨。铁血已拚无葬地，生还赢得一摩挲。

终见三民奏大功，先生期望未成空。神州多少沧桑感，都付掀髯一笑中。

那堪涸鲋遍秦中，忧乐关怀继范公。听到还乡同死语，如伤更见古人风。

诗界颓风一扫空，沉雄酣壮几人同？飞扬好作同仇气，媲美千秋一放翁。

不著戎衣即布衣，英雄名士一身归。功成更愿鱼竿老，似此襟怀世所稀。

卓行已堪超薄海，嘉言更见被穷乡。表扬偏出红妆手，丝绣平原未可方。①

美髯公小传

美髯公于右任氏，字伯循，号骚心，别署神州旧主，额其书室曰独树斋。陕西三原人。（于）氏生于公元一八八三年（清光绪九年）。为人倜傥风流，工诗善书，有名于文学界；能文能武，实为国民党中文武兼全的人物。在前清科举时代，曾得中举人，但因目睹清政府当时腐败的现象，所以不愿为官。早年富有革命思想，旋即加入同盟会。光绪末年的时候，就在上海做《神州日报》的主笔，鼓吹革命思想，颇能引起民众的同情，但此却遭清廷官吏之忌，所以不久就被封禁了。以后，又先后创办《民呼》和《民吁》等报，也都因为言论招忌的缘故，都被禁止出版。最后，又和宋教仁等共办《民立报》，仍然大声的宣传革命主义，因当时清廷已自顾不暇，所以此报也就幸得仅存了。反政以后，氏即被任为南京临时政府之交通次长。数月后，南北统一，政府北移，氏仍返至上海，为《民立报》主笔。旋见袁世凯专横，排挤国民党同志，氏遂鼓吹反对袁氏之舆论。民国二年时，二次革命发生，氏更在舆论界为同志作声援，著文讨袁氏。旋因革命失败，《民立报》又被封，氏亦暂时隐居了。四年的时候，袁世凯帝制的野心已经毕露，行见中华民国将被摧残，氏忍无可忍，遂入陕西组织民军，与拥护袁氏之陈树藩相战。

① 时希圣：《题近贤女士所编〈于右任言行录〉》，近贤编：《于右任言行录》，上海广益书局 1932 年版，第 1—3 页。按，此诗概括了于右任 1932 年之前的行迹，近似诗体小传，它处鲜有记载，故转录于此。

氏自任陕西国军总司令，两方相持年余。袁氏已死，氏与陈树藩均不能久持，遂罢兵戈。以后，氏即寄居上海，以鬻字为生，颇有名于社会。同时，氏并在上海创办上海大学，培植革命人才，自任校长。十四年，许世英组织北政府之内阁，曾任氏为内务总长。就任未久，即又赴陕。

民国十四年秋，国民革命军由广州誓师北伐时，氏即在陕西重起民军响应。十六年夏，国军已克复长江各省，国民政府正式成立于南京，氏即应召到宁，就任国府审计院院长和中央委员。现任国民政府监察院院长。最近开国民会议，当选主席团主席。现年四十九岁。①

于右任小传

监察院（院）长于右任奇才横溢，学养湛深。氏籍陕西三原，天生傲骨，睥睨古今，经纶满腹。清光绪间，里人重其学行，举为孝廉方正，然氏富革命思想，倾向新学，不愿厮守乡里。卖田数顷，整装来沪。乘长风，破万里浪，历游三岛新大陆，至日本，晤总理，加入同盟会。回国后，厕身新闻界，日撰犀利时评，鼓吹革命，提倡自由平等。历任《民吁》《民呼》《民立》《神州》各报主笔，与戴季陶、章炳麟、邹容称“四大金刚”。当时报纸评论分“时评一”“时评二”“时评三”，连台好戏。于氏“骚心”笔名，口碑载道。辛亥前，见时机成熟，投笔从戎，秘行回陕，任靖国军总司令，高揭义旗，底定三秦。纪律严明，秋毫无犯，父老迄今推重。民国成立，氏淡泊名位，不愿居功，隐居沪上，诗书酒自遣。后见北洋当政，时事日非，骚心大发，狂歌当哭。考氏字体之所以纵横奇特，即造诣于胸怀不平之气故也。十六年，国军北伐，氏始振作精神，参予（与）戎机。奠都南京，初任陕西省政府委员，后署司法，官惩戒委员会委员长。五院成立，氏以中监委之尊出任监察院院长。氏持躬维俭，虽显贵，仍土布大褂，布鞋布袜，不

① 近贤编：《于右任言行录》，上海广益书局 1932 年版，第 1—3 页。

改初服。豪于饮食,大块肉,大块饼,葱蒜辣椒,大啖特啖云。①

效法于右任先生的革命精神(节选)

今天本人邀集中国国民党、民社党、青年党三党人士,在此聚餐,来庆贺于院长右任先生的八十华诞。……

于先生从少年服膺三民主义,献身革命,辛苦艰难,百折不挠,现在到了八十高龄,还是精神矍铄,壮志凌霄,这真是人之瑞,国之光……

……其丰功伟绩,昭昭为世人共见……于先生所给予国家民族的影响,不仅是在政治上、军事上,尤其重要的,还是在革命精神和民族文化方面。他的一支笔,唤醒了民族的灵魂,振奋了民族的精神。……他所办的《民呼》《民吁》《民立》等报,风行一时,这阵风横扫了满清政府。……他所作的诗歌,鼓吹中兴,增强敌忾,大气磅礴,更有着一股凛凛不可犯的伟大力量,足以鼓励民心,振作士气。最近他所作的一首《从黑暗到光明》的名歌,豪情奔放,更是没有人读了不受感动的。……于先生所说"有学必成,有成必学"两句话,这充分代表了于先生践履笃实、日新又新的精神,值得国人一致起而效法。②

于右任事略

于先生名伯循,字右任,于民元前三十四年生于陕西泾阳斗口村,后迁至三原。世代业农。七岁入乡塾,十一岁入城中读书。家境清贫,课余

---

① 佚名:《人物小志:于右任》,《兴华周刊》1934年第31卷第48期,第25页。按,此文未著撰者,故以"佚名"称之。文中有失实之处,因其为稀见之于右任传记,且亦有可资采信之处,故附于此。

② 张云家著:《于右任传》,中外通讯社1958年版,第1—3页。

作短工,以所得工资,添置纸笔,并贴补家用。十七岁以案首入学,叶尔恺入陕督学,观其文,称为“西北奇才”。二十五岁以十八名乡试中举,文名鹊噪关中。

先生怀革命壮志,为清廷所悉,下谕革去其举人,并严加通缉。先生乃出奔上海,得马相伯先生之助。肄业震旦学院。震旦罢学后,与友人等先后创立复旦公学、中国公学及《神州日报》社。后被推赴日本募款,谒总理于东京,加入中国同盟会,总理委为长江大都督。《神州日报》即为同盟会之机关报,后不幸毁于火。

二十九岁,再发起筹组《民呼日报》。言论激烈,鼓吹革命,为清廷所忌,置先生于狱,《民呼日报》因而停刊。己酉,复创办《民吁报》,大声疾呼,再被置之狱。出狱后,二次东渡日本,次年返国,又创《民立报》。宋教仁、叶楚怆、张季鸾、马君武等皆被邀,人才会集,为舆论中心。

辛亥武昌首义,先生所主持之《民立报》为革命党人宣传之总机关,总理时有密电奖励。

民国元年元旦,开国政府成立。国父就大总统职,先生任交通部次长。

七年,先生自沪间道入陕,主持陕西靖国军,以舆南方护法之师相应。国父孙中山先生由粤颁印状,以先生为陕西总司令。后南方军政府解体,国父以粤局日非引去。陕西靖国军乃以一隅之力,独撑革命危局于西北。敌众数倍于靖国军,且值岁饥,兵民交困。十一年六月,值旧历端节,先生知事无可为,在凤翔总部为最后会议,遣参副各处人员,与王陆一、王玉堂、王家会,走甘肃谢有胜军中,假道入川,经崇信、华亭、清水,逾秦岭至徽县,泛白水江入嘉陵江。经合川至重庆,旋东下武汉至上海,正国父自粤返沪时也。陕西靖国军虽以先生之离陕而迄止,其后国民二军之举义北京,与长安之婴城久守,西北将领此一贯之革命精神,固皆有所授之也。

民国十一年,创办上海大学,是年十月,复旦大学举行成立二十五周年纪念典礼,赠先生法学博士学位。民国十三年,中国国民党改组,先生被选为第一届中央执行委员。是年,靖国军旧部胡景翼、岳维峻等率国民二军反直军成功，电请先生北上督导，并请转请国父北上。十三年，国父入京，派先生为北京政治分会委员。十四年三月十二日，国父逝世于北京，先生留京襄理丧事。十五年三月，国民二军与奉军战败，陕西告急，先生欲收旧部赴援。中央方将出师北伐，张静江与今总统蒋公连电促来粤，后畀先生以总指导西北革命权责。先生遂由沪遵海而北，假道苏俄，经库伦，誓师五原，改国民军为国民革命军，卒解长安之围。出潼关，与北伐军会师郑州。

十六年，国民政府成立，先生任国民政府委员。十八年，任审计院院长。二十年，任监察院院长。二十七年，兼任最高国防委员会委员。行宪后，膺选监察委员。复被推选为监察院院长。三十九年，中国国民党改选后，先生任评议委员。

先生于斗口村设立农业试验场，为改良农业之倡，而仍预立遗嘱，嘱于身后埸归公家。

先生著有《右任诗存》初、二集，《右任近十年诗存》一集，《右任文存》一集。民国二十年后，特注意于文字之改良，与刘延涛合著《标准草书》。抗战胜利之后，先生有感于地理之须为正名者，撰有《中南半岛》及《本平洋》两文。前者已为中外地理学者所采用。更有十年万井计划，欲绿化西北。惜以战乱，未能实施。

先生身体魁伟，长须美髯，丰采为人敬仰，誉为“美髯公”。待人极厚，而自奉俭约，生平不置产业。先生文章诗词，皆为革命号角，近世学者赞为“革命诗人”，著有《右任诗存》初、二集。先生书法更为世人景仰，著有《标准草书》，以为改良文字倡，评者谓为“许氏《说文》后第一书”。先生一生行事，可歌可泣，永为后人追怀！（录自民国五十三年十一月十一日台北《中央日报》第三版）①

---

① 中国国民党中央党史史料编纂委员会编辑：《革命先烈先进传》，中央文物供应社1965年版，第826—827页。

于故院长墓表

秦陇绾毂西北，河岳雄伟，独擅形胜，有建瓴全国之势，以成周秦汉唐之盛。其间名世辈出，功业长久。宋之中叶，横渠张先生讲学关中，以民胞物与为怀，主立心立命，为往圣继绝学，为万世开太平，学派流传，历千百年未尝消歇。三原于公右任，承关学之源流，宏三民之主义，事功德行，彪炳百世，巍然为开国之人豪。其时会渊源，盖有由矣。

公讳伯循，字右任，以字行。世居陕西泾阳斗口村，以农为业。曾祖志敏公，始命伯考星象公讳奎、祖考峻堂公讳登商于蜀。考新三公讳宝文，十二岁与兄汉卿公步行入川，留岳池九年，方归省。乱后家毁，迁三原，遂为三原人。妣赵太夫人来归，其明年公生，时民国纪元前三十三年也。公两岁失恃，新三公留蜀未归，乃依伯母房太夫人。七岁入塾，家贫，有时不得盐食，太夫人以教以养，其保抱诲训之迹，公终身每言伯母，为之感泣。十七岁，以案首入学，叶尔恺学使观风关中，目为西北奇才。公为文重经世义理，而不尚章句。际时多难，名儒朱佛光复时以明末遗老之民族大义相激励，慨然有忧天下之志。二十五岁，登乡举。初，公曾刊《半哭半笑楼诗草》，讥议时政，略无忌讳。陕甘总督升允以"逆竖倡言革命，大逆不道"入奏，缉符已至，公方赴会试开封，亡命上海，得免。马相伯召入震旦学院，并护持之，震旦罢课，公与离校同学创办复旦公学。及留日诸同志以取缔风潮归国，复与筹设中国公学，旋赴日本，谒国父孙先生于东京，服膺革命主义，加盟中国革命同盟会，国父授以长江大都督职。归国后，创办《神州》《民呼》《民吁》《民立》诸报，大声疾呼，为民请命。《民立报》尤为革命党人联络指挥之中枢，其振奋人心，激励士气，于国家缔造之功，既大且永。

民国肇建，任交通部次长，代理部务。七年，返陕，主持靖国军事，治兵三原，孤军转战，艰危困苦，以奠西北革命之基因，导致国民军首都革命之成功。十二年，与叶楚伧等创办上海大学。十四年，国父北上，任命公等五人组织北京政治委员会。十五年，国民军败，公假道俄、蒙，誓师五原，重建国民联军，以解西安之围。并于翌年率部出关，与北伐之师会于郑州。

国民政府建都南京，任国民政府委员、常务委员、中国国民党中央执行委员会常务委员、军事委员会常务委员。十八年，任审计院院长。二十年，任监察院院长。二十七年，任国防最高委员会常务委员。行宪后，膺选监察院监察委员，复被推任院长。及政府播迁，忧愤国事，益勉同人戮力监察权之行使，以济时艰。公长院前后三十四年，于监察及审计制度之建置，筹之审而持之贞，其自任以天下之重，气度风概，雍易卓立，为不可及已。卒以积劳，于五十三年十一月十日，病逝荣民总医院。距生于民国纪元前三十三年农历三月廿日，享年八十有六。

总统闻耗震悼，特派张群、严家淦、谷凤翔、李嗣璁、王宗山，敬谨治丧，以示政府崇报元勋、表彰耆德之至意。五十四年七月十七日，安葬于台湾省大屯山巴拉卡之大官林，遵遗志也。元配高氏。子三：长望德，曾任驻巴拿马大使；次彭，现任驻牙买加代办；次中令，在美同马利兰大学攻读博士。女四：芝秀、想想、绵绵、念慈。

公生而岐嶷，躯干岸伟，美须髯，望之如神仙中人，所至竞仰风采。生平以民胞物与为立心立命之所，文章诗词，俱挟革命之风雷，书法雄奇，寰宇观赏。著《标准草书》以为改良文字之倡，人谓许氏《说文》后之第一书也。自国民革命统一全国，国有大事，几无役不与，或慷慨执言，或潜移默运，而为而不有，若不知焉。洎齿德俱崇，议论风采，领袖群伦，虽殊方异俗，每见国人，无不敬问起居。卒之日，识与不识，莫不咨嗟悲叹，乡农野老，有不远数百里而往吊者。监察委员全体决议尊为“监察之父”。

呜呼！公之文章功业，襟抱节概，实兼有刚健笃实之美，所谓巍巍荡荡，民无能名，岂不伟且盛哉！群与公数十年雅故，感念平生，风义师友。今复受命治丧，为文表阡，义无可辞。爰就其大者约而述之，后之君子，亦可以观省焉。

华阳张群撰文

嵊县谢冠生书丹

中华民国五十四年七月十七日①

三原于右任先生墓表

三原于先生右任以旷代奇才，遭屯艰时会，备尝艰苦，益励忠贞。童年即履隐如夷，及冠更恫瘝在抱。时值清季，已启泥涂轩冕之心，及抵海疆，遂张民族大义之帜。最初在沪创办《神州日报》，鸡鸣不已，实开风雨如晦之天。继之以《民呼》《民吁》两报，尤征先生百折不挠之志节。最后《民立报》之崛起，及其与同盟会中部总会互相配合之史实，允为武汉首义，全国风从，肇建民国之一大关键。不幸权奸叛国，海宇骚然，军阀操戈，生民涂炭，先生则时而兴学于东南，忽而统兵于西北。心存启迪，志切同仇。白髯黄沙，相映如画；长歌短拍，众口蜚声。治文学军事于一炉，此亦先生事功中之特色。况复以横溢之天才，振素张之椽笔，标准草书之选定，实存驭繁以简之深心。至于先生翼赞中枢之嘉谟嘉猷，与决疑定难之重大事功，及其主持风宪时之硕德名言，均非墓表所能悉备。尝由总统府宣付国史馆，昭示来兹。敬系之以铭曰：

太华高耸，大河混茫，郁为神州之浩气，民族之灵光。凝想兮企望！

瞻灵旗之奕奕，仰笔阵之堂堂。扫尽天狼！

公必将掀美髯兮含笑，“山之上”，不再“有国殇”！②

附：

1961年，于右任八十三岁寿辰，罗家伦撰写的颂词：“不老的精神，不

① 张群：《于故院长墓表》，中国国民党中央党史史料编纂委员会编辑：《革命先烈先进传》，中央文物供应社1965年版，第827—828页。

② 罗家伦：《三原于右任先生墓表》，罗家伦著：《逝者如斯集》，传记文学出版社1981年版，第151—152页。

朽的事业；不平凡的生命，不出世的人杰。听于无声，视于无形，混茫萧瑟，全天之真。”①

1964 年于右任去世，罗家伦撰写的挽联：“覆满洲建民国，史册建元勋，平等自由联五族；是草圣亦诗仙，典型垂后世，文光正气耀千秋。”②

三原于右任纪念碑记③

夫立德、立功、立言三者有其一，即可不朽。而于右任先生则兼而有之，故辞世已三十余年，而人皆怀念不忘也。

先生生当清季，学以致用，愤内政之昏暴，外侮之频仍，毅然以救国救民为职志。八国联军侵北京，西后不图抵御而逃至西安，先生欲手刃之以行新政。事虽未成，而其浩气英风，已足以震动一世矣。泊赴开封入春闱，清廷已以倡言革命密令缉捕，乃亡命沪上，鼓荡新潮。旋赴东瀛谒孙中山，入同盟会，遂为实现民主革命而奋斗，百折不挠。其推翻专制、缔造民国、铲除军阀、反抗侵略之丰功伟绩，彰彰在人耳目，海内外炎黄子孙，固无有不怀念先生者也。

先生早年创建上海大学，即与共产党人联合办校。此后始终坚持中山三大政策，力主国共合作，团结抗日，和平建国。晚年虽被迫去台，而此志不渝，临终犹赋《望大陆》诗以寄爱国赤忱。三中全会以来，自首都至全国各地，纪念活动方兴未艾，良有以也。

先生出身贫家，艰苦备尝，推己及人，痌瘝在抱。掌监察大权数十年，公正廉明，一身正气。终生布衣疏食，而以微薄之俸禄，济困拯饥。当弥

---

① 罗久芳编著：《文墨风华》，北方文艺出版社 2018 年版，第 84 页。

② 罗久芳编著：《文墨风华》，北方文艺出版社 2018 年版，第 84 页。

③ 霍松林著：《霍松林选集》第四卷《随笔集》，陕西师范大学出版社 2010 年版，第 388—389 页。按，三原于右任纪念馆将此文刊刻为碑，题为“于君任先生纪念碑”，碑末落款为：“霍松林撰文　刘自椟篆书碑名　任步武书丹　三原于右任纪念馆敬立　岁次公元一千九百九十九年秋重阳节吉辰”。该碑现立于纪念馆正门前的碑亭内。

留之时，亲友启其铁箱，所藏者惟借据数纸。安葬之日，台湾民众无论识与不识，皆垂泪哀悼。复集资建铜像于玉山峰顶，瞻仰者至今络绎不绝，非大仁大德深入人心，安得致此耶！

本世纪初，先生以虎口余生广结同志，创复旦、中公诸校以培育英才，办《神州》《民呼》《民吁》《民立》诸报以鼓舞士气，实教育界之先驱，新闻界之元老。时隔九十余年，而治教育史、新闻史者，犹赞其开创之功而缅怀其人焉。

先生为一代诗豪，少年气盛，革故鼎新之宏愿一发于诗，大声鞺鞳，振聋发聩。其后神州多故，诗风屡变，抒报国之壮志，发时代之强音。读其诗，能不怀念其人乎！

先生以"草圣"名世，融碑帖于一炉而自创于草，简净明丽，雄浑奇崛，纵横变化，仪态万方。其书迹遍寰宇，而师法者亦遍寰宇，猗欤盛哉！

夫爱国者必爱乡，自然之理也。先生爱乡尤笃，故怀念尤殷者亦莫过于家乡之人民。忆护法靖国、促进民治，绕道援陕、解围西安，奔走呼吁、赈济陕灾，广购魏碑、以赠碑林，能不怀念先生乎！睹泾惠、洛惠诸渠之普溉良田，民治小学、民治中学、西北农大诸校之博施化雨，三原良种繁殖场、斗口村农事试验场之科技兴农，能不怀念先生乎！先生于公元1879年4月11日出生于三原，1964年11月10日病逝于台北，享年八十有六。值先生一百一十八周年诞辰之际，家乡人民建成纪念馆以陈列先生之诗、文、墨宝、传记及有关之文物、图片与研究资料，复立纪念碑于馆前，俾观览者受其熏陶而继承遗志，以爱乡爱民爱国之深情，建立德、立功、立言之伟业，统一华夏，致富图强，则先生之精神与华岳并峙，永不朽矣！

三原于右任纪念馆创修记

于右任，三原人，民主革命先驱，创始民国元老，名著一代之书法、诗词。大师其真诚爱国精神、恤民爱乡风范及对中华文化建树，深受海内外崇仰。改革开放以来,全国各地不断举行纪念于先生活动,编著出版诗文、书法、传记,展览其墨迹。一九八九年,三原举办于右任杯国际书法大赛,参赛作品来自全国各地及日、韩、泰等国,①各界人士热切要求兴建于右任纪念馆。三原县委经研究,一九九二年春,政协主席张应选邀台湾标准草书学会会长李普同日本高崎书道会会长金泽子乡、陕西书法家协会主席刘自椟等倡议,县委即成立三原于右任纪念馆筹备领导小组,任张应选为组长。五月。领导小组向海内外发出筹集三原于右任纪念馆建筑基金倡议书与集资办法。九月,召开三原县筹建于右任纪念馆集资动员大会,县政府渠岸乡价拨西铜公路西侧三里窑池畔地十亩为馆址。十月,省市县有关领导、台湾标准草书学会、日本高崎书道会代表三百余人奠基建馆,各界热烈响应倡议,三原八十余单位千余名职工捐资三十七万一千余元,台湾标准草书学会于右任文教基金会及李鸿超、王广亚、于建中等台胞乡友捐助美金十万零五仟九百元、人民币三万三仟元,日本高崎书道会及西出义心等书道人士捐资一仟二百零六万日元。统一规划,分期施工。纪念馆大楼为西安市建筑设计院设计仿古形式,三层砖混结构,面积二千七百平方米,三原市政建设公司承建。九三年三月动工,联通多方支持,陕西省政府白清才省长批拨四十万元,咸阳市李锦江书记、高存德市长批拨十五万元,三原县书记、县长金光旭、罗志勇、刘光辉、杨鑫等先后批拨二十万元。九四年八月,省、市、县、台、港及日、韩、加拿大有关人士五百余人,庆贺纪念馆主体落成。先生德望所孚,筹建处精诚所至。九五年夏,陕西省交通厅襄助三原县政府征地六亩余,修筑池阳街东口至纪念馆专用道路长五百二十米,宽九米。九六年,陕西交通技协主席熊秋水、顾问李克,与纪念馆联办西铜一级公路三原服务区,投资安装大楼内外水暖管道、输电线路及配套工程等,与基建同步,积极开展资料征集整理编撰工作。九三年五月,三原县委政府筹备处分别发出关于征集于右任先生

① “来自全国各地及日、韩、泰”:原碑作“遍及各省市、台、港及日、韩,泰东南亚”,今据上下文改。

史料手迹遗物通知通告。九五年八月，县委批准于右任先生爱国事迹陈列大纲，县志办、博物馆及各方人士协助设制完成先生爱国事迹与书法布展。一九九七年十一月十日，美国、日本、台湾、北京、南京、内蒙、宁夏、西安、宝鸡、咸阳、三原有关人士，文化、教育、新闻、书法界并于氏亲裔等六百余人举行开馆庆典，筹备处具体实施馆建事宜。张应选联络筹措，履艰负重。周衡儒、李德龙、惠润、杨乐、田怀孝等尽心竭力，不辞劳苦。先生在台入室弟子李普同虔崇师教，不遗余力，筹集资金、资料，六年间四赴三原，谋商视勉，沤（呕）心沥血。先生海外传人金泽子卿仰行师道，播扬书艺，率众会友，慷慨捐助。纪念馆为海内外各界人士共识同仰，携手合作，予汝玉成（玉汝于成）。在三原县委[县]政府领导下，成为爱国主义教育课堂，弘扬书法艺术阵地，联谊海内外之桥梁，促进三原经济文化繁荣发展。永怀先生高风，恒念建馆维艰，激励开拓后来，刊石以志。

于右任纪念馆首届职任名列：

名誉馆长：李普同　金泽子卿　李鸿超　熊秋水　文建国　罗志勇
　　　　　杨　鑫　河部翠竹　于建中

馆　　长：张应超

特邀顾问：霍松林　刘自棱　李广毅　胡　恒　王广亚　李钟善
　　　　　张　波　屈北大　于子乔　李　克　钟明善　傅嘉义
　　　　　沈映冬　西出义心

渭南周衡儒撰文

富平杨逢兴书丹

三原于右任纪念馆立石

胡长安镌刻

公元一九九八年七月

主要参考文献

一、著作类

沃丘仲子著:《当代名人小传》,崇文书局 1923 年版。

近贤编:《于右任言行录》,上海广益书局 1931 年版。

刘延涛编:《右任文存》,中华丛书委员会 1957 年版。

张云家著:《于右任传》,中外通讯社 1958 年版。

王成圣著:《于右任传》,文海出版社有限公司 1958 年版。

方豪著:《方豪六十自定稿》(上下册),台湾学生书局 1969 年版。

于右任先生百年诞辰纪念筹备委员会编:《于右任先生诗集》,“国史馆监察院”1978 年版。

张健著:《半哭半笑楼主——于右任传》,《近代中国丛书·先烈先贤传记丛刊》,近代中国出版社 1980 年版。

茅盾著:《我走过的道路》(上),人民文学出版社 1981 年版。

丁守和主编:《辛亥革命时期期刊介绍》第二集,人民出版社 1982 年版。

冯自由著:《革命逸史》第三集,中华书局 1983 年版。

中国人民政治协商会议陕西省委员会文史资料研究委员会编:《陕西文史资料》第十六辑,陕西人民出版社 1984 年版。

西北大学历史系、原中国社会科学院陕西分院历史研究所编:《旧民主主义革命时期陕西大事记述(1840—1919)》,陕西人民出版社 1984 年版。

黄美真等编:《上海大学史料》,复旦大学出版社 1984 年版。

杨博文辑录:《于右任诗词集》,湖南人民出版社 1984 年版。

傅学文编:《邵力子文集》,中华书局 1985 年版。

傅德华编:《于右任辛亥文集》,复旦大学出版社 1986 年版。

庞齐编:《于右任诗歌萃编》,陕西人民出版社 1986 年版。

中共陕西省委党史资料征集研究委员会编:《陕西靖国军》,陕西人民出版社 1987 年版。

朱有瓛主编:《中国近代学制史料》第二辑,华东师范大学出版社 1987 年版。

王劲著:《邓宝珊传》,兰州大学出版社 1988 年版。

汉语大词典编委会编:《汉语大词典》第四卷,汉语大词典出版社 1989 年版。

陈四长、潘志新著:《民国奇才于右任》,中国青年出版社 1989 年版。

李秀潭、朱凯著:《于右任传》,陕西人民出版社 1989 年版。

刘永平编:《于右任集》,陕西人民出版社 1989 年版。

王明德、侯丹编著:《三秦游子录》,陕西人民出版社 1990 年版。

中国人民政治协商会议陕西省委员会、咸阳市委员会、三原县委员会文史资料委员会编:《于右任先生》,陕西人民出版社 1991 年版。

中国人民政治协商会议上海市卢湾区委员会文史资料委员会编:《卢湾史话》第二辑,上海市卢湾区政协文史资料委员会编印,1991 年。

白雉山编:《名人趣闻录(续集)》,华中理工大学出版社 1992 年版。

双流县志编纂委员会编:《双流县志》,四川人民出版社 1992 年版。

刘景龙、胡家柱主编:《安徽历代书画篆刻家小传》,南京大学出版社 1994 年版。

复旦大学韩国研究中心主编:《韩国研究论丛》第一辑,上海人民出版社 1995 年版。

徐一士著:《近代笔记过眼录》,《民国笔记小说大观》第二辑,山西古籍出版社 1996 年版。

果继山编著:《走向祖国统一的足迹:关于“一国两制”要闻纪事(1984.10—1994.6)》,红旗出版社 1996 年版。

临渭区政协文史资料委员会编:《临渭文史资料》第七辑,陕渭文出批(1996)字第 21 号。

王兴林主编:《泾阳史话续集》,陕新出批(1996 年)字第 163 号。

许有成、徐晓彬著:《于右任传》,复旦大学出版社 1997 年版。

丘桑主编:《民国奇才奇文:黄帝子孙之元气(于右任卷)》,东方出版社 1998 年版。

清华大学历史系编:《戊戌变法文献资料系日》,上海书店出版社 1998 年版。

赵尔巽等撰:《二十四史(附〈清史稿〉)》,中州古籍出版社 1998 年版。

苏州市地方志编纂委员会办公室、苏州市政协文史委员会编:《苏州史志资料选辑》,1999 年。

上海市档案馆编:《上海市档案馆指南》,中国档案出版社 1999 年版。

邵黎黎、孙家轩著:《我的祖父邵力子》,河海大学出版社 2000 年版。

咸阳市地方志编纂委员会编:《咸阳市志》(五),三秦出版社 2000 年版。

李文治、江太新著:《中国宗法宗族制和族田义庄》,社会科学文献出版社 2000 年版。

三原县志编纂委员会编:《三原县志》,陕西人民出版社 2000 年版。

中国义和团研究会、山东省历史学会、政协山东省平原县委员会编,杨文平、李德征主编:《义和团平原起义 100 周年学术讨论会论文集》,齐鲁书社 2000 年版。

张铭洽主编:《长安史话:上古周秦·两汉》,陕西旅游出版社 2001

年版。

《咸阳市房地产志》编纂委员会编:《咸阳市房地产志》,三秦出版社2001年版。

上海市政协文史资料委员会编:《上海文史资料存稿汇编2·政治军事》,上海古籍出版社2001年版。

屈武口述,陈江鹏执笔:《屈武回忆录》(上下册),团结出版社2002年版。

屈新儒著:《关西儒魂:于右任别传》,人民文学出版社2002年版。

[美]埃德加·斯诺著:《西行漫记》,董乐山译,解放军文艺出版社2002年版。

陕西省古籍整理办公室、咸阳市文物考古研究所编:《咸阳碑刻》下册,三秦出版社2003年版。

游彪著:《宋代寺院经济史稿》,河北大学出版社2003年版。

陈科美主编:《上海近代教育史》,上海教育出版社2003年版。

马洪武主编:《世纪沧桑——华夏百年胜迹》,方志出版社2003年版。

杨德生主编:《西北大学教育理念文选》,西北大学出版社2004年版。

中共西安市委党史研究室著:《中国共产党西安历史(1921—1949)》第一卷,中共党史出版社2005年版。

刘国铭主编:《中国国民党百年人物全书》(上),团结出版社2005年版。

鄂基瑞、燕爽主编:《复旦的星空》,复旦大学出版社2005年版。

王子云著:《从长安到雅典——中外美术考古游记》,岳麓书社2005年版。

于媛主编:《于右任书联集锦》,世界图书出版公司2005年版。

吴孟庆主编:《政海拾零》,上海辞书出版社2006年版。

商洛地区教育局编:《商洛地区教育志》,三秦出版社2006年版。

康志杰著:《教士东来:长江流域的基督教》,武汉出版社 2006 年版。

傅凤英著:《二十世纪中国道教学术的新开展》,巴蜀书社 2007 年版。

杨中州选注:《于右任诗词选》,河南人民出版社 2007 年版。

王玉飞、王玉堃、姜丽英编著:《海长风珍藏集》,湖南美术出版社 2008 年版。

李景文主编:《河南大学图书馆史》,河南大学出版社 2008 年版。

东北大学史志编研室编:《东北大学校志》(上下册),东北大学出版社 2008 年版。

张永超编著:《道可道:晚近中国名人逸闻录》,江西人民出版社 2008 年版。

[美]尼科尔斯著:《穿越神秘的陕西》,史红帅译,三秦出版社 2009 年版。

康民著:《冯玉祥在西北》,甘肃人民出版社 2009 年版。

冯自由著:《革命逸史》,新星出版社 2009 年版。

谢林主编:《陕西寻梦:民国陕西老照片》,陕西人民美术出版社 2009 年版。

陕西省地方志编纂委员会编:《陕西省志 · 教育志》下册,三秦出版社 2009 年版。

中国教育学会书法教育专业委员会编:《近现代书法史》,天津古籍出版社 2010 年版。

安淑平、王长生著:《蒋介石悼文诔辞密档》,团结出版社 2010 年版。

阎欣宁著:《一蓑烟雨任平生:于右任传奇》,团结出版社 2010 年版。

武德运编著:《港澳台暨海外华人作家笔名通检》,三秦出版社 2010 年版。

霍松林著:《霍松林选集》,陕西师范大学出版社 2010 年版。

杨中州选注:《于右任诗词选》,河南人民出版社 2011 年版。

张树军主编:《图文中国共产党纪事 1(1919—1931)》,河北人民出版社 2011 年版。

钟明善著:《长安学丛书 · 于右任卷》,三秦出版社 2011 年版。

[日]西出義心著:《于右任传——金銭糞土の如し》,書道藝術社 2012 年版。(按,该著作中文译本,彭春阳译:《于右任传——侠心儒骨一草圣》,汉荣书局有限公司 2014 年版。)

陈墨石主编:《中国标准草书大典》,上海辞书出版社 2012 年版。

中共三原县委党史研究室编著:《中国共产党三原县简史》(第 1 卷),陕西人民出版社 2012 年版。

许宗祺编著:《苏州老街巷的旧闻往事》,苏州大学出版社 2012 年版。

盛巽昌著:《毛泽东的艺术情怀》,上海人民出版社 2013 年版。

高叶青著:《于右任评传》,三秦出版社 2013 年版。

王鹏善编著:《钟山诗文集》,东南大学出版社 2013 年版。

侯蔼奇著:《馆藏于右任藏书》,三秦出版社 2013 年版。

温友言著:《文苑笔谈》,西北大学出版社 2014 年版。

于媛主编:《于右任诗词曲全集》(典藏版),世界图书出版公司 2014 年版。

陈国庆、安树彬主编:《近代陕西乡村生活变迁与慈善事业》,西北大学出版社 2014 年版。

张文治编:《国学治要》第二册,北京理工大学出版社 2014 年版。

章玉政著:《光荣与梦想:中国公学往事》,浙江人民出版社 2014 年版。

王广亚著:《杏坛珠玑》,台北育达高级商业家事职业学校出版社 2014 年版。

张礼智著:《陕西博物馆百年史》,三秦出版社 2014 年版。

张征主编:《三原书院人物》,三秦出版社 2014 年版。

陆阳著:《情爱民国:民国文人的婚恋微纪录》,团结出版社 2014 年版。

蒋含平、李明发主编:《人·社会·技术:新传播革命与当下中国——安徽省第五届新闻传播学科研究生论坛论文集》,合肥工业大学出版社2014年版。

政协汉中市委员会民族宗教文史学习委员会编:《天汉回眸》第五辑,陕内资图批字(2015)JH03号。

于右任主编:《标准草书》,上海辞书出版社2015年版。

张佩国著:《公产、福利与国家》,广西师范大学出版社2015年版。

(清)刘光蕡著,武占江点校整理:《刘光蕡集》,西北大学出版社2015年版。

马忠文著:《晚清人物与史事》,北京师范大学出版社2015年版。

谢文庆著:《本土化视域中的近代西部地区办学取向研究——"融入式"与"互摄式"办学之比较》,教育科学出版社2015年版。

张慈农著:《山丹丹花开》,三秦出版社2015年版。

许效正著:《清末民初庙产问题研究(1895—1916)》,宗教文化出版社2016年版。

朱凯著:《无悔担当——于右任传》,陕西人民出版社2016年版。

王杰主编:《学府史集》,天津大学出版社2017年版。

李菁著:《沙盘上的命运》,生活·读书·新知三联书店2017年版。

张在军著:《西北联大:抗战烽火中的一段传奇》,金城出版社2017年版。

姚远等撰:《图说西北大学百十年历史》,西北大学出版社2017年版。

张林、丁雯静著:《民国人物在台湾》,现代出版社2017年版。

徐民主著:《望故乡》,陕西人民出版社2018年版。

李新芝主编:《邓小平实录1》,北京联合出版公司2018年版。

徐铸成著:《报人张季鸾先生传》(修订版),生活·读书·新知三联书店2018年版。

二、报刊类

钱基博:《中国舆地大势论》,《新民丛报》1905 年第 3 卷第 17 期。

于右任:《于君右任寄本社书》,《新民丛报》1905 年第 3 卷第 21 期。

于右任:《〈神州日报〉发刊词》,《寰球中国学生报》1907 年第 1 卷第 4 期。

于右任:《〈民立报〉发刊词》,《南报》1910 年第 3 期。

于右任:《教育改进的要义》,《民国日报》1922 年 10 月 10 日。

《上海大学欢迎校长》,《民国日报》1922 年 10 月 24 日。

《女子参政协进会职员会纪》,《申报》1922 年 10 月 25 日。

于右任:《上海的小学教育》,《寰球中国学生会周刊》1922 年 12 月 16 日。

黄纫艾:《女子应有参政权之理由》,《妇女杂志》(上海)1923 年第 9 卷第 1 期。

《上海大学革新之猛进》,《民中日报》1923 年 6 月 14 日。

《现代中国所当有的"上海大学"》,《民国日报》1923 年 8 月 2 日。

《上大首次评议会》,《民国日报》1923 年 8 月 23 日。

施蛰存:《上海大学的精神》,《民国日报》副刊《觉悟》1923 年 10 月 23 日。

《上海大学之猛进》,《民国日报》1923 年 12 月 25 日。

《上海大学发展之将来》,《民国日报》1923 年 11 月 17 日。

季英伯:《本校立案始末记》,《复旦同刊》1926 年。

《陕西秋收又告绝望　蝗吃秋稼仅剩秃株》,《天津大公报》1927 年 9 月 24 日。

《中央党部之招待—于右任君致欢迎辞—教育设施党为前提》,《新闻报》1928 年 5 月 20 日。

《于右任女公子被捕》,《时报》1928 年 6 月 18 日。

《于右任夫人逝世》,《新闻报》1928 年 9 月 20 日。

《于右任夫人今日大殓》,《申报》1928 年 9 月 21 日。

《于右任夫人昨日出殡》,《申报》1928 年 9 月 26 日。

《全国五千万灾民待赈》,《天津大公报》1929 年 4 月 25 日。

《惨哉陕灾》,《天津大公报》1929 年 6 月 25 日。

小厂:《于右任公子之婚柬》,《小日报》1929 年 7 月 11 日。

红狮:《于右任公子之昏》,《大晶报》1929 年 7 月 15 日。

《右任先生之第二公子于想想女士》,《新闻报图画附刊》1930 年第 2 期。

天旡:《建设西北专门教育之必要》,《西北言论》1932 年第 1 卷第 2—3 期。

《建设西北专门教育筹委会成立》,《中国出版》1933 年第 3—4 期合刊。

[德]芬次尔作:《西北农林研究所暨西北农林专门学校计划书》,石声汉译,《农村复兴委员会会报》1933 年第 2 期。

林森、汪兆铭:《国民政府训令》,《国民政府公报》1934 年第 1402 期。

中央农业实验所编印:《西北农林专校推于右任为校长今夏开始招生》,《农报》1934 年 4 月 10 日。

王陆一:《于高仲林夫人五旬晋二寿序》,《铁路月刊:津浦线》1934 年第 4 卷第 3—4 期。

安汉:《对于于右任先生创办之三原斗口村农业试验场改进意见》,《西北问题》1935 年第 2 卷。

张士韵:《中国民族运动史上的上海大学》,《上海大学留沪同学会建立大会特刊》,1936 年。

戴季陶:《关于经营西北农林专校办法之意见书》,《西北农林》1936 年创刊号。

戴季陶:《与子元先生论本校用人施教方针书》,《西北农林》1936 年创刊号。

《本校附设高级职业学校概况》,《西北农林》1936 年创刊号。

画眉:《于右任公子嘉礼—明日在新亚七楼举行》,《铁报》1936 年 9

月16日。

《今日新亚酒店　于周举行盛大婚礼　新郎为于右任第二公子　新娘一二八时当过看护》,《立报》1936年9月17日。

《志诚女职中聘于右任为校董》,《新闻报》1936年11月22日。

查功伟:《陕西武功国立西北农林专科学校之校舍(照片)》,《学校新闻》1937年第51期。

《右任图书馆》,《中华图书馆协会会报》1937年第12卷第5期。

《于右任夫人数度赴西安,责杨以大义》,《新闻报》1937年1月12日。

《本月卅日于院长六十寿辰》,《民报》1937年4月14日。

绿岑:《西北名流筹建右任图书馆》,《铁报》1937年4月21日。

《陕西留京学会赞助右任图书馆》,《中央日报》1937年4月22日。

《上大同学会等于寿庆祝会通过筹办右任图书馆等提案,于氏训词赞同原则但请易名》,《民报》1937年5月1日。

《右任图书馆》,《益世报》(天津版)1937年5月4日。

《右任图近讯》,《中华图书馆协会会报》1937年第12卷第6期。

《农林新报》1938年第15卷第30—31期。

《中国留英学生廿二人　于右任公子等受学位》,《生活日报》1938年5月13日。

《竖三民　横三民》,《正报》1939年5月30日。

于右任:《评论作法及本人从前办报的经过》,《新闻学季刊》1940年第1卷第2期。

风神:《于右任之公子于望德》,《东方日报》1943年8月8日。

于右任:《我还想做新闻记者》,《中央日报》(重庆)1945年1月13日。

《复旦新闻馆开幕典礼情况热烈》,《中央日报》(重庆)1945年4月6日。

于右任:《新闻自由万岁—中华自由万岁——复旦新闻馆落成典礼

讲演词》,《中央日报》(重庆)1945 年 4 月 6 日。

海藻:《于右任氏发愿重集石刻》,《国际新闻画报》1946 年第 58 期。

杨康沅:《于右任氏勉新闻学生》,《中华时报》1946 年 6 月 14 日。

知了:《同气相求　钦敬前辈——新闻界欢迎于右任》,《万花筒》1946 年第 11 期。

《于右任女公子为何叫想想》,《文饭》1946 年第 15 期。

屈于芝秀:《代表们的意见(二):对于国大的观感》,《中央周刊》1946 年第 8 卷。

《三同学会拟发起设右任图书馆》,《新闻报》1947 年 3 月 27 日。

刘延涛:《于右任先生斗口农事试验场》,《益世报》(上海)1947 年 5 月 10 日。

《庆祝于院长寿辰　陕建渭北图书馆　馆址设三原县城中心区》,《益世报》(上海)1947 年 5 月 11 日。

飞豹子:《于右任的女公子》,《飞报》1947 年 11 月 24 日。

《筹建右任图书馆》,《中华图书馆协会会报》1947 年第 21 卷第 1—2 期。

《于右任　邵力子等创办栖霞山宗仰中学》,《新闻报》1948 年 3 月 1 日。

《于右任等创办宗仰中学在沪招生明起报名》,《益世报》(上海)1948 年 3 月 3 日。

黄季陆:《高山流水——敬悼于右任先生》,台湾《传记文学》1964 年 12 月第 5 卷。

赵聚钰:《与于右老谈复旦》,台湾复旦同学会《复旦通讯》1965 年第 20 期。

秦裕芳、赵明政:《关于"取缔规则事件"的若干流行说法质疑》,《复旦学报》(社会科学版)1980 年第 2 期。

黄美真等:《上海大学史略》,《复旦学报》(社会科学版)1981 年第 2 期。

《习仲勋会见于右任的女儿于绵绵等》,《新华社新闻稿》1981 年第 4284 期。

陆诒:《访于右任谈办报》,《新闻与传播研究》1982 年第 5 期。

孙勇、胡清海:《只要他爱国,人民就不会忘记他——全国政协举行座谈会纪念于右任先生逝世二十周年》,《人民日报》1984 年 11 月 11 日。

刘洪盎、武成叔:《于右任先生与教育》,《陕西教育》1984 年第 4 期。

王鉴清:《“取缔规则”二题》,《北方论丛》1984 年第 3 期。

傅德华:《于右任与复旦》,《复旦学报》(社会科学版)1986 年第 1 期。

许有成:《也谈于右任与复旦》,《复旦学报》(社会科学版)1987 年第 1 期。

王自华:《于右任治学商州中学堂》,《陕西教育》1988 年第 8 期。

牛济:《于右任在辛亥革命时期办报活动述评》,《人文杂志》1988 年第 2 期。

白明高:《略述西北中山学院和中山军事学校始末》,《军事历史研究》1990 年第 4 期。

郑逸梅:《辛亥革命时期的号角——〈民立报〉》,《民主》1991 年第 10 期。

王保平:《于右任新闻思想探析》,《新闻知识》1994 年第 1 期。

赵守仁、陈艳军:《于右任与上海大学》,《辽宁师范大学学报》(社会科学版)1997 年第 2 期。

张应超:《于右任先生教育活动述评》,《江西社会科学》1998 年第 10 期。

马凌云:《兴学兴农,功在千秋——记于右任先生办农业教育的光辉业绩》,《高等农业教育》1998 年第 5 期。

李萍、钟明华:《教育的迷茫在哪里——教育理念的反省》,《上海高教研究》1998 年第 5 期。

王冀生:《现代大学的教育理念》,《辽宁高等教育研究》1999 年第

1 期。

赵梅林:《于右任的一封亲笔家信》,《民国春秋》1999 年第 2 期。

段清华:《于右任与岳池新三中学》,《四川统一战线》2000 年第 12 期。

段清华:《于右任的“岳池”情》,《团结报》2000 年 12 月 21 日。

李永翘:《国立敦煌艺术研究所成立始末》,《丝绸之路》2000 年第 4 期。

博闻:《也谈于右任的“岳池”情》,《团结报》2001 年 1 月 6 日。

谈宝龙、吴洪成:《略论于右任教育思想及其教育实践活动》,《西南师范大学学报》(人文社会科学版)2002 年第 2 期。

张杰:《于右任与〈神州日报〉》,《枣庄师范专科学校学报》2003 年第 4 期。

刘作忠:《“元老记者”于右任与〈神州日报〉和“竖三民”》,《文史春秋》2003 年第 4 期。

柳浪:《复旦杰出学子——于右任》,《复旦学报》(社会科学版)2004 年第 2 期。

张开颜:《于右任与陕西地方教育》,《陕西档案》2004 年第 6 期。

张开颜:《于右任与中国现代教育》,《中国档案报》2004 年 12 月 10 日。

张元隆:《于右任执掌上海大学》,《世纪》2004 年第 1 期。

朱少伟:《于右任在沪办报》,《世纪》2004 年第 2 期。

袁春乾:《论于右任在新闻史上的地位》,《新闻知识》2004 年第 10、11 期。

王民权、王广利:《于右任创办“陕西大学”始末》,《陕西档案》2004 年第 2 期。

张开颜:《于右任与陕西地方教育》,《陕西档案》2004 年第 6 期。

汤黎:《〈民立报〉与辛亥革命》,《鄂州大学学报》2004 年第 3 期。

余明伦:《于右任先生“家训”的启示》,《三秦文化研究会年录论文集》,2004 年。

赵山林:《试论于右任诗歌的艺术渊源》,《华东师范大学学报》(哲学社会科学版)2005 年第 2 期。

金青禾:《师生情谊深似海——于右任与学生詹正圣交往二三事》,《四川统一战线》2005 年第 12 期。

桓亮:《商州中学堂变迁记》,《商洛日报》2007 年 5 月 18 日。

王晓君:《复旦为于右任塑像》,《人民日报》(海外版)2007 年 6 月 21 日。

郑雪峰:《志士诗多慷慨之声——于右任诗简论》,《诗词月刊》2008 年第 5 期。

刘永亮:《于右任职业教育观与校园文化的传承创新》,《职业教育研究》2009 年第 4 期。

赵英秀:《于右任与复旦大学》,《文史天地》2009 年第 7 期。

葛美荣:《"元老记者"于右任办报二三事》,《陕西党史》2009 年第 6 期。

刘莹:《激进、务实和浪漫:"元老记者"于右任的舆论观》,《社会科学论坛》(学术研究卷)2009 年第 5 期。

刘莹、张筱筠:《浅谈于右任新闻自由观》,《青年记者》2009 年第 14 期。

李程:《论于右任自由主义新闻思想》,《湖南工业大学学报》(社会科学版)2009 年第 2 期。

李喜所、李来容:《清末留日学生"取缔规则"事件再解读》,《近代史研究》2009 年第 6 期。

付可尘:《清末民初军国民教育思潮研究述论》,《遵义师范学院学报》2009 年第 6 期。

孙杰明:《"民国奇才"于右任的教育实践活动与贡献》,《教育史研究》2010 年第 4 期。

胡剑:《私立新三中学》,《晚霞》2010 年第 14 期。

唐玉:《于右任报刊活动与新闻思想研究》,兰州大学硕士学位论文,2010年。

唐玉:《于右任的报刊自律观解读》,《新闻世界》2010年第5期。

一凡:《中国最后一次科举考试》,《北京档案》2010年第4期。

朱少伟:《于右任与“竖三民”》,《都会遗踪》2011年第3期。

蒋荫焱:《咏“元老记者”于右任(三首)》,《古今谈》2011年第3期。

张夷弛:《于右任办报实践对辛亥革命的思想贡献》,《新闻研究导刊》2011年第10期。

雷亚妮:《庚子大旱对陕西的影响及应灾成效的探讨》,《西安文理学院学报》(社会科学版)2011年第3期。

《周一波对话于中令——举于右任之精神》,《中国书画报》(天津)2011年12月26日第99期。

巨志忠:《杰出的教育家于右任先生》,《各界导报》2012年9月14日。

杨中州:《于右任诗词的时代精神》,《咸阳师范学院学报》2012年第1期。

王翰:《于右任“散发照”联作者析疑》,《书屋》2012年第9期。

周纯婷:《辛亥前后于右任的新闻思想研究》,南昌大学硕士学位论文,2013年。

高文喜:《张季鸾之墓将迁至榆林生态公园》,《榆林日报》2013年11月5日。

刘朝霞:《西北艺术文物考察团史事考证》,南京师范大学硕士学位论文,2013年。

李丽:《中国公学30年存亡史》,《长春日报》2014年1月13日。

刘俊生:《于右任的办报实践对我们的启示》,《新闻研究导刊》2014年第15期。

吕华:《纪念于右任诞辰135周年座谈会举行》,《西安晚报》2014年11月6日。

辛一凡:《于右任教育思想与实践研究》,延安大学硕士学位论文,2014年。

马忠文:《于右任早期反清革命的“罪证”——台北故宫军机处档案所见抄本〈半哭半笑楼诗草〉》,《广东社会科学》2014年第2期。

杨航、陈遇春:《于右任农业教育思想的渊源和形成过程研究》,《山西农业大学学报》(社会科学版)2015年第11期。

乔驿珺:《于右任新闻职业道德观研究》,《新闻世界》2015年第4期。

阳海洪、严远丹:《于右任新闻思想浅议》,《湖南工业大学学报》(社会科学版)2015年第1期。

陈开政:《于右任“标准草书”对书法教育的启示》,《当代教育实践与教学研究》(电子版)2016年第10期。

金立叶:《于右任教育思想及其实践活动》,《西部皮革》2016年第14期。

于辉:《于右任曾经是著名的报人》,《工会信息》2016年第5期。

崔晓晓:《浅议于右任的新闻职业道德思想》,《新闻研究导刊》2016年第4期。

杨航:《于右任职业教育思想研究》,西北农林科技大学硕士学位论文,2016年。

罗滔裕:《于右任标准草书研究》,《嘉应学院学报》2016年第12期。

张晓:《近20年来国内学界于右任研究综述》,《中国集体经济》2017年第4期。

王书峰:《于右任〈标准草书〉的民族性及其爱国为民思想在书法作品中的体现》,《艺术百家》2017年第2期。

王民权:《于右任与陕西教育》,《炎黄春秋》2017年第1期。

梁程敏:《从于右任办报实践看其新闻思想》,《新闻研究导刊》2018年第2期。

杨恒:《于右任的农业教育实践》,《兰台世界》2018年第5期。

杨航:《于右任职业教育思想对应用型本科院校的启示》,《读书文摘》(中)2018 年第 4 期。

张艺伟:《于右任标准草书运动“妙理”探析》,《书法》2018 年第 1 期。

严海建:《蒋介石、党国元老与国立劳动大学的存废之争》,《史学月刊》2018 年第 11 期。

周海滨:《落花生之女:父亲去世之后》,《同舟共进》2019 年第 3 期。

后　记

我出生于泾阳县，高中时就读于泾干中学，与于右任先生有同乡之谊。这所学校，于先生曾捐资助教，因此我也算是于先生教育实践的受惠者。我曾经在课堂上听说过这位大名鼎鼎的人物，但当时并未太留意。2008 年 6 月，我入职陕西省社会科学院，因缘际会，开始涉足于右任相关问题的研究。记得接到领导委派的这个任务时，内心是欢喜的，因为终于可以用所学专业为桑梓作一点贡献了。经过实地调研、广搜文献，终于写就了一本名为《于右任评传》（三秦出版社 2013 年版）的小书。

回头再看当年写的《于右任评传》，颇觉有些名不副实。自觉“传”多而“评”少，尽管已经很努力了，但由于水平及阅历所限，并未尽如人意。但这部书稿的撰写，无疑为我此后的研究奠定了基础。

无论如何，《于右任评传》的出版，还是在学界产生了一些影响。次年初夏，受西北农林大学的委托，我得以参与策划“于右任教育思想纪念馆”的文案，因此接触到于右任先生在教育领域的丰功伟绩，遂萌生了系统整理并研究他的教育思想与实践的想法，至于书名，当时还处于不清晰的状态。之所以想撰写这个题材，是鉴于目前所见研究论著，多着力于于右任先生的政治身份及书法、诗词成就，虽有部分文章论及其在教育方面的作为，但存在背景挖掘不深入、教育思想体系缺乏严密的架构、论述缺乏教育学专业理论论据、研究缺乏新材料作为支撑等不足，故而不揣浅陋，立意有所创新。然立意易而践行难，在本书开篇“绪论”中，洋洋洒洒万余言，回顾并评鉴了学界以往的研究成果，一则摆出了正经学术路径，以示知往鉴来、有所补益，二则显示了我忐忑不安、惶恐难明之心态。何故？当年首部专著《于右任评传》所遗留的缺憾，一直令我心存愧疚，亡羊补牢之念时刻未忘。

这部书稿的框架比较简单，一目了然。在文献考证方面力争做到搜罗殆尽、详加考证，在语言叙述方面尽量做到实事求是、避免浮词。这是对自我的一些要求，但是否做到，还得等待将来读者的品评。综观这几个章节，第四章、第五章两章的撰写，因史料的阙如，难免有巧妇米炊、捉襟见肘之感。关于于右任先生的妻室及子女，当时的报刊记载和与于先生相熟的人的回忆文字尚有互相抵牾之处，我这个素未谋面的小乡党更是无从下手，只能通过有限的文字记录进行考述，这期间必定会有张冠李戴之处，恳望读者指摘。第五章是本书的精华所在，前几章已经追述了于右任先生的教育实践，期间也涉及了一些教育思想，因此在撰写这一章时，尽量避免重复叙述，而是从教育学的角度入手，为于右任先生教育家的名号寻找专业评鉴标准。但由于我并非教育学专业出身，在有些概念的使用方面也必定存在不准确之处。书名曾徘徊于《近现代教育家于右任教育事功研究》《教育家于右任》等名称之间，最终确定为《于右任教育思想与实践研究》，这样做，是为了不预设结论、不先入为主，取朴实无华之风格，使读者通过对书中文字的阅读，自然而然获得“于右任先生是当之无愧的教育家”的认知。若能如此，则甚为欣慰。将于右任先生的教育实践分为学校、社会、家庭三大类，是为了全面反映他的教育功绩及其中所蕴含的教育思想，这并非是对教育的泛化。所谓“处处留心皆学问”，教育亦如此，涉及诸多领域，不仅限于一般意义而言的学校教育。文稿中移录了一些非常珍贵又不易得，目前所见论著中鲜有引用、但与主题密切相关的文献，并非为了拼凑字数，而意在向读者展示完整的、原汁原味的记录，避免因断章取义所造成的认知割裂。加之于右任先生的教育实践多而教育言论少,故此更显弥足珍贵。请读者明鉴。插图的来源比较复杂,有的是网络图片、有的由笔者及好友亲自拍摄、有的是各相关单位友情提供,因格式所限,就不一一标注了,若不慎侵犯版权,请与我联系妥为处理。由于台湾的政治现状,海峡两岸的学术交流也受到影响,一些在台湾刊行的于右任先生相关的资料,虽然知其目录,却苦于难以获取全文,也只能望洋兴叹。于右任先生当年被迫赴台,东北望长安,临终也未能等到回乡的那一刻。一首《望大陆》,表达了于右任先生游子思乡、叶落归根的强烈愿望,这也是两岸同胞的共同心愿。期待两岸早日实现统一,届时学术资源共享,再补本书未尽之缺憾吧。

本书稿未请名人撰写序言,原因说来心酸,书稿的撰写系笔者自发,出版经费虽部分解决,但薪俸有限,捉襟见肘,因放不下读书人的矜持,不愿四处奔走众筹书款,只得自掏荷包贴补一部分。请人撰序,依礼当奉上润笔费,依照名气大小,费用亦得随行就市。故纠结良久,决定不扯虎皮当大旗,唯以文会友,静待读者拍砖。

以上是对本书撰写背景的说明以及对不足之处的自白,字字句句皆出于本诚之心。于先生一生为教育奔走呼号、劳心费力,创设颇多,惠泽后人,作为晚辈,虽无如椽巨笔、显赫声威,但甘愿以寂寂无名之身、兢兢业业之心,为先生青史留名贡献绵力。

本书的撰写,得到了诸多师友的襄助。陕西省社会科学院积极支持本书的撰写及出版,并将书稿纳入“陕西人文社会科学文库”。今年年初,我有幸受聘为三原于右任纪念馆特聘研究员,馆长王冰听闻此书稿,以纪念馆的名义慨然资助了部分出版经费;该馆金牌讲解员敖淑伟女士通读书稿,提出了不少修改建议;副馆长张伟奔走于县财政局,办理相关财务手续;段文聘书记安排座谈会,联系食宿。情谊绵长,感铭在怀!三原县图书馆馆长廉鹏,曾为《于右任评传》撰写封题,此次亦积极促成我与三原于右任纪念馆的接洽与最终合作,引荐之恩,牢记于心!三原县人大常委会副主任钱滨、三原县政协文史员刘磊、三原于右任纪念馆特聘研究员于鸿钧与王庆安几位先生,积极为本书稿出谋划策、搜寻资料、字斟句酌，感激之情，无以言表！西北农林科技大学于右任教育思想纪念馆为本书稿的撰写，提供了不少便利之处。人民出版社编辑吴继平老师，在书稿编审及出版过程中付出了辛勤的劳动，非常感谢！康乐师兄在书稿撰写过程中，热心帮助搜集珍稀报刊文献，为书稿的创新提供了坚实的基础；书稿完工之后，又详细审读，从框架结构及措辞方面提出了宝贵的建议。学海泛舟，勉励同行；同城而居，守望互助。书稿撰写期间，家人为支持我的工作，精心照顾身患重病、行动不便的父亲，起早贪黑，毫无怨言。父爱如山山难载，母爱若水水至柔。四十余年来，幸有双亲之言传身教，方有今日身心健全之我。每念及此，不禁潸然。谨以此书稿遥敬于右任先生，近酬双亲似海深恩。

微末如我，虽无大才，然亦有壮志在怀。生如夏花之绚烂，逝若秋叶之飘零。人生如流水，往而不返。以有限之年岁，为可为之实事。仰瞻伟人之丰功伟绩，俯行平民之生活点滴，耿耿介介，踏踏实实，足矣！书稿呈上，忐忑惶恐，期待读者斧正，不胜感激！文中所有不当之处，均属我个人之过失，不涉他人。赘语杂言，聊记于后。

高叶青

2022 年 2 月 22 日于青静轩

责任编辑：吴继平
封面设计：胡欣欣
责任校对：吕　飞

图书在版编目(CIP)数据

于右任教育思想与实践研究/高叶青 著. —北京:人民出版社,2022.3
ISBN 978-7-01-024205-7

Ⅰ.①于…　Ⅱ.①高…　Ⅲ.①于右任(1879-1964)-教育思想-研究
Ⅳ.①G40-092.7

中国版本图书馆 CIP 数据核字(2021)第 253647 号

于右任教育思想与实践研究
YUYOUREN JIAOYU SIXIANG YU SHIJIAN YANJIU

高叶青　著

人民出版社 出版发行
(100706　北京市东城区隆福寺街 99 号)

中煤(北京)印务有限公司印刷　新华书店经销

2022 年 3 月第 1 版　2022 年 3 月北京第 1 次印刷
开本:710 毫米×1000 毫米 1/16　印张:19
字数:278 千字

ISBN 978-7-01-024205-7　定价:58.00 元

邮购地址 100706　北京市东城区隆福寺街 99 号
人民东方图书销售中心　电话 (010)65250042　65289539